U0927336

西方古典社会契约论研究

Contract Theory

中国社会科学出版社

图书在版编目（CIP）数据

西方古典社会契约论研究 / 谭牧著 .— 北京：中国社会科学出版社，2022.4

ISBN 978-7-5203-9972-2

Ⅰ.①西… Ⅱ.①谭… Ⅲ.①政治哲学—研究—西方国家—古代 Ⅳ.①D095.05

中国版本图书馆 CIP 数据核字（2022）第 050771 号

出 版 人 赵剑英
责任编辑 许 琳
责任校对 李 硕
责任印制 郝美娜

出 版 中国社会科学出版社
社 址 北京鼓楼西大街甲 158 号
邮 编 100720
网 址 http://www.csspw.cn
发 行 部 010-84083685
门 市 部 010-84029450
经 销 新华书店及其他书店

印 刷 北京君升印刷有限公司
装 订 廊坊市广阳区广增装订厂
版 次 2022 年 4 月第 1 版
印 次 2022 年 4 月第 1 次印刷

开 本 710×1000 1/16
印 张 14.5
字 数 216 千字
定 价 88.00 元

凡购买中国社会科学出版社图书，如有质量问题请与本社营销中心联系调换
电话：010-84083683
版权所有 侵权必究

目　　录

导　语

社会契约论是西方政治思想历史中传统的论证工具之一。它被用来回答一系列论题。政治权威的合法性如何源自历史的或虚拟的约定？作为解释权威来源的社会契约论，对治下的个人与集体设定了何种权利和义务？立约主体会受何种影响？在应对这些问题上，历代社会契约论设计者使之发展成为一个资源丰富、支流众多、阐释歧出的政治哲学传统。

从古希腊到封建时期契约论的西方社会契约论母题，17 世纪经霍布斯、洛克、卢梭塑造，到“五月花号”建立自治传统的契约及 1787 年立宪的契约创制，古典社会契约论可谓成绩斐然。其演化踪迹反映了近代国家崛起进程中诸多擅长思辨的学者启发的系列设计论证实验。百年沉寂后，罗尔斯等契约主义者开启的理论复兴重塑了这个长盛不衰的传统，然而也正是在罗尔斯之后成就了现代契约论脱胎换骨的胜利。

方兴未艾的理论争议之外，古典社会契约论传统很多问题仍悬而未解：社会契约论是否和“约定论”有区别？自然状态假设是否可以随意舍去，以便社会契约论像约定论般恣意，根据自由平等的个体订立旋即交付、解除？

本书作为思想史的研究说明：通过对比考察古典社会契约论各个版本内在的理路，尤其抓住自然状态假设到立约构建全新秩序之间的推演进程，说明“约定论”和古典社会契约论中的差异。这番对比中可以清晰地观察到作为起点的自然状态假设的关键意义。

全书第一章描述研究意义和概念框架，第二章论述西方古典社会契约论中的神权契约传统，以说明约定论的这一个分支有何等强大的论证力量。第三到第五章说明政治思想史中以理性、平等个体为基础建构的近代社会契约论。第六章梳理启蒙时代社会契约论批评者对古典传统的诸多抨击，并说明从约定论实践中萌发的批判和再生的契机。在第七章总结全书，力图说明与声势浩大、边界模糊、缺乏足够理性的“约定论”传统相比，西方古典社会契约论固然擅长论证设计，有其独特的稳定性优势，也始终在和稳定性问题作斗争，前者多少来自共同体所在社群对秩序稳定的需求，后者则在理论的稳固程度上有其独特优势。然而，现代社会契约论的构建者可能都忽视了这一至关重要的契约稳定性议题，基于独立又半心半意的个人博弈立约，埋下的是理论稳固程度亏欠的种子，从而将整个社会契约论奠基于流沙之上。现代契约论种种创新让人振奋，但是只有真正理解古典社会契约论的独特设计优势和约定论劣势明显却得以成气候的问题所在，才能真正得到社会契约论立论与实践的创新。

第一章　西方古典社会契约论的研究意义

一　作为一个理论产业的社会契约论

在过去 40 多年中，社会契约论的复兴产生了世界性的影响，吸引了一大批学者并促进了学术产业的繁荣，这个影响遥相呼应古典社会契约论时代思想家对社会秩序的起源与国家合法性的思考：不是由于赤裸裸的权力造成的不可置疑的权威，而是自主、自由的个体的订立契约行为，才为国家合法性奠定了基础。不过，当代契约论的构建者们并不分享古典社会契约论时代的历史任务，更不认为采用自然状态来建立契约是必要的，他们感兴趣的是怎样达成协定以及公共理性的应用。

在当代契约论巨擘约翰·罗尔斯这里，社会契约论调用了"初始状态"设计的形式，它包含的"无知之幕"和"彼此冷淡"的个人心理状态设置，使学术界对社会契约论各要素及其论证效力都产生了很大兴趣，其衍生的概念群：契约、个人权利、公民义务、理性等方面的讨论激发的"理论产业"对契约论在道德哲学、经济学、博弈论等上的扩展应用在西方可算蔚为大观，而在中国则为相关公法的讨论提供了引申可用的理论资源，在国内翻译界、研究界也颇成规模，吸引了一批学者对中国的信任、契约、公民、个人主义、宪政基础观念等的讨论。

自从 20 世纪 90 年代以来西方契约论的引介丰富了国内对契约论的理解，国内学者的回应和继承大多有如下几类：

第一，除了政治思想史普遍承认的对近代国家合法性的论证工具，社会契约论大多作为引入权利理论的历史背景被介绍。这一现象反映了一个常见偏见，即认为社会契约无非“拟制”，没有必要深究作为契约观念背后的人性论、秩序与失序等问题。在某种意义上，19世纪以来伴随着“契约之死”的悼词多少有点奇怪地影响了现代政治理论对社会契约论的基本理解。

第二，在谈及社会契约论在中国的运用时，国内学者也大多承认我国并没有社会契约传统，只有家国传统；谈及公民信任衰落，国人对契约观的接受度弱于族群观念时，或在谈及西方契约精神时，往往对个人和立约、守约的关系语焉不详，也很少详细论述社会契约论是否曾作为我国思想传统的“源头活水”，[①] 最多粗疏地将经济契约盛行的市场经济实践和西方社会契约论传统关联起来，并将契约论笼统地归诸个人主义的传统。因此，国内对社会契约论的外围研究不但很大程度上是“中西分离”的，而且还是“古今分离”的。

进一步说，我国学者深知公民精神在我国亟待建立，但是，我国有社会契约土壤可以接受吗？社会契约论能够承载的“自律与互惠”对作为公民的个人的具体要求从何而来？如果契约精神与我国传统文化心智与禀赋的嫁接龃龉不少，又怎样将国民心智倾向硬塞进一个外来框架加以比较？

就学理研究而言，这种疏忽被以下引介过程中的普遍倾向加强：社

---

① 国内学者的关注角度主要是公法契约的社会基础。近几年来成果可以参考于立深的博士论文《公法哲学意义上的契约论》、张知干等的《超越私法，契约的另类意义》，以及中国学者在引介西方契约论资源时选用的材料的角度，如包利民《当代西方契约论》，都显示出仍然用经济思维的思考方式看待社会契约的路数。2012年《人民日报》5月一头版长文专门指出社会信任重建的迫切任务，以及任学丽：《从身份到契约还是从契约到身份？——单位制度变迁视阈下的中国社会发展》，《社会主义研究》2011年6月。国内避而不谈社会契约其实是整个契约论历史中一小段的说法可以看到理解社会契约的僵化程度，事实上，仔细打捞历史材料的深水湖，大多数情况下捞上来的可能是各种现代契约论者不愿意放入社会契约范畴的东西，比如以家族为单位立约，不平等契约，主体难以界定的契约圣经契约传统。这才是理解社会契约论社会基础的来源：约定论。因为社会契约论之所以伫立于普通秩序，其实因为它在西方迥然有别于一系列可能极不公正也不平等的古代法的社会关系。洛克、霍布斯、卢梭在讨论社会契约论时都警惕地紧盯着这些资源。

会契约论仅被解释为自然权利取向，以激进个人主义立场为基础的学说。这种解释的粗疏在我国政治思想史的引介阶段少有人注意。而其中近30年世代变迁和社会思潮的嬗变，尤为清晰地展示了这种扭曲的个人主义在西方社会的后果。美国社会观察者认为美国个人主义已经“癌变”的同时，摇摇欲坠的契约精神几乎是强弩之末；而中国本土所引介的最近几十年西方盛行的美好而不切实际的契约论、契约主义理论就愈发显得缺乏实践借鉴意义。

如果说，在学理上的经典社会契约论是明日黄花，现代契约论又缺乏实践指向，那么如何安置这种契约精神及其中推崇的个人意识，审视其对中国公民意识、公民义务观念借鉴的前景，就是一个不可忽视的难题。而在当代新媒体和网络公民场域建设成为“新常态”之时，又颇为尖锐地将社会心理问题与公民意识等人性深处的曲折回环犀利地展示在人们面前。当契约精神与守信、诚信被看作重要的价值观加以推崇之时，怎样看待引介与嫁接西方社会契约观念产生的尴尬？是否正像某些阐释者评论契约论论证时提到的：切莫将其契约论论证分解来看，要整个当作药片吞下去，才起作用？

以上问题显示，尽管近几十年中西理论界对于社会契约论以及其中个人主义的含义及倾向有一定反思及很强的创新趋向，但是对于整个社会契约论传统各要素的关联并未充分审视，尤其重要的是，对于历史上那些本来可以汲取重要论证结构性要素的契约论没有慎重地考虑。无法充分阐释古典社会契约论传统，并回避社会契约论解释对政治现象的解释力，已经成为现代社会契约论乃至当代政治哲学之隐患。而回应古典社会契约论传统的关键，则在于审慎考察社会契约论基本结构性要素的合理性，尤其是看似最乏实践意义的抽象假设之论证逻辑。它是不可以用整个社会契约论传统的“拟制”表象抹杀的。

本研究根源于以下理论直觉：古典社会契约论中设计精巧的自然状态假设是一个重要结构性要素，它将西方古典社会契约论和约定决定性地区分开来。本书认为，发掘自然状态假设以厘清社会契约论的内在结构，对我国政治学理论研究会有实质性贡献。具体而言有以下几方面：

第一，它能够为当代社会契约论提供一个新视角。本书力图将具有自然状态假设的社会契约论当作切入点，将西方古典社会契约论分为两个分支，一种是约定论，另一种是高度人为拟制的社会契约论，这样区分开以探究社会契约论隐蔽的真实特性。

第二，厘清社会契约内在结构的复杂关系。这能够从当代中国对契约论思想中人、人性、权利这些概念潜在隐蔽关联得到更融贯解释，使得国内研究者在解读、接受、设计上对整个社会契约论传统有更深入体察。通过解释对“个人”的要求何以通过契约“起点”设置得以建构不同稳定性立约，并进而分析何等类似的个体才有资格立约和守约。这就对于古典社会契约论何以具有更强的稳定性提供了批判反思的立足点。

第三，就重建公民意识和政治文明要素之任务看，对社会契约论背景的重审有助于反思契约论精神与我国社会精神的契合度。重建公民意识和政治文明的要素，而不是将社会契约、宪政等要素都生硬地移植到中国的语境中，这也有助于排除那种关于西方的偏见，并松动那些僵化的对社会契约论的理解。在诚信社会的建设背景下，这一反思不啻一剂良药。

二　问题的初步提出

在本章第二节中将会完整描述全书缘起的下述问题：社会契约论是否必需一个作为逻辑起点的自然状态？是否它因此和约定论的传统有所区别？后者有一个清晰的脉络边界吗？

（一）社会契约论的结构问题：自然状态是必须的吗？

1. 约定论的“形“与”神”

在政治思想史多数思想家的看法中，社会契约论是近代社会平等化的重要理论工具，契约通常被看作合作者，为达成协议所使用对自由公正的程序原则，而社会契约论则是力图达到公正的程序。但这种工具化的取向最多契合法学家的理想以及现代契约论的乐观看法。事实上，在政治思想史漫长演变过程中，并不是所有的社会契约都可以顺利地被这样使用，尤其是论证政治权威之起源的社会契约论，西方理论设计者大多固执地将其论证界域涵盖从政治权威建立到维系的整个建构过程，尤其对解释整个社会的原初“起源”情景精雕细琢。

何谓约定论：在说明社会契约论之前，先要说明约定论。正如本书前文说明的，“约定论”是本书特别需要的概念，它可以界定为“以传统约定为理据论证政治秩序合法性”的系统理念。它的形态可以是一个简单的主题（themes）或者论辩（*persuasion*）或者比较精巧的系统论证。尽管约定论经常诉诸传统、历史的约定，因此看似并不是理性的，也不见得像社会契约论旨在达成所谓的公正秩序，但是“约定论”本身并不排斥理性论证。本书指代的约定论是一个相当庞杂脉络分支并不清晰的理论群体，就内容而言指的是以传统约定论证秩序的理论变体，如安提丰所说，城邦法律无非戕害五感自然利益的生活约定；就理论设计而言，约定论则可以指代那些仅仅需要说明政治合法性论证来自“契约、博弈、约定”诸类型即可以随意如市场交易那样奠定和维系制度的理念系统，不满意则更换和退出是其标准精神。现代契约论者的不少设计其实就是属于约定论的范畴。二者论述层次不同，前者实质意义多于后者。

西方政治思想的传统中，论证社会法律之起源与政治权威合法性的理论包括古希腊时期智者派对“约定论”以及“有机体论”各个谱系，其中不少版本植根于历史上缺乏平等与公正的社会传统中。由于约定论并不必然保证社会契约是个公正的概念，它可以涵盖古代雅典智者派提到的契约或者苏格拉底服刑前提到的“城邦中默许留下则代表同意其所有法度”的契约，而这实际上是一种约定论或“约定主义”（*conventionalism*）。这种约定论还没有像现代约定论走得那么远，没有能够随着约束政治生活界限变动而担负起限定、变革、建构的论证功能。约定论作为最早版本，其核心理念是将“何谓正义”的观念直接视为权宜约定，奠定的契约当然可以随时更改。因此，这种情况下奠定的权威可轻可重，可借古讽今、可嫌贫爱富，论证效力不稳定。

启蒙时代以后这种情况彻底改变。无论分类和基础如何多样，近代社会契约论仍具有统一的取向：以平等的个人为基本要素，建立合约为特征的政治秩序，此秩序的诸多规范和立约时所订原则相关或被后者所限制。凡是卢梭时代之后设计出的现代社会契约论，除了罗尔斯等少数对“起点”有特殊屏蔽的设计者，都是如此直线设计：“立约动机”都是具有追求民主和自由的倾向，论证路径也大多启动直接交换权利和立约条件，完全不需踌躇于“是否立约”的门槛。但是细究起来，在西方社会契约论的古典诸家版本中，设置自然状态的基本结构差异比社会契约论的各版本差异大多了。而这也就造成了现代社会契约论（罗尔斯，斯凯伦等人）在理论设计上多少结构与路径相仿的情况。

与约定论的结构不同，自 17 世纪以来精心设计论自然状态假设的社会契约论自成一类，具有自然状态假设的古典社会契约论稳固地构建了新契约秩序的各种变体。我们需要特别提醒读者的是，其中最典型的一个版本、也最容易被误解的版本就是霍布斯的社会契约论。在他的自然状态假设中，个人具有的绝对自然权利提供了不止一种构建秩序的选择（永远的彼此疏离和敌对、结盟，或在其他人都结盟的时候选择当背离契约者的“傻子”①），悖谬的是，霍布斯论证又收回了这些恣意选择，使得他们不约而同接受了一个绝对主权国家作为解决方案。同理，洛克和卢梭“经典契约论”三家，对作为逻辑起点的“立约时刻”做出了极具特色的设计，展示了自然状态下个体的能力和意愿与“遵守契约”之间的张力。实际上，具有特殊起点设置的社会契约论尽管旨在得到更为公平和保障自由、防止专制的社会契约，论证效力的稳定性比“约定论”强，却多少留下了隐患。

---

① 这一点放在当下社会的风气中理解是有启发的，我们所处的时代不但是将契约精神和守信理念当作重要西方思想观念和国内思想资源推崇的时代，同时毫无疑问，也是霍布斯诘问的“背信的傻子”横行无忌的时代。这一表面上的矛盾可以刻画为我们时代的特征，只有理解这一特征才能理解为什么契约的真正根源是需要深入挖掘的，社会契约的根源其实绝非理性人，而是“傻子”，或者在霍布斯那里最好也是打成一团的短视的“猴子”。

2. 社会契约的稳定性问题与结构要素

作为证成社会契约或秩序合法性的工具，社会契约论的不稳定性质一直都是难题，因此不少社会契约论的设计者刻意采用各种理论要素来使之带有稳定性、无论是立约时刻的艰难还是守约带来的协同利益，都力图使社会契约的稳定意涵和简单的口头承诺或是朝令夕改的经济约定区分开来。尽管如此，社会契约导致社会契约论的“不稳定性”一方面来自社会契约论脱胎于约定论这一点；一方面由于意志论个人主义愈发强化之后，设计一种贯穿社会契约论使之具有统一目标指向的规范基础绝非易事。当社会契约论成为一种变革意义强大理论工具出现在思想史资源库中，这种不稳定性就是其理论本性的一部分了，不仅如此，随着个体在历代思想家手中设计得愈发自由和乖张、自然权利开启了“绝对化”的论证，契约的履约边界就愈发不受尊重了。有个体立约后违约的问题，有要求持续修改的问题，有以申诉权利受侵犯引致彻底推翻契约或退出契约秩序的问题——因此，就古典政治理论设计者的远见而言，预见理论缺漏危机并提前加以处理就是其任务。而设计“自然状态假设”就是处理后面这个问题的尝试（如果不是屡战屡败的话）。这一设计工程中最难处理的问题，就是自然状态假设中个人本性、合作意图的描述。

初看起来这个问题不难解决，只需要将合作意图和利于协作的理性能力都放在订立社会契约的理论“起点”即可，但是这只是约定论思维的一个变体。“人人皆有筹码立约构建秩序”只是持有“顺势论证”的读者和设计者对古今契约论传统的美好简化。17 世纪以来，在社会契约理论史上愈发被视为默认标准配置的个人——尤其积极争竞的原子化个人（*agonistic individual*），作为一种将社会状态“还原”到原始人类处境的设计要素，其“还原”的逻辑路径绝不像现代人所想的那样不值得深究。毕竟，过分离心离德的立约个体可能引发整个契约论大厦基础的裂缝，遑论遵守契约奠定的秩序？可是为什么“个体半心半意”的古典社会契约论看上去反而比“与人为善”的现代契约论更具有说服力、从而更具理论的稳定性？

将这种难题放到更大的理论背景看，则显示了社会契约论内在不连续性这一指控之外的问题：以约定论为政治权威奠基极有可能忽视了一些重要“情境条件”。这些情境性条件不限于以下这些问题：在社会契约论的起点上预先安置何种“个人”？既名为“自然状态”，它是无牵挂的“自然”个体还是已经处于某些约定秩序？他们以何种关系加入社会契约？新契约秩序与旧约定秩序相比，是否通过从原子化个人到改造为公民的进程能使前者“超越于”后者？本书正是旨在厘清这些问题的一个尝试，但是就核心命题而言，本书是一个思想史的著作，而不是旨在理清此论证效力，只是指明“约定论和古典社会契约论的区分”这一现象，并进而尝试说明后者构造更为稳定这一理论特征而已。

（二）顺势论证搭建契约?

自然状态假设对社会契约论的作用是什么？初看起来，这不难回答——社会契约拟定的初始状态决定了之后建立协定秩序的性质和各立约主体关联，从而具有回溯效力。正是通过某种前置的“起点”预设，使自然状态假设承担既批判反思旧约定秩序，又重建新规范性秩序以融摄新社会契约的双重任务。以洛克和卢梭的版本为例，它不仅表现在通过自然法和自然权利这些从自然状态发展出来的“前契约”要素“顺势而成”，论证政治秩序的法理依据，又能够充当通向新秩序的批判之起点，以及重塑秩序的枢纽。

尽管藉由从自然状态假设对自然法和自然权利论的扩展塑造，可以“顺势”证成古典社会契约论，我们是否能够合理地推断，在社会契约论传统中这个效力是稳定的？在现代契约论视野中，自然状态假设变异为“起始位置”假设的意义仅仅限于简单地将后来需要的要素前置，从而实际上构成循环论证吗？如果真的自然状态假设可以作为起点承担之后约定效力，那么为什么现代契约论构造者在罗尔斯这位天才之后，最终还是决定放弃这种“初始设置”的理论工具，来证成自己的目标理论呢？

几百年间，现代社会契约论者多被弗朗西斯－培根所说的“市场幻象”所蔽。这种幻象看上去是尊重个人主义的主体性原则，但是却因为不慎重思考任由其产生诸多变体。其中之一，就是将自由、平等、理性和无约束的个人订约看作社会契约论的经典范式。第二类幻象则是将规范性完全寄托在立约起点的个体已被装备谈判和建立完美秩序的条件，（比如自然权利；毫不费力被天启或植入先天程序一样植入了“遵守自然法”的诫命），只需要讨价还价即可随意达成契约，也可以随意解除契约。但是这个基础是否真的符合契约论者的初始意图很成问题，其可能造成契约论的不稳定，则是隐患。

在近代社会契约论中，最值得注意的事情之一是：阐释者很少注意社会契约的兑现争议、解约等问题。或许我们可以问，这些理论家对于社会契约的稳定性重视不足？还是他们总是相信将要拟议的契约并不会根本上改变合作秩序？就像现代契约论者所相信的，参与博弈的理性个体不但清醒如斯、还不会被契约改变个人的存在地位一样？然而理论家们不得不沮丧地承认，他们的好意在古典社会契约论那里完全无用。比如，霍布斯的社会契约论中个体是最不情愿订立“利维坦”契约的，但是读过《利维坦》的人都知道，他又是最容易让立约个体接受这个契约的方案的。这种悖谬如何发生？

因此，本书先选取霍布斯的社会契约论作为范例。原因在于：第一、他开创了论证精密的人性论作为基础的契约论传统，并且旗帜鲜明地反对“约定论传统”仅仅诉诸人性的合群这个简单的联合模式，将约定论和契约论决然区分，也即他提供了一个明确的“非顺势论证”的视角。第二、以契约创设绝对主权者造成“看似自由、终获桎梏”的巨大反差，为探讨社会契约论起点到终点的架构差异所具有的内在漏洞提供了有益的样本。

考察当代霍布斯式社会契约显示的误解别具启发意义。根据当代流行的阐释：霍布斯“方法论个人主义”是展示了一种秩序之“不可能”的情境，使以其为基础的自然权利理论与国家义务之间产生断裂。阐释者们对于如何解读霍布斯的“国家从绝对自由、敌对的个体建立”充满争议，此类困惑实为现代社会契约论的困境的一部分。[①] 它展示了现代社会中疏离于群体、又无法完善建立团体价值自明性“个人”困境的一面。[②] 只有真正理解其自然状态假设的意义，才有可能理解基于“理性自律个人”的社会契约论传统是否牺牲了契约论可能具有的把握“政治现象”的范围。[③] 作为第一个也是最重要的典型个案，剖析霍布斯自然状态构型有助于还原“立约起点”的设计路径，对比“顺势论证”和“逆势论证”的差异，更好地回答“古典社会契约论究竟能够做到什么”的问题。

（三）鉴诸于史的社会契约论实践

一般人们认为，“社会契约论”设计者最多旨在批判，而非真以此为蓝图创立政府。毕竟少有个体合起来立约建国并要求后代人都接受约束的场景。但是，缺乏可资取用的理论范例，不意味着在历史空间中拓展的社会契约没有案例，只需要对某些假设稍微妥协，就可以找到社会契约创制的历史案例，或至少可以找到服膺、默认社会契约政治修辞（即将其看作意识形态）的政治制度，因为一个制度既然调用某个政治语汇，

---

① ［英］迈克尔·莱斯诺夫：《社会契约论》，刘训练等译，江苏人民出版社 2006 年版，第 367 页，也可以参考威尔·吉姆利，在文章“社会契约论传统”中“当代的道德社会契约论”一小节。文中论及现代思想家对霍布斯的利用角度，霍布斯主义契约论的大旗下祭出的是“作为互惠的道德”。这或许可以看作是对霍布斯同情的解释。转引自［英］迈克尔·莱斯诺夫：《社会契约论》，江苏人民出版社 2006 年版，第 319 页。

② 在《圣人革命》一书中，迈克尔·沃尔泽描述了“加尔文革命”对个人主义的影响，霍布斯自然状态中的“无束缚的个人”被他看作同时代呼吁自主的典型。但是那个时代更重要的是，摆脱束缚的个人希望建立的是另外一种格局的秩序，也即重新给自己找到可以服从的等级秩序。这样的个人其实是激进的，希望为自己找到适宜的政治秩序的个人。Michael Walzer, *Revolution of the Saints: A Study in the Origins of Radical Politics*, Weidenfeld & Nicolson, 1966, p.198。

③ ［英］迈克尔·莱斯诺夫：《社会契约论》，刘训练等译，江苏人民出版社 2006 年版，第 345—346 页。“康德认为社会契约是个人的理性的需要，不是对社会起源的说明，而是判断政治制度正义与否的理性标准。通过诉诸社会契约观念，康德提供了一种思考与自律的人这一价值相适应的法律和社会安排的路径。”现代“契约主义者”主要是受到罗尔斯的激励产生的，后者则基于对康德传统的反思。这个流派自然得到了社群主义者的反击，因为在他们的论证中道德也被契约的论证所取代。

便可以看作使用者视其为意识形态精神指南的融贯要素，此要素至少与政治大方向并不相悖，尽管不必要是主导要素。

本书将会从以下几类历史实践中获得借鉴。

1. 约定论对应的历史制度

作为一种边界模糊的契约奠定秩序合法性的模式，约定论样式历史中可寻找的论证案例最多。任何制度均可遭受“约定论”双刃剑的成毁之辩。以古希腊智者派常宣之于口的各城邦法律为例，每个城邦都有自己的约定，法律制度万变不离其宗，无非是强者和弱者为不至于残杀到底而妥协的契约。二者都旨在维护脆弱的和平，对高尚的政治理想全无寄托。在约定论的漫长历史实践中，除了古希腊的泛神论涉及的类型，其实还包括多神论涉及以超验秩序为约束理由的约定秩序。比如，在前现代不少近东地区部族的宗教和部落联盟缔约，常常以家族所在的本地神作为誓约保障者，惩罚违约者。然而，尽管看似有超验力量保障，仍然难免使其落入约定论，比如，近东宗教的研究者发现，尽管部落联盟有违约者，但是找到立约时曾经主持仪式的祭司和祭品就有赎罪的可能，实际上这也是被允许的。本书第二章“神权契约”部分将会简略地讲到这种困扰和束缚前现代人心智的约定论方式。

一种契约实践表现出“约定论”的双刃剑效应在于，支持者可以宣称以强者与弱者难得的好意立约；反对政治制度者则可以称现状（*status quo*）无非是使得暂时屈服的双方的约定而已。此外，约定论还有很强的变通性，即允许赎买和悔约。作为一种力图超脱于简单经济协定的契约类型，约定论并不必然都是首鼠两端的。在考察历史上源流混杂的约定论，会发现即使在理性的界域内颇多赋予其稳定性、前后一致履约的尝试。这种尝试到了一神论时代才终于变得极端牢固和僵化起来。

2. 神权契约下的神权政治体制

就神权契约这个类型而言，追求权威稳定性和从“秩序匮乏”中建立秩序，可以诉诸犹太教的契约，《新约》也含有普泛意义的神权契约。其中一大特征是此类契约常常有神赋予的“垄断性权威”（立约原因、立约起点、立约中介等）作为保障，其中最鲜明的一点是神作为立约者之一。至于《圣经》传统下的神权契约秩序，本书第二章将会比较详细地介绍，它以祭司阶层接替中介的神权体制发轫的制度渗透了几代人对政治语言的感知和辩护。就历史中的社会契约制度实践表现为法律、仪式、职务继替甚至史料成典化过程而言，由于历史上神权契约的成文诸形式多于其他类型的社会契约，其落脚的制度实践反而比世俗社会契约有更多细节可以追溯。

不过，神权契约比常见的约定论类型的实践又多了一层谜题。这类契约面临验证“神的话语和约定”的难题，且常常不允许博弈或协商。值得注意的是，就历史对应物而言，确实有一些实践中的立约是在特殊历史时刻开启的，比如摩西带领的古代犹太人则是在沙漠中几乎走投无路处境下被授予一揽子约法《十诫》作为共同生活的规范——也即一种神权契约。

历史中的社会契约在制度实践方面案例比较稀薄，只是在近似的方式才可以探究，作为一种意识形态口号（如洛克对“自由政府”的申明）、或是作为一种政治论辩（如伯克的论辩），或是作为一种制度的回溯性自我论证（如《圣经》中对祖先约法如摩西时代民族危机时刻立约的追忆）无论是多么被看作有公义号召力、设计优良的社会契约（论），哪怕在尚未从纸面付诸制度实践都不可不考虑众多问题的一种：约定的“稳定性问题”。私法中的“契约过失”概念对此设计了周详的解决方案，社会契约论也类似：立约主体退出或否弃契约的可能包括：1. 立约各方势力布局变化。2. 对立约时不公正的追溯及要求补偿。3. 要求退出契约（甚至解散）的呼声。4. 特定时期内对兑现契约权利的不满。这些议题在不少古典社会契约论的设计者眼中就像它们已经将要付诸制度实践一样也或多或少（尽管并不周详）地得到了讨论。然而，就神权契约的制度实践而言，这个问题已经得到先验保证，从而很大程度上可以得到解决。

总之，无论是神权契约还是世俗诸近似版本的约定论，历史制度带来的启发并不因为案例稀少而无从汲取，而约定论传统及生发的社会契约论理念之设计逻辑，也可以从诸思想家的转圜腾挪中得到“转译”和印证。由此之故，理念和历史之间的呼应就不至于无迹可寻。

三　概念说明

在西方政治思想史论域内，社会契约论是一个断续被遗忘又重现的范畴。本书研究的主要对象是用来给政治秩序奠基的社会契约模式。为从枝节丛生的概念描述性定义中厘清本相，本节会分别阐述“社会契约论”和“自然状态”的概念，依据各自操作性定义、历史脉络和论证逻辑进行梳理。与常见的概念介绍章节不同，除定义外，对本书来说更具操作性的范畴会作详细限定，所以社会契约论的分类占据较长篇幅。

（一）“契约”、“社会契约”和“社会契约论”

1.“契约”的概念

契约的英文词汇 *contract* 或 *compact*，有时英美法中作“合意”（*agreement*），德语 *Vertrag*，这一概念可追溯到拉丁语 *Nexus*（和 *pactum*）。中文多译“合同”，是一个经济、法学、政治学、伦理学、社会学学科广泛使用的观念。这一概念尽管充斥社会实践和学理，但是最标准的定义仍首先要参考民法领域来源。参考《中华人民共和国民法通则》的相关定义可知，我国民法中，合同（即契约）是当事人之间设定、变更、终止民事关系的协议。而就民法理论来说，广义的合同也可以指如下定义：“发生民法上效果为目的的一切合意，包括以发生物权变动为目的的物权合同，以物权以外权利的变动为目的的准物权合同，以发生债权合同为目的的债权合同，以发生身份关系的变动为目的的身份合同等。”①

我国学者常引用的《罗马法原论》定义为：“契约是双方当事人的合意。双方当事人以发生、变更、担保或消除某种法律关系为目的的协议，就叫契约”。② 较完整的定义也见于《法国民法典》第 1101 条：“契约为

---

① 韩世远：《合同法总论》（第三版）法律出版社 2011 年版，第 2 页。

② 周枏：《罗马法原论》（下册），商务印书馆 1996 年版，第 654 页。

一种合意，依此合意，一人或数人对于其他一人或数人担负给付、作为或不作为的债务”。

尽管在法律实践中，一些理想的价值如平等、主体自由、意思表示完整、合意等多有亏欠，但是在较宽泛意义上，契约被理解为具有以下基本性质：1. 契约主体的复数性质，即契约当事人为两个或两个以上的自然个体或组织；2. 契约订立的合目的性与互惠性，即订立契约的目的在于追求相应的利益和善，且这种利益或善对于每个契约主体都是一致的；3. 契约的约束性。契约的约束力表现为契约双方都必须履行各自的义务；4. 契约订立的允诺性。即契约通过双方的相互允诺达成。① 契约的分类也各有不同。如法律史家梅因的分类：口头、文书、要物、诺成四类契约。现代常用的合同法分类则为：单务和双务契约、要物契约和诺成契约、有名契约和无名契约、有偿和无偿契约等。

作为社会实践的契约很早就出现在西方社会中，从社会生活领域的婚约、继承、收养关系契约，延伸到政治领域的盟约。梅因在《古代法》中就考察了契约的起源与发展，其“社会进步是身份到契约的运动过程”一说展示了法社会学意义上西方对契约与个人主义关联的认识。在中国

---

① 除了上述常见要素，契约法理中还有一些伦理要素和本书相关。对于这类契约伦理的解读一般和司法领域的契约相关系，比如晏辉《契约伦理及其实现》，《道德与文明》2002 年第 3 期。但是本书如果过多涉及私法会偏题，在此稍作说明。本书涉及契约伦理的部分不仅限于私法，而是部分地涉及公法。契约法理中的缔约过失、损害赔偿和社会契约解约、兑现问题有很强联系；同时，契约法理中逐渐在实践中淡化（形式化）的神秘要素（并未完全祛除）的中保制度、中间人制度，是契约中难以被理性化消除的要素之一。它意味着契约并不仅是约定与交易本身，而是包含了驱动契约社会运转的更多非形式化要素，包括意图——预期和善意等。这是约因的范畴，一些学者将其解释为善意原则，一些解释为并不和交换利益相关的预期权利。鉴于这个议题哪怕对约因的定义都争讼未决的，且由于历史的机缘渐渐湮没，因此只是稍作提示。这都显示契约并不是简单的合同条款，而是在长期社会实践积累中包含伦理特征，比如许诺意味着一种信赖关系，这种信赖关系包含合理的期待，其中也包括有益信赖和不利信赖，同时也包括义务的观念和诚信、尊重事实等原则在内。本书将会在社会契约的讨论中用到约因概念——在理论上和制度上。至此为止，这些法理对理解社会契约的达成、维系、兑现和解除有关键意义，间接对本书主题：社会契约的稳定性有影响。

古代典籍中，“契”的概念多次出现，比如《说文》中的“契，大约也”。并以书契保障“符书”。中国的契约实践同样跨越社会领域和政治领域，比如租赁、借贷、抵押关系的法律规范等，历史文献中邦国间的盟约也显示中国古代早就存在公法意义上的契约实践。

在法律史上，契约的内容主要从私法逐渐渗透到社会关系。古希腊时期，由于跨海迁移导致血缘关系被打乱，古希腊城邦国家在政治体制上摆脱血缘基础，转向契约解释社会纽带的起源更为流行。故有智者派安提丰、希腊晚期哲学家伊壁鸠鲁以契约来阐释城邦中法律制度的合法性。

古罗马法时期的契约容纳各类并不平等的约定与交易关系，其格式要件、约因和仪式制度具有形式性的约束，其关键法律（十二铜表法、市民法、万民法）对契约主体资格取得及主体权利义务严格设限，所以订立契约是一种少数人的特权，因此当时尽管契约相关法律实践甚多，却并未谈得上形成契约社会。

到中世纪后期，神权和教权之争促发了统治契约论的产生。这一理论描述国家已存在的前提下，统治者和被统治者两造签订的规定权利义务范围的契约。[①] 这为后来的社会契约论的出现打下基础。随着近代资本主义市场经济开端，人身依赖削弱、个人主义萌芽、法律理性化时代初露曙光，英美法契约中逐渐消除了残留的仪式性概念，约因等理念逐渐式微，“契约”一词更融贯上述“互惠”“约束性”“善意”等原则，而且愈加精确和技术化。这些理论资源某种意义上也启发了近代社会契约论者的一些论述。比如，阅读霍布斯的《法律要素》可从中找到细心研读罗马法的痕迹。

2.“社会契约”的概念

“社会契约”是一种拟制或实际存在的制度规范，即将政治秩序的起源看作一种约定的产物。其内涵包括以约定建立社会规范和法理秩序。

---

① 朱书刚:《论契约社会与契约伦理在西方的生成和在当代中国的建构》,《马克思主义与现实》2004 年第 5 期。

作为一种论证秩序合法性起源的理念，社会契约外延和社会契约论稍有类似，即“胁迫”、“专制主义”和“祖传秩序”。也正是由于其对平等理性个体、可追溯约定的期许，社会契约也可以用来对不少不公正统治进行外部批判，比如“掠夺型国家”（*Predatory State* 或者强盗国家）、“专制主义”（*absolutism*）。以明文确认某社会制度为“社会契约”并不多见，但是历史上不乏案例（尽管也不无争议）。作为“实存的制度规范”，它可以用来为多种制度形态做意识形态论证和辩护。小到社群规范、大到主权国家创制到联邦制都曾经被一些政论者看作“社会契约”，它包括的权利纽带包括横向或纵向的权利体系，在这个意义上它带有很强的近代平等自主个体构建社会规范的理论特征。作为“拟制”，社会契约常用于近代政治思想家笔下构建对封建权威的批判和理想权威证成的论证，也即一种公开申明的具有批判意义的理论设计。

作为一种规范样式，“社会契约”的基本要素是高度理性化的，其理论架构一般可以总结为以下几点：“社会契约”是基于权利交换的人类联合，以构成政治意义上的社会联合或国家。更精致的对社会契约基本框架的描述可以分解为下述要素：“政治秩序建立在统治者与被统治者之间契约的基础上，由一个允诺和一个协议构成。”[①] 正如私法契约在通常意义上需要一个“约因”和“协议”，社会契约也常遵循类似模式，其“约因”和“协议”框架同样可以解析出来加以探讨。

社会契约不必是从“无秩序的原点”建立——就像人们经常将社会契约论混同那样，它完全可以脱胎于一种先前已有待改进秩序的状态——比如将 1787 年美国宪法看作一种社会契约的人会发现只有“五月花号”的成文公约符合“从无秩序的原点”立约的假设，而 1787 年宪法本身有前置公法契约（《邦联条例》）作为前提，[②] 而邦联条例也是同样具有法理地位的不折不扣的社会契约。历史相关案例显示，作为一种制度

---

① ［英］迈克尔·莱斯诺夫：《社会契约论》，刘训练译，江苏人民出版社 2006 年版，第 4—5 页。

② 刘晗：《合众为一：美国宪法的深层结构》中国政法大学出版社 2018 年版，第 218 页。

实践，它常常是妥协的产物而不见得全然具备社会契约论的理想价值如平等、公正、程序正义等形态，用近代严苛的标准常常也经不起仔细推敲。尽管如此，社会契约的制度实践案例仍有可考，也正是这种历史与现实的扭曲投射，在一些学术著作中，社会契约和社会契约论的概念常被混用。

有趣的是，尽管学理的社会契约论设计愈发精致，社会契约的历史制度考察却模糊不清。学者们认为就算前现代社会存在某种类似社会契约的建制，但是近代国家大多数并不是社会契约的产物，它最好停留在拟制想象里面。这种对实际制度规范的相对忽视，引发了理论灰色地带经常出现的种种问题。

3.“社会契约论”的概念

作为学理范畴的“社会契约论”是一种国家理论，它是探讨政治秩序起源的政治学说。政治思想史家迈克尔·莱斯诺夫对此概念有一描述性定义：在社会契约论中“政治义务被当作一个契约性的义务来分析，即契约被用来证明政治权威的合法性，或者用来对政治权威施加限制”。① 在《布莱克尔政治学百科全书》中相关介绍也囊括若干代表性思想家的观点：“政府是一种自由的有道德的人自愿同意的人为产物——即不存在天然的政治权威的思想。因此，迈克尔·奥克肖特把社会契约论称作“意志的和人为的学说”是正确的，洛克所断言的‘自愿同意赋予统治者以权力’确实概括了上述理论”。②

在 17、18 世纪的政治学理论中，这一学说的批判性逐渐露出锋芒，它用来反抗绝对君主权力或批判社会秩序，乃至用来证明人民主权的至高性质。19—20 世纪，社会学家涂尔干用它来说明有机团结和共同体的产生。实际上，就社会契约论的早期历史起源而言，它的革新性和平等诉求早就深藏其中，古希腊时期不羁的智者派就是先驱。克伦威尔时代

① ［英］迈克尔·莱斯诺夫：《社会契约论》，刘训练等译，江苏人民出版社 2006 年版，第 9 页。

② ［美］戴维·米勒等编：《布莱克尔政治学百科全书》，中国政法大学出版社 1992 年版，第 704 页。

哗变的士兵要求精英签署的社会契约，其实是具有激进平等色彩的社会契约，这影响了理论设计者对其意识形态效力的看法，霍布斯的理论完全不依赖“盟约”取得威权主义的和平与此有关，即使在现代，21 世纪以来欧洲国家兴起的“捍卫新社会契约”的号召也具有很强的民粹性质和批判性。①

在 16 世纪托玛色修斯（*Thomasius*）、理查·胡克（*Richard Hooker*）等人对抗教权时诉诸神授君权约定，其版本主要是依据《圣经》传统中的神权契约，“最初人们在上帝的伊甸园里，后来上帝与人建立契约”。这样的契约是以国王的宣誓就职为标识的。它实质上是一种自上而下的不平等契约，并不把独立个人作为立约主体。在 17 世纪英国议会辩论中，英国社会被看作从诺曼征服以来各势力订立契约平衡的结果，也是其契约理念隐藏起源之一。

17—19 世纪是社会契约论的分水岭，它是启蒙时代的产物。近代社会契约论是以个人主义为基础的，以自然状态下的自然权利理论和自然法理论为建构途径的一种国家起源学说。然而这一理论的黄金时代在 19 世纪突然被怀疑主义和国家主义强势挤压，社会契约论被休谟、边沁等人斥为无稽的虚拟建构，尽管如此，在启蒙时代的大潮下北美却将社会契约论裹挟的平等人权等精神打包付诸制宪实践。

社会契约论再次进入学术界的视野是以“现代契约论”之名复兴的。现代（或称当代契约论）则指的是 20 世纪以罗尔斯及其同道为代表的现代契约论传统，包含布坎南（*James Buchanan*）、高蒂耶（*David Gauthier*）、高斯（*Gerald. Gause*）哈撒尼（*John Harsanyi*）等人。自从罗尔斯的《正义论》使得这一传统再次回归西方学术界视野以来，这些设计者不再将自己的理论设计称为“社会契约论”（社会 *social* - 契约

---

① 匈牙利民粹领袖乌尔班领导的青民盟曾经提到这一口号，参考 Andras Bozoki, “The Illusion of Inclusion: Configurations of Populism in Hungary,” in M. Kopecek and P. Wcislik eds., *Thinking through Transition of Liberal Democracy: Authoritarian Pasts and Intellectual History in East Central Europe after 1989*, Budapest/New York: Central European University Press, 2015, pp.275–312。

contract- 论 *theory*)，而是多称之为契约主义（*contractulism*)。他们的理论工程旨在获得公正原则的论证程序，描述一种符合现代社会公正理念的联合模式。后来理论梳理者又生发其他命名，如按发展分支分为“道德契约论”（将社会道德秩序尤其性别规范按照不平等契约解释并使之具有批判性）以及“契约主义”（*contractarianism*)（执着设计最优博弈的契约规范并使之适用于伦理、经济、政治等所有论域的激进纲领）等研究派别。此外还有将博弈契约的方法用于宪政经济学等现代应用。不过这个阶段的契约论最大的问题是虚拟性质过强，已经愈发远离社会指导意义或具有先前社会契约论时代的批判色彩了。就思想史的分期来看，将近代个人主义为基础以特殊立约起点为预设的国家契约论称之为“古典社会契约论”，将罗尔斯之后复兴的契约论资源称之为“现代契约论”，是学术界接受最广的源流分野。

古典社会契约论传统经历了理论范式、论证目标的转折，它为数不多的案例看上去既能为保守派，也能被革新派所用。其多变体支流的特质，使得一些理论家质疑其内在统一性。但是社会契约的意志自由原则、互惠和平等原则、义务原则（违反协议应受处罚）是设计者力图贯穿始终、奉为论证要旨的价值取向。即使社会契约论难免遭受“拟制不实”倾向或者“缺乏平等”、侵犯“立约自由”等方面的攻击，但是古典社会契约论反对专制、强化自由权利的要素仍然被铭记为可贵历史遗产，而这一遗产所累积的愈发精致的设计路线也成为后代研究者、设计者不可能绕开的学术宝藏。

4. 社会契约论的形态分类和论证趋向

对上篇而言，社会契约论的阐释歧义特别需要先从分类进行归属脉络的定位。下文从基本形态、论证目的、内部逻辑，意识形态趋向，理论样式介绍社会契约的常见分类。之后还会介绍对本书比较重要的一个分类，即从约定论和非约定论对社会契约论的分类。

（1）从基本形态分

根据以研究中世纪社团思想见长的奥托 – 基尔克的经典分类，从常见的制度形态社会契约论可以分为“社会契约”和“政府契约”，或组成社会的“平行”契约和组成政府的“垂直”契约。前者考察为组成社会人民之间订立的契约，后者讨论国家已建立前提下政府产生及对国家权力的运用和限制。

（2）从论证目的分

形态学的划分之外，按论证目的还可以将社会契约论分为“公民契约”“宪政契约”（也有称为公法契约）和“道德契约”，[①] 分别用于论述社会构成共同体特定联合目标的约定、国家确立宪法架构的契约和在社会层面进行道德联合的契约。

（3）从内部论证逻辑分

从社会契约论论证基本逻辑来看，古典社会契约论历史有两种强有力的模式，为后来的理论要素提供可以抽绎的思想资源：第一类是圣经传统中提及的希伯来古代神权契约的丰富源流以及基督教的契约，可以统称“神权契约”；第二类是中世纪政治实践中的封建契约。

在神权契约中社会契约不针对个人赋权，而是旨在给整个民族奠定秩序。而国王或统治阶层名义则是由上帝管理，个人缺乏申诉的权利，多数情况下这类契约也需中间人或中保者（如祭司阶层的社会中介功能）。这类神权契约中整个社会秩序为神意所笼罩，甚至干脆整个由神的契约将人类从蛮荒、奴役中拯救出来，无论是《圣经·旧约》中古希伯来人据称被神从埃及奴役下，暗无天日的异教信仰中救出，迎接全新法律、革除旧信仰，全民族走向沙漠和应许之地[②]，或是耶和华屡次与民众立约并因民众毁约报复屠城；还是《圣经·新约》中基督声称要与未

---

① ［美］戴维·鲍彻，保罗·凯利：《社会契约论及其批评者》，载［英］迈克尔·莱斯诺夫：《社会契约论》，刘训练译，江苏人民出版社2006年版，第334页。大致说来，三者的区分是，道德契约论强调道德具有约定性质，如古希腊的智者派。公民契约论强调的是公民之间在自然状态下彼此保护和权利的互相承认，先验的义务先于对国家的服从。卢梭，康德，罗尔斯和诺奇克都属于这个传统。

② 《圣经》“出埃及记”34：7. 这个传统中“契约”（covenant）一词并非compact或contract，而是取典于犹太民族与上帝立约，此约的特点是不可追溯、不可解除的，确定民族政教秩序基础的公共信约，其效力由上帝的惩罚和奖赏来保证，而且经常和历代首领续约。这个词汇在17世纪神学政治论述中具有相当重的分量，依靠神权保障契约合法性。

来世立约，“将我的国建立磐石上”的许诺，其秩序反差几至“人猿相揖别”，一旦统治者违约只能祈求上天裁决。[①]

在中世纪的封建契约中，尽管同样笼罩在神约话语下，“社会契约论”通过中世纪错综复杂的司法权、封建臣属的权利义务网络发展起来。它与“契约、联合、自治团体”[②]封建社会等级网络相关，喻为百衲布一样的社会粘合剂，不过这段时期内，领主与附庸之间契约分歧可以通过撤回附庸方式救济，[③]因此与前述神权契约相比较温和，更少僵化和独裁性质。

（4）从意识形态趋向分

社会契约论的意识形态可以从革新、保守和折中这几类论证基本目标来分类。社会契约论的意识形态趋向灵活，不专属一派。既可以既有约定之名为神圣之物之名维护既有秩序，也可以以现有法律制度无非“过时约定”之名，贬抑现有秩序和法律合法性。

就革新的论证目标看：早在古希腊时代就有“约定”和“自然”的争论，如《理想国》中格劳孔对“法律源于契约”认为“法律是那些吃惯苦头却不能每次都尝甜头的人订的契约”[④]。古代希腊的智者派擅长论

---

① “中世纪基督教理论家英戈尔伯特是原始契约这个观念的创始者。契约的产生是自然的，但是它源于一项特殊意志行为，一项服从契约”。[英] 迈克尔·莱斯诺夫：《社会契约论》，刘训练译，江苏人民出版社 2006 年版，第 21 页。

② Harro Höpfl and Martyn P. Thompson, “The History of Contract as a Motif in Political Thought”, *The American Historical Review*, Vol.84, No.4, 1979. 但是宪政契约论（constitutional contractualism）和哲学契约论（philosophical contractuliasm）之间有复杂的历史关联，后者和前者的关系在正文中会有所涉及。

③ [英] 约翰·麦克里兰：《西方政治思想史》，彭淮栋译，海南出版社 2003 年版，第 203 页。

④ 格劳孔在《理想国》中对法律的起源给出了约定说的解释“人们在彼此交往中既尝到过干不正义的甜头，又尝到过遭受不正义的苦头。两种味道都尝过了之后，那些不能专尝甜头不吃苦头的人觉得最好大家成立契约：既不要得不正义之惠，也不要吃不正义之亏。打这时候起他们中间才开始订法律立契约 他们把守法践约叫合法的、正义的，这就是正义的本质和起源。”[古希腊] 柏拉图：《理想国》，郭斌和等译，商务印书馆 1986 年版，第 46 页。

辩、尤其是对秩序展开批评而非建设，在其启发民智之余将社会规范都粗暴地归类为约定，否认其更高目标。18 世纪之后，带有革新论证目标的社会契约论在全新论证平台上展开。为了争夺自由主义思想流派的重要资源使之不落入保守派之手，洛克、卢梭将社会（*societas*）自身看作权利的来源、制造纯粹公意架构，挟霍布斯式法人契约的变体，弱化洛克政府契约的商业气息、强化社会自身的公共性与自主性意涵。这番革新有力地推动了近代国家和人民主权理念的建构，也进一步促成了平等、自由理念的普遍化。

就保守的论证目标看：宗教改革时期社会契约论是“反抗权”与宣扬教会民主的理论资源；17 世纪早期对“原始契约”（*original contract*）和“古老权利”的讨论盛行于英国，以指代长期以来各统治集团在权力博弈达成的约定平衡。革命派和保王派都自命是“原始契约”传统的继承者和捍卫者。[①] 最终英国革命中是以“违反原始契约构成叛国罪”之名弑君。[②] 这些案例中调用契约工具以维护秩序者也包括霍布斯的《利维坦》，极力描述缺乏公度的约定导致社会失范的情境，为奠定绝对王权进行合法性论证。

从保守要旨出发为契约论另一次辩护是在 19 世纪初期，法国大革命之后国家主义兴起的时代。社会契约论迎来了一系列攻击，休谟斥社会契约为“虚拟”，追溯服从义务代之以功效和习惯；黑格尔斥责社会契约的交易性贬抑了国家的神圣尊严地位。此番攻击之后，社会契约论传统的声誉骤降。然而，面对启蒙时代“旧秩序”满目疮痍的欧洲，埃德蒙·柏克将“契约”（等同于历史传统）看作不需“同意”，而由“同一个民族过去将来诸世代人之间签订的关于科学、艺术、文化、制度合伙

---

① ［美］迈克尔·扎科特：《自然权利与新共和主义》，王崇兴译，吉林出版集团 2008 年版，第二章。

② 1688 年，公约国会宣布詹姆士国王破坏了国王与人民之间的“原始契约”“企图推翻王国的宪法，构成叛国罪”。［英］迈克尔·莱斯诺夫等：《社会契约论》，刘训练译，江苏人民出版社 2006 年版，第 195 页。

关系”的一个“永不失效的契约”。[①] 这里强调的社会契约特点源于“他人先行履约”产生的义务连带性质，强调因他人已经履约、个人恣意发挥受责任约束的信义状态，这种代际契约是不可以轻易像“胡椒贸易”旋订旋解，或由于缺少明确地“同意”程序而受到贬损。

尽管柏克观点不无常见于保守派的对传统的溢美，但是就理论论证目标而言，社会契约论的保守特质并非空谈——社会契约论是一种倾向于稳固既有秩序的理念，它倾向于将立约个体与某种更具超越性、更宏大的秩序联系起来。[②] 毕竟，没有一个社会契约论的理论设计者希望自己美好的契约理想，不断被立约各方出于合理理由（通过契约改善的自由，平等诉求）付诸重新立约的革新，因为一个“永续立约”的模式在根本上意味着社会契约论陷入不断改进的动荡循环，每一次修改都会以种种翻新理据毁誉前约。当一个理论连最基本的稳定性都无法保证，就遑论意识形态的吸引力了。[③] 而现代理论设计者频繁碎片化、零敲碎打地改进

① ［英］埃德蒙·柏克：《自由与传统》，何兆武等译，商务印书馆 2001 年版，第 78 页。伯克曾在《法国革命论》中给社会契约赋予了神秘的含义，将其与甚嚣尘上的腐蚀道德的抽象契约传统区分开：“社会确实是一项契约。对于那些单纯以偶然的利益为目标的各种附属性的契约，是可以随意解除的，但是国家却不可被认为只不过是一种为了一些诸如胡椒或咖啡、布匹或烟草的生意，或某些其他不关重要的暂时利益而缔结的合伙协定，可以由缔结者的心血来潮而加以解除的。我们应当怀着另一种崇敬之情来看待国家，因为它并不是以单只服从属于暂时性的、过眼烟云的赤裸裸的动物生存那类事务为目的的一种合伙关系。它乃是一切科学的一种合伙关系，一切艺术的一种合伙关系，一切道德的和一切完美性的一种合伙关系。由于这样的一种合伙关系的目的无法在许多代人中间达到，所以国家就变成了不仅仅是活着的人之间的合伙关系，而且也是在活着的人、已经死了的人和将会出世的人们之间的一种合伙关系。每一个特定国家的每一项契约，都只是永恒社会的伟大初始契约中的一款，它联系着低等的自然界和高等的自然界，连接着可见的世界与不可见的世界，遵循着约束一切物理界和一切道德界各安其位的那项不可违背的誓言所裁定的固定了的约定。”［英］埃德蒙·柏克：《法国革命论》（上卷），何兆武等译，商务印书馆 1998 年版，第 129 页。

② 张知干、郑琼现：《超越私法——契约的另类意义》，《学术研究》2009 年第 4 期。

③ 本书主要关注的是政治意识形态基础的社会契约论传统，从这个意义上来讲，肯－宾默尔为主的演进契约论并不是本书主题。后者关注的是不断演化的契约秩序，在政治社会学意义上和经济学意义上有很重要的贡献。

行为本身就已经说明，这一理论的严肃性很早就已经不被足够严肃地对待了。

就折中的论证目标看：作为 18 世纪启蒙时代达到设计路径精致之极的时期，自由主义色彩的社会契约论的历史任务已经完成，失去了强有力的理论敌人，20 世纪以来的“现代契约论”不再有雄心“创建”新的秩序、新的法人权威，而是关心分配正义和多元社会中如何达成共识这类理论“证成”的问题（*justification*）。由于现代思想家对社会契约的创新源于博弈论启发社会公正政策的论证旨趣。这就淡化了意识形态色彩的革新或保守论证目标。现代社会契约论的理论特点温和而折中，它们具有“个人本位”“理性计算”“意志主义”，互动平衡，以分配正义的论题为取向证明公共政策正当性为目标。[①]

20 世纪后半叶罗尔斯的正义理论及 T. 斯坎伦等人的“契约主义”（*contractualism*）就是这类例子，罗尔斯反思功利主义的局限并以契约论优势论证正义原则，修正立约的“起始情境”假设，使立约方接受规范性社会原则的道德义务。T.M. 斯坎伦则针对契约论中道德哲学前提，“以平等自由的道德身份对待个体”对规范进行证成。尽管上述理论中多少都有中左翼的社会公正理想或对抗功利主义伦理观，却明确地认为自己的根本任务是以理性公民间互相证明公共政策之合理性，而非构建秩序为任务指向。现代契约论将社会伦理道德基础也纳入契约计算的逻辑。比如，罗伯特－诺齐克（Robort Nozik）提供了一套关于公共产品皆有自由人契约社群自由买卖的方案，遂有高蒂尔（*Gauthier*）对社会关系契约化的警告，以及社会契约逐渐沦为将国家看作合作企业之交易规则的看法。

无论就理论目标还是工具调取角度看，现代契约论的理论色彩都算是“折中派。其秉建构主义倾向、摒弃国家人格性带来的权威、将平等

---

① ［美］约翰・罗尔斯，T.M. 斯坎伦等：《当代社会契约论》，包利民编，江苏人民出版社 2006 年版，第 2 页。对这个特征早期征象的描述：“功利主义在 19 世纪末到 20 世纪初的时候，已经将大多数关于合法性和政治统治的限度的规范性问题转化成为关于由不同的政策选择带来的不同的福利水平的技术问题”。参考 Paul Kelly, *Locke's Second Treatise of Government: A Reader's Guide*, Continuum, 2007, p.150。

的人格而不是特定人性结构看作社会契约订立的前提，以自下而上的功利主义模式代替形而上学推理、追寻理想订约程序而非一举建立新契约秩序[①]。简化处理的现代契约论被改装成不再需要特殊起点设计的博弈，更接近一种中间派，与古希腊智者派“对法律源于约定的看法”已越发相近，淡化意识形态色彩上则是其基本底色。

以上社会契约论论证目标尽管随着思想要素的架构而变动，但是历史上若干经典版本的社会契约论仍有比较固定的意识形态取向。就数目而言，尽管自由主义和革新性的社会契约更为惹眼，但是其实数量少于保守派的契约。

一般来说，以古典社会契约论最后一家来计，洛克之前的版本都属在持有保守主义论证任务的，少数封建契约带有反对教权意图，故也有少许革新倾向。回顾历史，大多数论者并不愿意回顾神权契约或封建契约，因为它和温和、理性的现代契约论相比既不自由也不民主、更缺乏尊重自由、平等博弈的精神。其理论也并不将平等自由个体看作基本的立约前提，这类最为保守的契约品类甚至起初就承认某些不平等甚至胁迫的程序，尽管有过宏大的外表和论证周详的表象，现代设计者却宁可将古典社会契约论都归入历史的故纸堆。

5. 从理论样式分

这里的分类主要针对现代契约论，即 20 世纪后的契约论脉络分化。这个分化主要指契约至上主义者（*contractarinism*）和契约主义者（*contractualism*）[②]之间的分野。尽管他们的议题，基本框架有不少类似之处，从而论证布局紧凑，是 20 世纪独特的景观，但是从理论形态、论证目标上他们又紧密毗邻。

这些理论家关心的论题从非平等角色下的集体博弈决策到道德合意的

---

① 姚大志:《契约论与政治合法性》,《复旦学报》2003 年第 4 期。

② 这两个译名在国内有不同版本，迄今为止有将后者译为“立约人主义”“契约论主义”等。本书暂时以这两个比较容易理解的译名，“契约至上主义”唤起学术界对“自由至上主义者”的激进倾向，即将某个本来居于二阶的原则观测到整个道德领域。契约主义则是相对温和节制的理论立场，认为有一些事物不可以以契约的方式来博弈和协调，给其他事务留下空间，比如直觉。

契约证成、到民主社会的财政分配议题、或者一个民主社会的宪政安排等，覆盖并多少疏离了传统的古典社会契约论（霍布斯、洛克、卢梭）的议题和论证旨趣。但是他们都关心如何将契约论和公共选择理论融合在自己的理论中，故是否在理论中调用契约并不是其是否关切的根本区分标识。

根据政治哲学家斯蒂芬－达沃尔（*Stephen Darwall*）在《契约至上论者和契约主义者》[①] 的分类和描述，这两类理论都认为，“道德原则是那些可以在特定反事实条件下被理智地选择或者同意的那些原则”，并且采用类似的理论结构。契约至上论者仅仅将契约当作一个工具，而契约主义者将契约看作一个真正的合意和价值的来源。前者运用契约，但不见得尊重契约背后潜藏的基础性社会规则。根据他的分类：罗尔斯、T.M. 斯坎伦是契约主义者（*contractualism*），而霍布斯、高蒂尔、吉尔伯特·哈曼（*Gilbert Harman*）是契约至上论者（*contractarinism*）。在这些人看来，契约主义者（*contractualism*）的最大问题是，“没有合作规则的情况下，个体也对资源有支配权，但是这完全是恣意的（*arbitrary*）——除非有某种作为背景的自然权利理论存在。但是契约至上论者在论证这一预设时必然是落入循环的”。[②]

实际上，可以将契约主义者看作某种将初始立约的人看作能自我立法的道德个体，在达沃尔看来这正是恣意的约定论和稍微尊重客观社会规则的约定论的核心区别：“正确的道德原则并不是个体基于自利原则和自身视角博弈的结果，而是理智个体在作为一个自由和平等个体，并且接受共同体的集体理念时候所订立的约定或者选择”。[③]

6. 本书专用分类：“约定论”和“非约定论”

“约定论”对峙“社会契约论”这一分类是本书暂定的操作性范畴，

---

① Stephen Darwall ed., *Contractarianism and Contractualism*. Wiley-Blackwell，2002，p.7.

② Stephen Darwall ed., *Contractarianism and Contractualism*. Wiley-Blackwell，2002，p.4.

③ Stephen Darwall ed., *Contractarianism and Contractualism*. Wiley-Blackwell，2002，p.5.

需要特别加以解释。下面小节会分别说明约定论的背景与概念、“非约定论”与之分歧和本质差异，以及非约定论和社会契约论的重叠论域。

（1）约定论

本书将整个契约论传统按照是否将社会契约都看作“同等位阶约定秩序”的一种分类。本书的约定论和数学哲学以及知识论领域已经成为通用词汇的“约定论”（*conventionalism*）并无直接关系。①

根据本书讨论需要设定，作为理论设计的制度实践背景，任何一个共同体内社会关系网其实是由各类大小约定形成的“织体”（家庭、社团、专业组织）交错而成，因此，“社会契约”是具有特殊意义的契约，以纵向服从关系、权威的延续性为主要特征。而“约定论”指的是以经济交易逻辑解释社会中各类约定的来源、合理性、合法性边界的一种理念，也可以指代一系列反映这种理念的社会规范、约定背后的基础甚至这些理论本身。

这类理念包括以习俗解释任何社会权威的基础（如休谟、边沁等社会契约论批评者），仿佛它们是并没有真正形而上学含义的约定，只需要集体交易就可兑现完毕、两厢情愿，交易之后可以随意解约。它也包括那些相信“原始契约”的理想色彩（如传统、伟大、神秘等）论述者（如伯克），也即有一定的理想共同体生活的目标和启示色彩渗透其中。实际上，与表面上的纯粹世俗主义倾向不同，“约定论”本身也可以来自一些神权契约甚至君权神授论的信奉者——因为他们将一种“不可修改和变动的交易的理念”多少有些悖谬地设定在契约理念中，牢牢扎根并扩展为一种代际维系的群体规范和传统，比如犹太教对“伟大的耶和华和古代犹太人的约”的描述，并不避讳这是“上帝允诺如果服从则得到

① 关于哲学领域尤其知识论角度对这个概念的经典探讨，参考［美］大卫·刘易斯《约定论》，其中有不少关于经济学、哲学角度对社会协定基础根源的考察，这类考察最终还可以参考分析哲学的早期讨论，如奎因（W.V.O.Quine）维特根斯坦等人的理论，另外，数学哲学范畴的讨论则指向分析的范式选择，参考庞加莱等人的著作。本书仅仅论及为社会契约论论述方便从论述政治合法性的诸契约理论中所采用的权宜性的分类。

迦南之地以及外族受到屠戮”这种交易的结果。[①]

此外，不排除存在超越于经济主义的政治权威论证者的作品，可以将其视为具有约定论倾向。因此，约翰－洛克在本书中被划定为偏向约定论的社会契约论者。在自命有神保障的各类具有神秘不可测的起点与过程的社会规范产生的传统中，它也可能是约定论的。约定论对习俗、惯例的合理性的描述提供了广博的历史资源库。在某种意义上，可以将社会契约论看作脱胎于约定论这一古老多元实践母体，并为克服其缺陷提供对理想主义目标更强辩护的一种理论设计。

然而，当约定论提供的过分简化的图景过分扩张，它不仅和政治契约、政治权威的强制性、延续性相悖，也将社会信誉和社会信义的产生、延续视为儿戏。对只相信一种经济交易的约定论论者而言，所有约定无非博弈和合意；对于那些更有理想目标的约定论者而言，“只有”依据理想目标的社会约定值得遵守，在此范围之外则可以恣意行为、践踏人伦。比如在殖民时代，一些基督徒士兵自命是上帝荣耀的捍卫者，在杀人时则认为这是早日处决异教徒并视之为协助其脱离异教的手段。可见，在历史上不乏约定论为来源晦暗、所行悖理的规范背书的案例。

约定论在一定意义上掩盖了某些规范的不公正，不恰当地美化了它。不过，就这一点来说，社会契约论看似脱胎于约定论并超越之，却并未做得更好。前者可能在根本上脱离而非真实反映社会实践。尽管真实的社会约定实践，恰恰基于不平等关系、不完全（计量）的博弈、解约的困难和粘滞性。这当然不是说，任何社会契约是绝对地抵制交易和博弈，或像另一些设计者理解的平等个体的阙如，或总是充满了威慑、欺骗性情境立约，而是说这种约定效力是有限的，将其贸然看作平等的约定只会因过分简化忽略历史的丰富性。

---

① 是否存在只有单方面义务的契约？即使在世俗领域它也是存在的，这也就是为什么梅因在《古代法》中特地对此做了区别。单方面的契约和合同之间仍然有区别。因此在神权契约的角度这种用法也并不是一种完全古怪的修辞。参考梅因《古代法》第三章。

（2）非约定论

在社会契约论的历史上，大多数古典契约论版本都认可，政治性的契约和描述社会常见的约定和契约并不同，但是这种“认可”（*recognition*）是以设置一个使得政治权威成为必需的论证所导致的。具体而言需要一个特殊情境的设定，以使得“初始情境”的契约在法理位阶上区别于之后衍生的各类政治权威契约，以及据此类契约框架对各种社会关系的调整；或则尽管没有一个特殊情境设定，但是以其他方式说明契约证成这一类契约的特殊权威。由于并非所有这类契约都会声明契约权威凝结为一个“法人”，所以本书称之为“非约定论”。

这类“非约定论”包括霍布斯、洛克和卢梭的古典社会契约论。本书多处称为“创制型契约”。有时候（不太严谨地）指涉为“公法契约”，则是为论述方便计，用于接近宪法订立的论述语境。

这一设定可能很类似公法意义上的宪政契约，本书并不拒绝这一类比，但是考虑到宪法研究者对将宪法看作一种“契约”颇有微词，本书并不将社会契约的具体实现之一看作宪法。有趣的是，这个派别并不能穷尽分类，实际上，布坎南的宪政契约设计将宪政契约和剖析其他公法契约所必需的法理位阶区分，同样应用了约定论的逻辑将彻底的商业逻辑贯穿到社会契约论中，因此成为一个少有却不无裨益的讨论分支。

本书认为，社会契约论的独特魅力，正在于将“社会契约论”和“约定论”在理论设计上的独特区分，其核心含义部分对应伯克对于代际契约的赞誉。其传统、延续性、对政治权威真实性质的认知使其配得社会契约论力图为秩序奠基的声名。

但是另一方面，“约定论”传统的社会契约前溯古希腊智者派，后延续到如洛克、诺齐克、布坎南等代表人物的脉络同样描述了政治关系的约定面向，并使政治文明可追溯性的规范理由提供了有效论证，是近代民主社会和政治文明不可缺少的。同时它也能够某种程度上起到革新意义，使得政治文明得以得到自下而上的约束和质询，对社会民主要素寄托了希望，从而使得多少有些僵化和独断性质的“非约定论”传统相形见绌。

在本书上述分类下，特别需要请读者注意本书的大致写作推进的逻辑多少缺乏多数同类著作坚持的平衡对称之美。表现为：霍布斯契约论一章论述篇幅的严重膨胀。而且本书也将神权契约归类为约定论的一种，占据了第二章较长的篇幅。在现有论述古典社会契约论的著作中，这种论述方法并不多见，一般论及古典社会契约论即铺陈霍布斯－洛克－卢梭三家，或如我国著名研究者何怀宏、李猛、林奇富、李风华等勾勒近代主义契约论并附论格劳修斯等人作品各个章节均紧扣传统论题、大致持论均衡。但是，考虑到本书任务并不是“中正持平”提供社会契约论的思想史梳理，而是力图侧重某个角度剖析论题，难免有所偏，“曲木”难求全，绝非刻意回避其他古典社会契约论研究者贡献的典范意义，请读者和编者吝施斧钺。

（二）“自然状态”

1. 作为先验理念资源的自然状态

自然状态是一个经常出现在早期政治理论中的词汇，指代人类生活的最初状态，常常和“不文明”、“法外的”、“不开化”的相联系。它最早取典于《圣经》中的黄金时代，指代不存在最高公共权力的人类生存状况，在这种状态中人类的生存被原始的需求和关系所支配，多数情况下可以近似地与原始人生活的相对匮乏、缺乏制度规范、未开化状态相等同。因此一些古典社会契约论思想家将“state of nature”（自然状态）和“natural state of man”（人的天然状况）混用。根据《布莱克尔政治学百科全书》的定义，自然状态是“表述不存在确定政治权威之状态的人文科学术语，……忠实于无确定政治权威的人们处于这种——或至少一种相应的自然状态中：思想家们大多数认为，这意味各个主权国家的统治者处于这种互相尊重的自然状态之中”。[①] 因此自然状态有时候也延申用于近代国家产生时对缺乏公共权威、有效平等交往的各类主权国家之间关系的代称。17—18 世纪的思想家大多吸收了《圣经》中对自然状态

---

① ［美］戴维·米勒等编：《布莱克尔政治学百科全书》，中国政法大学出版社 1992 年版，第 752 页。

是人获原罪之前漫游在伊甸园中的理想景象，也强调在政治尚未玷污人类秩序时，具有纯朴性情的自由人状况。自然状态的外延常常也就是社会状态或文明状态，在具有道德指向时，启蒙思想家也常常将野蛮与文明、质朴与虚伪的对峙放入此类预设的人性论中。

作为一种先验的理念资源，自然状态所承载的内涵比表面要多。在思想史上“自然状态假设”承继于这样一个追溯“罪”的《圣经》传统，在这个传统中人类的存在就是一种“罪”,（类似的存在意义的思考参考伊索克拉底（Isocrates）的叙述：人的存在本身就是一种病）罪行只是后来的事情，是不自然的，而“罪”对人类的种群来说是“第一自然本性”，最为基础的自然本性。就此而言，真正振聋发聩的问题是：何为“自然秩序”？秩序起点上尚未立约的个人是否具有一个白纸一样的头脑，没有任何罪业？而且任何“初始行为”的“发机”只导向“中性的，无关正义”的人与人之间的关系和秩序？ 这一系列问题是理解自然状态假设以何种动机、倾向加以建构的钥匙，也是理解为何后世思想家在构建自然状态假设的时候都继承了特定理论要素及其结构范式的关键。

一个自谓“自然”的观念有这样的论证优势：第一，它否认了其他要素是“第二天性”。第二，它要求（受到圣经传统影响的）读者接受这样的假设：后来出现的理论要素都是“非自然的”，因而和其他理论选项一样同样是“人类所建构的”。也即，在神圣事务界限之外，划定另一批优先设定为“先天”第一天性（*a priori*）这一人类处境制高点的要素，以对照“后天”（*a posteriori*）的相对劣等理论地位。社会契约论在历史上用这个策略击退了传统的约定论，尽管在 17 世纪格郎修斯 Grotius 的约定论仍然被看作一个“理论选项”，但是角力场的中心在于哪些人性和基于他们的权利真正是“自然的”也即“先天的”。下文也可以看出，在不少古典社会契约论设计者手中，自然状态也意味着它们的先天地为在于“经验意义上禀赋与相处模式难以被社会性的理性分析所完整把握的荒蛮处境”——也就是时间上和逻辑上先于社会化的法理模式分殊的产物。

自然状态假设常见可以抽绎的要素包括：1. 个体化的极端状况：人际交往匮乏的状态；2. 个体智力的原始性；3. 个体情志的简单；4. 缺乏

法律和秩序的状态；5. 资源的相对匮乏。这些要素各自都有设计变体，如“个体智力原始性”也可还原为记忆力短浅，“人际交往的匮乏”也不排斥天然敌意与暴戾易怒，却也不必然是天然彼此具有恶意的人际关系。这些思想要素在几百年历史中逐渐充实了对“自然状态”的一套人类学分析，都为自然状态被设计成“匮乏”“原始”“缺乏秩序”的处境提供了基本底色。在各类擅长论辩设计的思想家手中，社会性要素多被巧妙地安排在关于自然状态的个体禀赋、法理地位和联合困境的多种论述中，以便抽绎出希冀的理论路径，暗度陈仓。因此，阅读古典社会契约论中的“自然状态”描述的现代读者经常会疑惑不已——明明见（自然）“法”却发现自然状态无法无天，自然状态声称“质朴自在”却不经意间多为社会人的繁杂攀附心性所窒；没有公共权威看似自主，生活在自然状态下的个体却一刻不停想要逃出——一言以蔽之，“自然状态假设”的图景不是用来追忆的，而是用来逃离的。

中世纪晚期自然权利争论为约束专制政府的社会契约论论证奠定了基础。自此之后洛克、卢梭等人提到自然状态，开始纳入自然法和绝对的自然权利以保证自由和平等实现，“人”的本性、禀赋和行为方式愈发被精细设计以便定位到民主而非专制的最终论证目标。随着此假设在启蒙政治思想中兴盛一时，自然法和自然权利成为描述自然状态个体之社会本性与政治诉求的两个关键概念。

20 世纪，罗尔斯等新契约论者用“起始位置”确立正义的社会选择原则的起点。比如，在罗尔斯的理论中，它就是用来作为一种“达到某种确定的正义观的纯粹假设状态”。[①] 也有一些理论家动用博弈论模拟和扩充自然状态类似的“囚徒困境”解决方式，以考察稳定协议的形成。在这种“初始状态”中，个体并未发生明确的理性能力或义务变化，也未经过“初始状态”的考验。

2. 作为双线论证枢纽的自然状态

就这个预设的基本理论性质来看，有“假设说”和“历史说”两

---

① ［美］罗尔斯：《正义论》，何怀宏等译，中国社会科学出版社 1998 年版，第 12 页。

种。自然状态要么被看作一种纯粹虚构的理论假设，要么被看作历史上描述人类秩序起源的开端。然而在各种版本论述中，很多思想家采用的是“双线叙述”，兼论兼史，一方面将社会契约的证成论证为人类在无政府的失序状态就会认可的秩序选择，一方面将社会契约解释为一种人类曾经坚定地在历史上得出的理性选择，但是，多数这类“双线论证”路径侧重假设逻辑的论述，历史细节只是辅助。

与古典社会契约论者大多将自然状态设置为兼具历史证据和理论假设的路径相比，现代社会契约论基本上只将自然状态看作纯粹的理论假设，用来推演可欲的社会秩序原则，其内在构成要素可以随意构造取舍，而不是像传统自然状态假设那样贴近并取诸人类学、历史学的经验，容纳必要的人性矛盾，从而具备更强的批判性。一些现代契约论的构建者认为，“自然状态”是否具有历史真实性不如其哲学的证成重要，[①] 这也就进一步促成了那种将自然状态淡化为一个随意设置的立约起点的空洞立场。

从现代政治理论设计者对自然状态概念的调用来看，自然状态中人性假设的基本要素已被看作古典学术残余被放入故纸堆，“理性选择”以及合理化立约方原则的能力（偏好包含了古典预设中非理性那部分）已经被接受为基础的人性预设。而这种人性预设与其说是“性善论”的，不如说是“有利于交易理性”而并无天然违反秩序的倾向的。

随着简化版本的自然状态假设在现代社会契约论的应用，古典自然状态下人性之矛盾和秩序的形成之间的论证歧途逐渐被忽略。自然状态的起点情境假设被看作可以随时弃掷的历史断面，能映射之后旨在证成的任何理论要素的便利起点，随着其内容愈发充实、明晰，自然状态假设作为逻辑起点的内涵却逐渐被空心化了。

---

① 石元康:《社会契约与个人主义》，载《中国学术》（第 16 辑），商务印书馆 2004 年版，第 179 页。

第二章　神权契约：《圣经》传统及其他约定论

一　神权契约源流略论

就神权契约这个类型而言，近代读者了解这个词汇，大多视之为迷信的产物。追求权威稳定性和从“秩序匮乏”中建立秩序，可以诉诸犹太教的契约，多见于《圣经·旧约》，《新约》也有一普泛意义的神权契约。但是由于这类契约面临验证“神的话语和约定”的难题，且常常不允许博弈或协商，倒是有“明文规定”。整体而言，作为古典社会契约的一种“前史”，似乎只有考古的意义，毕竟本书主要叙述对象是西方的古典社会契约论，尤其是探讨社会合作的基础政府权力合法性的公法契约。而按照历史沿革划分社会契约论传统，则可分为古典时代之前的契约论、近代社会契约论和当代契约论这三个形态。其中，古典形态之前的契约论是一种约定论，缺少对理想秩序的设计，它的世俗版本（格劳孔在《理想国》中所叙述的）强调法律和秩序的约定性质。但是，当人们检视除了典型的古典社会契约论中以个体为立约基础的诸家（霍布斯、洛克、卢梭等），会发现在整个社会契约论长河中，这一“漫长的前史”仍有不少约定论的有趣版本值得探讨。其中神权契约不是最模糊和难以用理性估测的，其与约定论的极大相似处也湮灭在历史中，而这一湮灭对理解约定论理论力量尤其威慑力并无好处。因此，本章会对神权契约这个话题及历史案例作一番简单介绍，并且从“与神立约形成秩序”和“自古以来共同体习成秩序”做一个思想背景的比较。本小节将简要概括神权契约的分类形态，再分别叙述几类神权契约及其基本架构。

在最基础比较意义上，“与神立约的秩序”有各种修辞丰富的传统，而共同体习成秩序则无非对古老约定的统称。前者有《新约》和《旧约》圣经的约定秩序传统，后者则更适合以古希腊传统作为案例。而本章由此对比，可以看到作为一个模糊又浸染深重的“非理性契约传统”中，这些神权契约背后潜藏的对约定秩序的基本设计需求和自我辩护。读者需要注意的是，尽管现代人大多不会再相信与神立约的修辞，但是不仅作为一种世界文化史的遗存，同时作为一种对契约的减损边界和稳定性诉求所带来的历史辩护，神权契约一直都潜藏在历史的背景中绵延不绝，并成为社会心理背景音的一部分。

在神权契约中社会契约并不针对个人赋权，而是旨在给整个民族奠定秩序。而国王或统治阶层名义上则是由上帝管理，个人缺乏申诉权利，多数情况下这类契约也需中间人或“中保者”（如祭司阶层的社会中介功能）。这类神权契约下的社会秩序为神意所笼罩，甚至有一套关于神将人类从蛮荒、奴役中拯救出来的历史，无论是《圣经·旧约》中古希伯来人据称被神从埃及奴役下、暗无天日的异教信仰中救出，迎接全新法律、革除旧信仰，全民族走向沙漠和应许之地①，或是耶和华屡次与民众立约并因民众毁约报复屠城；还是《圣经·新约》中基督声称要与未来世代立约，“将我的国建立磐石上”的许诺，其秩序反差几至“人猿相揖别”的程度，因此一旦对方违约，祈求上天裁决都不太可能②。

中世纪的封建契约尽管同样笼罩在神约话语下，“社会契约论”通

① 《圣经》“出埃及记”34：7。这个传统中“契约”（covenant）一词并非 compact 或 contract, 而是取典于犹太民族与上帝立约，此约的特点是不可追溯、不可解除的，确定民族政教秩序基础的公共信约，其效力由上帝的惩罚和奖赏来保证，而且经常和历代首领续约。这个词汇在 17 世纪神学政治论述中具有相当重的分量，依靠神权保障契约合法性。

② “中世纪基督教理论家英戈尔伯特是原始契约这个观念的创始者。契约的产生是自然的，但是它源于一项特殊意志行为，一项服从契约”。［英］迈克尔·莱斯诺夫：《社会契约论》，刘训练译，江苏人民出版社 2006 年版，第 21 页。

过中世纪错综复杂的司法权、封建臣属的权利义务网络发展起来。它和“契约联合、自治团体”[①]封建社会等级网络相关，可以被看作是“社会黏合剂”。也正是在政治实践的意义上，基督教世界几百年间层层管理的网络所营造的代理人层级过繁，将契约所带有的合法性话语资源蚕食殆尽。不过，这段时期内，契约的逻辑并没有太多的强制和僵化含义，“违约”可以赎买，即是一例。中世纪封建契约的秩序下，领主与附庸之间的契约分歧可以通过撤回附庸的方式加以救济，[②]因此与前述神权契约相比较温和，更少僵化和独裁性质。讽刺的是，这段时期内作为上帝约定的代理人，教士也逐渐在寻租有术的各类王公贵族攻势下，为自己所在宗教的合法性衰微给予了一定助力。

可以说，正是在这种世俗化进程中，神权契约面临着“俗世”碎片化这一最强大敌人，在表现为神权意识形态统治下日益稀薄的政治修辞统御力逐渐削弱的进程。这也是在考验“与神立约见证”的代际传续的经验可信性；也面临托名于神的秩序在何种程度上能心证作为法律规范的广涵程度和与世俗既定秩序的关系；最后，神权契约还面临着是否可能在各多元超自然约定规范的允诺下，选择和标记“中介者”的问题。这些都很大程度上在一个一元神的概念体系设计中得到解决——尽管从世界史意义来看，真正对上述难题予以解决却又能够完成大规模扩张而非封闭自守的案例并不多见。

二　原属旁系还是并蒂生莲？两种约定论的世界

社会契约在某些设计中可能需要注意另一种样式：神权契约，在某种

---

① HarroHöpfl and Martyn P. Thompson, “The History of Contract as a Motif in Political Thought”, *The American Historical Review*, Vol.84, No.4, 1979. 但是宪政契约论（constitutional contractualism）和哲学契约论（philosophical contractuliasm）之间有复杂的历史关联，后者和前者的关系在正文中会有所涉及。

② ［美］约翰·麦克里兰：《西方政治思想史》，彭淮栋译，海南出版社 2003 年版，第 203 页。

意义上正是由于神权契约展示了契约的另一种用途，契约本身作为理论工具是平等性、互惠性、经济主义的，但是在神权契约这里，它可能成为政治语汇中精心设计用于创设新要素的方式，这个新要素可以是新的制度、新的权力和权利主体，甚至新的历史与新的民族。因此，如果本书需要简短涉及社会契约论的前史，就必须意识到这种强大创造力的一个范本：神权契约。但是无论在《新约》还是《旧约》中的神权契约，尽管从来都会面临关于契约论的种种责难，但是要让世界上无数西方将生死彼岸信念都寄托在此信约上的人，仅仅因为成文神约不能在“证据取信”问题上和读者共识，就否认与神的约定影响他们对政府的权利及制度安排应如何设置，那是不合理的。无论作为世界性的社会信仰现象，还是一种社会意识形态的来源，神权契约都必须作为社会契约的前史来对待。

将古希腊的神权契约在此处插入讨论，看似小题大做，其实正是作为社会契约论的前史来考察，其意义才更为鲜明。前现代的政治理念有强传统主义色彩，这种传统主义不仅极易联通约定论，而且还负载了一种历史循环论。即认为所有的政体，无论如何经由政治制度经验和智慧改善，都必然循环地趋向治乱交替，此交替在柏拉图的著作中表现为从君主制—贵族制—民主制各自纯正形式和败坏形式的依次退化。而“神”在这个无比孱弱的“人力求政治智慧”的语境中，是一个非自然的、突发的介入力量。最重要的是，尽管古希腊和古代埃及（出逃的古希伯来人因此有了新的契约）都有自己的多神信仰和祭司中介的社会系统，从而多少获得了社会与“神”沟通从而跳脱自然之束缚的特权，但学者们却很难不承认，在《圣经》传统中出现的以一神论为主要指向的神权契约和多神论语境下的各种“与神祭祀交易”的传统制度安排，并非一种层次的事物。前者更接近一种严苛的“神权—约定论”的模式，后者则更类似一种交易色彩的约定论，然而，它们的核心差异何在[①]？

---

① 《旧约》圣经秩序的崛起和近东其他信仰所辖秩序的崛起之间的斗争究竟为何前者胜出，是一个特殊问题。这个问题要厘清在根本上需要了解宗教史并作为一种神学问题来讨论，已经超出本书研究的范畴。此处只能说明作为一种高度建制化宗教，前者产出了一种非常特殊的能够突破自然历史循环论的理论产品。

如果回溯古希腊最简单版本的约定论，其实，他们并不具有一种社会契约的理念，就连最基本的约定和秩序关系的叙述也是模糊的。换言之，对于信奉多神论尤其是自然神论的古希腊人政治传统中，神和赋予契约规范共同体这个事情关联甚微，人的世界也不必如此期望。但是，苏格拉底临死对城邦的看法，说明了一种“契约拟制”作为潜在共同体精神信任来源的方式，即：如果留下来，则认同公民契约。就古希腊城邦实践而言，离开城邦成为流亡者如果没有接应方则面临极其危险的境地。这个公民的观念其实是蕴含于高度认同城邦政治作为人之尊严本性来源的生活方式之内的，而除此之外，非神即兽。然而，即使如此，这作为约定论的一个古老案例，和真正意义上的摩西作为中介与神的契约，也即神权约定论的模式，并非同一类事。

在这一意义上，《旧约》所记载的“摩西”传统属于是已经堪称活化石的神约传统，这两套传统均有据称有文本可追寻、有立约时刻可追寻的迹象可考证——这就在根本上和本书后面几章将要论述的社会契约（拟制）截然区分开来。无论是《新约》还是《旧约》的语境中，“立约”的一方（神）和立约的另一方之间，一方是神，另一方是人民（或者使徒），其中最关键一节则在于有祭祀或者中介者，种种立约环节形貌清晰，都被信任者看作历史可稽，而古典社会契约论在任何意义上都被写作者和阅读者明确地知晓是人为构造，其历史—人类学证据只是一种补充论证。换言之，如果不理解“拟制“在意识形态设计方面的意义，则很难真正理解近代古典社会契约论诸家究竟为何费心力锻造一番理论工程；而将《圣经》的神权契约传统当作迷信者，则很难进入近现代人类历史中对信约思考和追溯的语境。

因此，本章并非旨在考证《圣经》契约传统的意义，或是考究神约传统的历史真实性，或考证其对“近代社会契约论”诸家有千丝万缕的文献学上的源流联系，而是说明就历史逻辑而言，世界范围的思想传统中，如果有一类社会契约论作为近代国家的世俗主义、理性主义的起源，那么，必然有另外其他类型的契约论源流作为非世俗主义、非理性主义的线索。而这一线索并非支离晦暗，而是同样具有奠基性的力量——无论在现代世俗主义的世界观视野下其论证多么让人难以理解。这种力量甚至也在近代偶尔被社会契约论的论证者借力。

在“非理性主义”思考视野下，时人对其理解与信念本身尽管带有神秘难解、自我戕害之处，但是这些都属于“非世俗主义”前史时代的信念、蔓延到后世俗主义时代的今天为世界许多国家民众仍然相信的信仰。这一事务甚至可以在很多时候可以解释当今宗教社会学所关注的“新起宗教”现象的一再出现。而这是一个思想史的研究者有必要关注和解读，不必因为本国的思想底色中黑白分明的唯物主义无神论就视为不存在或嗤之以鼻的。

三　古希腊的约定论及其秩序观

古希腊并没有近代清晰、理论架构精致的社会契约论，只有模糊的社会契约观念，它可以追溯到一种约定论的理念，这些观念也是模糊地和城邦神进而与泛神论体系相连。传统的政治思想研究者大多视之为某种“约定主义”*conventionalism* 的萌芽。当人们被问及为什么要遵守古希腊城邦的制度，一种回答是：古今如此，或者“古今约定如此”。在这个意义上，现今留下的古代政治思想史经典文本中，两个人的持论特别值得注意，一个是苏格拉底临死的申辩提到的默认不违约的公民观；一个则来自古希腊智者派安提丰等人所提出的城邦法律规范约定的理据。

根据苏格拉低在被雅典公审判处死刑后色诺芬的记载，在狱中，其弟子告知已经为他打通了关节，希望苏格拉底能够逃脱这一不公正的刑罚去他邦流亡。然而，苏格拉底却告知自己不会潜逃，理由是“雅典城邦将其养大，给予其制度的种种便利和支持，而其成年后，自己并没有因为和城邦的生活理念与政治信念不和就离开，就说明已经同意了雅典城邦的政治信念。因此，如果这个时候再因为受审判罪而逃离，就是一种违约”。

在这一语境下，约定的核心并不在于一个公开契约的存在，而在于守法公民对自己原则的阐述。苏格拉底并没有掀起关于洛克契约论付诸争议的“默认同意”的观念，而是直接认同了“约定论”。即：在有自由迁徙情况下不迁徙，则为表示认同其共同体对法律的相关规定——尽管这是规定而不是事先有任何征询意图的约定。实际上，他没有像其在《理想国》那样“对城邦遗留的价值观”的必要性表示质疑，这一点将同时代对“约定论”的激进批评者和苏格拉底本人区分得很明确。

在《理想国》第一卷，苏格拉底的辩论对手，著名智者色拉叙马霍斯（*Thrasymachus*）就提出了同时代智者最擅长的对约定秩序合法性的攻击，即：所谓“城邦成法”无非是强者压迫弱者的协定。而第一卷的主场方苏格拉底也并没有真正得出令人满意的答案。实际上，这一对约定论的辩护本身就是一个关涉代际约定合法性与合理性诸多疑难的交锋，是任何一个社会契约都需要面对的挑战。比如，对个体而言，青年时代成长于其下、成年后赋予保障的社会约定是否更改、是否应该直接公开表示同意、公共教育系统是否会教授关于所处社会约定的合理性边界的知识、应该如何衡量约定的法律正义性，乃至于如果意识到城邦法律的缺陷之后的去留问题，凡此种种，苏格拉底都没有说明。

第二个涉及古希腊的约定观的人则有对社会契约和法律之间更激进的关联思考的痕迹。古希腊智者“色诺芬”在“残片”中对城邦中的习俗和约定的法律进行了摧枯拉朽的攻击。他声称：人的五感处于自然而裨益于人类，但是法律却戕害无感自然生发的欲求和行为。法律与规范不过是人与人之间的约定，这个规定并不是从个人的福祉和自由——五感所证——出发的，而是从习俗出发的，也即从戕害个体福祉的方式出发。在“残片”中最具有代表性的表述如下：

> 正义（在通常的观点中）就是不触犯（或者更确切地说，为人所不知地触犯）一个人作为公民生活于其中的那个国家的任何法律规范。因此，一个人最有利于自己的行正义的方式是，在人前他尊重法律，但在人后独处时他尊重自然的规律。原因在于，法律的规范是偶然而外在的，自然的规律则是必然的（和内在的）；另一方面，法律规范是根据契约制定的而不是通过自然产生的，自然规律则恰恰相反。所以，一个违背法律规范的人，只要他不被那些订立

契约的人发现，就不会蒙羞受罚，只有当他被发现了，他才受到羞辱和惩罚。

至于违背内在于自然的那些法则，情况就不一样了。人如果滥用这些毫未被别人发现，不幸的后果也不会更少一些，即使人皆有睹，这种后果也不会因此而加大；这是因为，他所招致的伤害不是由于人们的意见，而是由于事实。

“……我们这里讨论的问题产生于每一种观点。大多数在法律上是正义的事情（仍然）有损于自然。法律规定了眼睛当看什么，不当看什么；耳朵当听什么，不当听什么；舌头当说什么，不当说什么；手当做什么，不当做什么；哪儿是脚当去的地方，哪儿是它们不当去的地方；心灵当欲求什么，不当欲求什么。法律试图阻止人们做的事情并不比法律试图鼓励人们做的事情更符合或接近自然……［这可以证明如下］生与死都是自然的。人从有益于自身的事物中汲取生命，他们因不利于自己的事物而招致死亡。但法律规定为有利的事物却是对自然的束缚，那就是说，它们妨碍人们从真正对他们有利的事物中汲取自然的生命。

在安提丰看来，所谓的“人为约定”固然不必要像智者派色拉叙马霍斯所言：是强者的利益；但是，在他的语境下，即使是明文规定的城邦法律，都可以纳入戕害个体自由的意涵，那么只要尚未考虑每个公民“五感”所趋的任何成文或不成文规范都必然难免被攻击；遑论任何对共同体有裨益的法律。安提丰对城邦当时的法律与习俗提出了一种诡辩式的攻击，即使在最积极的意义上，这也会动摇城邦中公民对共同体基本联系的信念。

在上述两个案例中，苏格拉底和智者派的案例代表了带有批判理性的知识分子对邦法律与礼俗的两种典型反应。尽管双方都清楚城邦的法律和习俗有太多应该商榷之处，仅依靠“约定”“默许”并不能真正获得足够的合理性证明。但是苏格拉底很清楚，对于一个完全依靠城邦礼俗和对法律的稀薄信念支撑的世界中，就算是权宜之计，城邦的法律也是值得遵守的“洞穴”的“影子”，只要他还自认是一个公民。但是苏格拉底在《理想国》中对神的秩序的看法尽管没有花费过多篇幅涉及信仰的问题，却也执着地将神的问题和城邦法律合法性的问题区分开，除了对城邦习俗的理性批判之外，苏格拉底的语境和智者派的语境都有一个很重要的共性，即并不认同城邦的神为人类制定了法律。古希腊的《神谱》中有不少超越人类的经验可以借鉴，然而法理权威性应该与人的政治生活紧密相关这一点，古希腊人倒是有充分的自由。最重要的是，古希腊人在作为边界并不足够清晰、封闭的共同体的意义上，也没有见过这样一个历史现象：神与社群面对面签订关于共同体生活的法律制度的契约。

古希腊的“约定正义”背后的逻辑可能和城邦所信仰的多元神相关。但是这种共同体精神的约定至多是一种模糊的认同和保障（嘉许），而不像“神授契约”这样直接；古希腊生活中神庙及其产品神谕比比皆是，但古希腊诸神无意将整套法律按照整部典章的方式播撒给人类——无论是按照约定方式还是训诫的方式。在古希腊社会中，共同体的法律由一个优秀的立法家或贵族群体所订立，如律库尔戈斯等人为一个城邦立法并旋即离去以防止法律被修改，其延续的稳固性已经接近为城邦制订一个制度约定（参考《希腊罗马名人传》），遂成为立法建制的范例；但是毕竟其立法者是一个优秀的人，而不是一个神。即使在《工作与时日》这样的口头传统中，古希腊人也并没有将缪斯（*Muses*）诸神所传授的生活秩序当作神圣不可动摇的法律，而是最多当作一种有益的零散的劝诫；古希腊的信仰有更多与神个体交换恩惠的含义，一种安抚人心权威与支柱的来源。究其根本，古希腊的生活方式并不是一种极端境遇对信仰关联的发轫，而是总是有多种选择，这也就是泛神论在历史和理论方面的自然结果。

四　神权契约的“活化石”：《新约》与《旧约》下的约定秩序

回到本章第二节的问题，在什么意义上同样是某种对契约论的关切，导致神权契约需要和古希腊做比较?如前文所述，古希腊的神涉及的与人或者城邦的法律规范起源传说很大程度上代表了多元神为基础的、自然主义的传统。在古希腊人的视野中，人类的政体演变的历史是一个不断循环衰败的历史，这一点，亚里士多德、柏拉图等多有证据。尽管古希腊后期政治的经验和学园的发展已经开始见证早期政治学作为一个学科的有自我意识发展的雏形，但是这个学科最初就笼罩在政体循环论的悲观中。亚里士多德的《政治学》研究了各类政治体类型优化和挽救的种种途径，但是在根本上一种循环论——毋宁说一种历史观很早就由柏拉图传给了亚里士多德。在《理想国》第八章，柏拉图说明了自己对一种政体循环论的逻辑演绎，而这一演绎在不少城邦也有陈迹可证。换言之，即使在这些城邦中，信仰神的种种实践也并不能挽救历史循环的衰败，仅有的对神的信仰最多让城邦中人暂时安宁而已。而神权契约就是在这个语境之下才显得极其突兀，因为他们并不相信、也没有见过可以打破多神论循环史观的心智传统。

古希腊的多神论涉及各类约定秩序，其中半心半意的信奉者除了担心被苏格拉底等人“蛊惑青年”的普通民众，也有玩世不恭从中渔利的智者派以及历次战争希望借助神谕、占卜得到胜利的城邦的将军和统治者们。因此他们背后的力量并不完全是世俗的，其实这类人的基本信念同样需要将城邦的法律和制度看作是受到各类神的誓言保护的，也由于即使按照不加质询的中介方式（祭司制度规范下的献祭等）谄媚神意而能够得以延续。

类似的对契约协定法律的需要，几乎出现在一神论为主的基督教信仰制度化前后的各个时期，尽管一神论传统的排他性众所周知。英国人类学家詹姆斯－弗雷泽（James George Frazer）的《旧约中的民间传说——宗教、神话和法律的比较研究》一书中，详细描述了从古代希伯来人的各类部落契约到后来古代近东地区的其他部落盟约，常常用到的订约仪式、诅咒与祝福的手段，以及通过牺牲祭祀将立约各方联系并约束的各类古老办法，都代表了这一将冲突频仍、难合作的各方联系起来纳入一个约定的努力，比如一些地区为维系和地方神的联系献祭头生子;

采用专门用于净化誓约者的诅咒和预言；在缔结盟约时将盟约者认同于祭品，通过特定仪式确保若盟约方发伪誓则得到和祭品相同的“被切碎”或“劈为两半”的报应。这正是借助于这一理念：在立约者和祭品之间的交感巫术为盟约赋予了约束力源于圣仪的“报应”意涵，为其施行提供了最佳保障。[①] 如果有违约者，则会被要求被报应而愿意赎罪者必须对祭仪施行时的物品赎罪和献祭。这类礼俗不仅在说明契约达成的形式和保障，也为契约的消极形态做出了规定。

上述多神论宗教下产生约定仪式及其法律习俗，每一个类似的尝试都多少将整个共同体的信念根源追溯到对神应誓保护契约维护者、毁灭契约违反者的系统信念中。这也正是《新约》和《旧约》的写作者逐渐融入并固化为建制宗教各群体时输入民众潜意识的基本来源——如果约定性的秩序本身是残忍的，那它的残忍和血腥必然是有一些单凭经济计算无法解决的理由，这些理由在人类政治秩序中的存在暗示了某些需要和超越性的解决方案。

（一）《新约》的神权契约观——彼岸履约 此世建制

《新约》是被基督徒奉为生活圭臬的一本书。[②] 任何政治思想史的学生都会记得洛克、霍布斯以及近代不少争论者长篇大论地引用《圣经》条文以作为证据。无论是《新约》还是《旧约》，其中都有不少“契约”——而其中大部分都不是经济契约那样“货到离手、一别两宽”的形式。下文稍微论及这一类契约传统的基本要旨。二者其中所论及的“契

---

① ［英］詹姆斯·弗雷泽：《旧约中的民间传说——宗教、神话和律法的比较研究》，叶舒宪等译，陕西师范大学出版社 2012 年版，第 188 页。

② 本书不讨论关于圣经的解经学问题和版本等问题，仅仅将圣经作为研究意识形态必须考虑的社会心理背景的 要素，因为无论是西方政治理论的设计者还是读者都必须注意到此类要素的启发意义，对相当多的西方人来说，尽管对掌握摩西五经的来源，旧约各族的发展，甚至《创世记》中上帝的话的含义等细节不尽相同，在专家眼中也是辩论纷繁，但是不妨碍其背后的知识和理念成为西方基督教世界政治语言的一部分，并以相对衡定的主题“打包”（Thematic Influence）渗透到一代又一代囫囵吞枣地根据布道和阅读的公众的头脑中去。

约”首先在根本上是一个超越了世俗秩序的约定。这一约定（*covenant*）[①]涉及的编纂成果将题名取为“证言”（*Testament*）。这个词汇大写的形式作为专有词是《圣经》的代指，但是需要注意，*testament*（在 t 为小写时）这一词汇的核心是“见证、证据”的意思，这一“证言”是为“代际约定”的信义所作——尽管同时代所见“圣约”所成就的牺牲事迹者不为后世亲眼所见，但可以持此证言、见证而作为约定存在的证据。在英语文献中，“*covenant*”这个用法较多用于上帝和人之间的关系，尤其是作为以色列各族和上帝之间的关系特别订立的决定生活方式的“盟约”，加上新约的传统，则扩展为“*Covenant*”可以视作包括整个族类代际道德与生活方式的允诺的契约。而极少用到“*treaty*”和“*contract*”，正因为前者有更多平等互惠性，而后者有更多计算和形式性质。

“新约”的关键要素之一在于：耶稣自身也被西方信奉者视之为“中介者”（有译为中保）和“保证人”。这一中保人身份绝非普通世俗人士。其死而复生事迹，“明证”超越自然主义的循环衰败之人类宿命的枷锁。作为超自然事件的见证，它为整个《新约》背后的宗教传统蒙上了反世俗的神异色彩。《新约》所许诺的“新的天地”是和整个世界末世毁灭相关，也和彼岸相关——究极而言，和蔑视此时自然主义所限定的“残忍、短寿、必死存在物的自然界限”有关。这一系列诫命的关键在于越过历史主义的循环论，彰显其神秘，并在和各类多神论竞争中，以神迹和使徒传续的强大力量脱颖而出，使得这一“约定”本身成为一个扩展极广、震动人心的思维模式。

对犹太教来说，这一契约（*covenant*）和其建立的种种政治制度相

---

① 关于 *Covenant*，班德斯塔解释说，希伯来语中的“berit”指的是双方订立的对彼此都有义务和期待的契约，约的概念被用来比喻上帝和他的子民之间的关系；旧约礼貌的主要的“约”有上帝和亚伯拉罕理的约，西奈山之约等，约在犹太教里是一个重要概念，指的是上帝和以色列民之间永恒关联，这种观念关联基于上帝对以色列民的恩惠和牢固的关怀（希伯来语”Chesed”）并要求以色列民服从神圣的命令（mitzvot）和教导（torah）。对他们来讲，上帝在末日审判时和耶稣的门徒立了新约（new covenant，在较古老英语里面用 new testament, 代替和摩西在西奈山上所立的旧约。（old testament），参考［美］巴瑞·班德斯塔：《今日如何读旧约》，林艳等译，华东师范大学出版社 2014 年版，第 482 页。

关。而西方神权体系如封建时代的政教制度长期与之呼应，即与这一证言所许诺对世俗世界解读留下来的巨大阐释灵活性相关。故百年来，中世纪欧洲君主贵族都恼怒于教皇和教士所掌握之解读经典之权，其要害首先，即在于这一宗教原生性事件很早就锚定的对世俗秩序及其维护者的敌意，同时，在于此《新约》约定的普遍主义（*universalism*），而不像古希腊诸城邦诸神大多只关照和庇护本邦。《新约》的约定者立意不愿意只约束少数族群人，而是执意扩张。如果加以忤逆，则遭到周边信奉者的敌意围困。

自基督教建制以来，无论是其“要将王国建立在磐石上”的许诺引发的建制扩张，还是世俗体制对这一扩张的诸多意识形态斗争和博弈，这“新约的政治”固然是一个极宏大的话题，但是不妨稍作简化。中世纪到封建时代的欧洲很明显地看到了涉及“彼世契约”可以撼动人心、稳固民心的力量，各路王公贵族既惧且羡，也只到16世纪某位王公才盼到了一个路德并悉心收入囊中支持其宗教改革事业。在世俗权威找到宗教改革这一打入“契约”信念的楔子之前，欧洲世俗权威不得不被自称可以解读“*testament* 见证”（新约）、凭借使徒传续（*apostolic succession*）就可以以垄断语言传授关于此千年以来“约定”方式和教条的教会建制的强力影响。这据称“古老的约定”和一个自称为神的历史事件相关，且其在信徒心中的影响，完全不像古希腊自然主义约定那样受来自个体五感的逆反，或是受到来自智者派的对古老约定难以跨代获得信誉的攻击。

如果两相比较，古代希腊人反而是最为实用主义，关注眼下的经验验证，从而对来自“神”的约定的保障左右诘难，也对来自习俗传续的生活方式颇多怀疑；而《新约》信念系统的诸多教徒与论证者，则不但愿意为守约上天入地、守着“天无棱，地决”的上帝将会赋予审判末世时代，也愿意将此《新约》文本中的种种诫条逐条拿来衡量世俗治理者的作为和法律，绝不质询耶稣所言约定及其使徒的信义如何可能和生活方式和政治安排相联系。

论述至此，读者会明白，一种关于契约的大规模社会信念何以源远流长，也绝不可轻易和经济性契约或日常社会关系以传统维系的约定相混淆，或是以为社会契约或神约因为难从经验验证就可以被看作一种语言文字游戏。如果说经济型短期交易的那种约定论是属于商贾的，那么日常社会关系依托传统自辩的则根本上是属于世俗社会的，但是《圣经》传统的神权契约则属于教士群体的。

尽管《新约》的论述向来并不强求见证，而是以圣徒和神迹校验信仰，但是耶稣与世人约定之超凡本性本身就始终得到相当数量的世界信众所持信，无关各路圣徒神迹辅助。各类契约尽管都有一"约"字，其存在的意义之所以大相径庭，直接让各路以设计论证为要旨的政治思想家踌躇再三，或谨慎模仿或极力抨击。因为争夺"契约"的话语权，实际上关乎意识形态的话语权，他们严肃地认为这可以影响数代人组成的族群，而不限于立约在场个体之间联合的纽带，换言之，它关系到世代人心向背的重大问题。

（二）《旧约》的神权契约观——绝境神约 直面神谕

作为一个世界史现象，《旧约》的契约观与《新约》的契约观在类型学方面与其并驾齐驱，在与各类世俗约定奠定的约定论较量中，神权契约始终略胜一筹。作为《旧约》中的"神权契约"，在很多要素上提炼出神权契约的特殊之处，尽管看上去与《新约》的神权契约大相径庭，却可以和近代的约定论比较与碰撞并得出有益的思想史启示。下文会论及 1. 概述《旧约》中各类"契约"观念的面貌。2. 从理论资源说明《新约》和《旧约》这两类神权契约与近代社会契约论传统在契约理念上的差别。

《旧约》的"神约"观念在许多方面是和古希腊约定论相似的，比如不少约定中涉及到"标记"（立约的纪念，在许多情况下和信物的概念相关），限定特定而不是更广的族群，但是却在"与神立约"这一点上和古希腊的循环观念完全不同。在以《旧约》的《摩西五经》支撑的版本中，一系列以严格的族谱方式传续的历史线索被间或出现的神干预的事件打破。在《旧约》的体系中，"*Yahweh*"（汉译"耶和华"），与《新约》中的神及古希腊的多神论完全不同，这一神所许诺的是中长期历史内将要发生的事，其中不少预见关于一个民族的未来生活状态，而且是可以在几代人之内有所验证的神谕；有时甚至会许诺关于毁灭、移除某些自然界障碍和屠杀敌人族类的神迹，以示常在鉴察。

最重要的是，随着《旧约》逐渐将各类时期上帝的契约串联起来，以色列这个民族也就逐渐成了千年之间间或被神干预教化，脱离多神论影响之循环衰败历史周期的一个民族。或许对多数读者而言，理解这一点是比较费力的，《旧约》信仰所关涉的“神约”，其奇异之处不仅仅在于神居然与人约定，还包括让以色列全族记住是专门与特定的神（耶和华）做的约定，并且后代皆有所铭记和反复唤醒其契约这一代际传续。也正是这一点，使其破除历史循环论带来的自然泛神论背后恩惠交易信仰的功绩，具有世界性典范意义。相较之下，排他性神格介入一个共同体信仰的情况，也由于其更强的权威性及包含的教育—惩戒的父权面向，将《旧约》立约传统和其他部落、族类与本地多元神约定保障的传统区分开。

下面根据著名圣经学者巴瑞·班德斯塔（Barry Bandstra）在《今日如何阅读旧约》一书中将《旧约》中各类契约观念的面貌和要素稍微做一个梳理。

1.《旧约》中神权契约的分殊

《旧约》可以被看作是记载了各类神权契约的经典，比较遗憾的是，尽管可以被视为神权契约的各类变体库，却没有近代的社会契约论的类似变体。其中比较值得注意的契约出现在《律法书》和《申命记》中。前者是祭司之约（*priestly covenants*），“祭司典”[①]（*Priestly document*）的

① “祭司典”的提法来自解经学的“四底本”的说法，即学者们根据《旧约》的各个成篇来源分为耶典（成书在公元前 900 年左右）、上帝典、申典、祭司典（成书在公元前 500—前 400 年左右）。参考［美］巴瑞·班德斯塔：《今日如何读旧约》，第 33 页。底本假说仍然有争议与修正。其中祭司典在五经四底本中成书最晚，出自祭司群体，发生了巴比伦之囚后，祭祀们希望复活以色列的民族精神防止其丧失宗教特性，故极力申明以色列背弃与上帝立约的失败。这些作者在书中说明，对子孙后裔的祝福，以及契约确立的人与神关系的各个阶段，族谱表明的个体之间以及以色列和其他民族之间的关系，祭司在社群中的举足轻重地位等。

作者将一系列契约（*covenant*）融入到以色列和上帝关系的神学框架中，组织一个宏大的从创造人类、人类反叛到眷顾亚伯拉罕的宏大历史叙事。所以，“在圣经世界里，约是一个基础结构，一个合法的隐喻，以保证相互间永恒的义务”[①]。

《旧约》中分别按照“祭司典”的作者构建了三个特定的契约，创造之约、族长之约、以色列人之约。这三个连续的契约将三个“人与神发生关联”的历史时期连缀起来。

第一个太古时期的创世之约，立约方是一切生命，另一方是神（自称上帝），而中保是诺亚，其立约的标记是彩虹，立约的承诺是上帝不再降下洪水毁灭大地。这是《圣经》记载的第一个契约。

第二个契约是族长之约，《创世记》第十七章记载的“全能的神”通过亚伯拉罕这个中保，和各部落族长建立的契约，仅在部落范围内有效，立约的标记是家族中所有男性施行“割礼”，在契约中保证族长的家庭发展成他的祝福与守护的民族。

第三个契约是以色列人之约。其包含了摩西的西奈山之约及之后的系列律法。这是祭司确定神人关系的最后一个时期。上帝为一方、所有以色列人为一方制定的契约则出现在《出埃及记》《利未记》《民数记》，这个契约系列的标记是，人们通过遵守安息日（《出埃及记》：31：12—18）来作为契约订立的凭据，并服从摩西的其他后续律法来表达其服从上帝和以色列人的牢固关系。

这三个契约以其专门标记显示了历史延续性，均被称之为“永恒之约”（《创世记》9：16；17：7，《出埃及记》31：16），在被掳走时期和之后，割礼与安息日都成了以色列社群维系身份的象征。

在上述极久远的年代和地域变动中，“神的许诺”如何在不同世代人中得到永恒回应的阐释极其重要。由于祭司契约作为以色列历史框架的关键要素，因此将其看作神圣的许诺的实现，就变成给予以色列历史

---

① ［美］巴瑞·班德斯塔：《今日如何读旧约》，林艳等译，华东师范大学出版社2014年版，第35页。

方向与动力的尝试。故这若干契约一直是不少《圣经》学者关注的焦点，比如柯林斯（*Clines*，1978:29）提出“在人类活动总是带来灾难的世界里，应许和祝福不但意味着上帝的活动，也意味着上帝对人类再次肯定。应许中的三要素：后裔、神人关系与土地，故，应许中的后裔关系体现在创世记12—50章、神人关系体现在《出埃及记》《利未记》，而土地要素充斥于《民数记》《申命记》”[①]。

但是，在上述这类契约中，摩西律法涉及的神权契约是最特殊的。他并不是一个和平时期带领以色列人的职业祭司，而是被临时选中并成为整个族类历史塑造者的先知与立法者。他为家庭与族群生活规定了规则，规定了国王、先知与祭司的公共职属、并宣布上帝和以色列续约，强调祝福、应许及诅咒背离契约的行为。这一契约特别在摩西《十诫》中就申明，“这约耶和华不是与我们列祖立的，而是与我们，就是今日在这里还活着的人立的”。(《申命记》5：1—5）换言之，又被理解为一种针对后代以色列人的诫命。同时，摩西通过“中央崇拜”也即只允许在一个地方敬拜耶和华的政策，促进百姓的忠诚；同时，他致力于消除传统迦南神崇拜的影响，以及建立对祭司有利集中规范的崇拜制度。(参考《申命记》12：2—7；12：29—31)。比如“你们存活于世的日子，在耶和华你们列祖的神所赐你们为业的地上，要谨守遵行的律例典章乃是这些，

12:2　你们要将所赶出的国民事奉神的各地方，无论是在高山，在小山，在各青翠树下，都毁坏了。

12:3　也要拆毁他们的祭坛，打碎他们的柱像，用火焚烧他们的木偶，砍下他们雕刻的神像，并将其名从那地方除灭。

12:4　你们不可照他们那样事奉耶和华你们的神。

12:5　但耶和华你们的神从你们各支派中选择何处为立他名的居所，你们就当往那里去求问，

---

① ［美］巴瑞·班德斯塔：《今日如何读旧约》，林艳等译，华东师范大学出版社2014年版，第36页。

12:29 耶和华你神将你要去赶出的国民从你面前剪除，你得了他们的地居住，

12:30 那时就要谨慎，不可在他们除灭之后随从他们的恶俗，陷入网罗，也不可访问他们的神说，这些国民怎样事奉他们的神，我也要照样。

12:31 你不可向耶和华你的神这样行，因为他们向他们的神行了耶和华所憎嫌所恨恶的一切事，甚至将自己的儿女用火焚烧，献与他们的神。”

上述引用可见，《申命记》的写作者极力让以色列隔离他邦崇拜的影响，尤其是远离各类巫术、占卜[①]，也包括学会鉴别真祭司和赝品甚至不同天赋祭司的等级（神权契约的“中保者”）。然而，在《旧约》圣经奠定的信仰秩序中，摩西的祭司与最伟大的立法家地位和后来的“祭司—法律阐释者”完全无法比较，而“倾听上帝的声音”因此成为区别鉴别哪些是“假先知”的关键。

在摩西临别赠言中，集中了他作为立法者对以色列族群成员的命令、服从、祝福及诅咒，在这种严格的神权契约传续中，“拣选”的观念称为以色列后来社群认同和文化独特性的“标识”，这一标识将之后每个时代的信仰呼唤串联在一起，而不仅是亲耳听到这番话的那一代人，用此前几代人的反复无常与背信证明了神的许诺和惩罚的连续性，并再次申明了“服从带来平安、反叛带来毁灭”的诫命。《申命记》（30：15—20）提到：

看哪，我今日将生与福，死与祸，陈明在你面前。吩咐你爱耶和华你的神，遵行他的道，谨守他的诫命，律例，典章，使你可以

---

① 这些古代近东信仰实际上是流行于古代希伯来人中的某种精神寄托，实际上也是民间基础约定的一部分，正如泛神论的各类遗存，其活力即使在列王世代也仍然存在，并且以巫术“与神交易”的各种形式存在在古代希伯来人中。

存活，人数增多，耶和华你神就必在你所要进去得为业的地上赐福与你。倘若你心里偏离，不肯听从，却被勾引去敬拜事奉别神，我今日明明告诉你们，你们必要灭亡。在你过约旦河，进去得为业的地上，你的日子必不长久。

我今日呼天唤地向你作见证。我将生死祸福陈明在你面前，所以你要拣选生命，使你和你的后裔都得存活。且爱耶和华你的神，听从他的话，专靠他。因为他是你的生命，你的日子长久也在乎他。这样，你就可以在耶和华向你列祖亚伯拉罕，以撒，雅各起誓应许所赐的地上居住。

然而，上述对以色列政治社会生活紧密相关的契约，就不仅是一种“代际契约”，最关键的是，正如前文所说有一种强大的信仰区分的含义。“旧约信仰所关涉的神约，其奇异之处不仅仅在于与人约定，还包括让以色列全族记住是专门与特定的神（耶和华）做的约定并且后代皆有所铭记和反复唤醒。”然而，作为一个世界瞩目的伟大传统，仍然有许多地方值得和古希腊约定论稍作比较。如何看待这些区别?

2.《旧约》神权契约和古希腊约定论的区别

在制度化的神权契约实践中，可以观察到《旧约》的传统如何通过一系列艰辛波折的努力维系一种单独和神交流、取得教导、一方面维系共同体内部治理、一方面维系和外族关系的治理传统。这种治理传统就像很多具体化为制度实践规范的意识形态一样，非常容易遭受合法性与统治威慑力流失的困境。但是最终比较成功并很大程度上在稳定性上区别于古希腊多元、流动的约定论。下文拟从几个方面粗略加以分析。这在根本上不仅涉及神权契约的约定性如何稳定的问题，其实也涉及之后社会契约论也通用的一些难题。

多次教化还是一口约定 《旧约》的世界中，上帝给予的信念本身并不是通过契约一揽子让民众知晓，而是和并不知晓的民众和“中保人”多次交往，才逐渐教化形成。换言之，从最初的仅仅知晓礼仪，到摩西反覆告知律法的用意和教育意义，从而让民众在政治制度化的进程中得以文明化，（其要求的“门柱经”传统，将大诫命系在手上和前额作为记号等，成为犹太教历史早期以色列人日常生活的指南[①]）经过了从建制到教育再到固化教育的过程——毕竟，在旷野的一代以色列人动不动就抱怨和发牢骚，而背信也是这一代无法进入迦南的原因。而如果没有这第三个契约，民众也不会得知律法与道德生活的真正意义，而只知道威慑服从，无法从中得到真正的教益。

篡改“自然”还是服从自然界　《旧约》中的神常常告知其“伟力”，并且在多处直接和保者会面，而中保者大多是预言家或祭司类的“被选中者”；这一“中介者”的遴选本身有时也并不与和神沟通的能力相关。相反，这一功能是“被赋予的”，具有后天性和难测性，换言之，一种篡改自然的能力的彰显，但是并不是出自所谓世俗意义上的显贵之家或是成就卓越者，而是平民；比如，在摩西尚未知晓自身所需的神力时，得知要被交付的斗法任务心生惶恐，因为他根本就是没有任何神力的普通人。耶和华告知将协助他与埃及术士斗法，而他确实当场具有了他前所未知的法力。

约定论常常在政治领域某种程度上也是服从自然界规律运行，而较少有突然扰乱其规律的行为。古希腊人相信城邦循环周期败落，古希腊的神也难逃自然的掌控。因此不仅是斗法还是分开红海，中保者之行迹背后显示的是对神的力量性质的区分，也只有在此使得那些雇佣了强大操纵自然界力量的术士的埃及宫廷，意识到来挑战者摩西其实不是等闲之辈，而是一种“新神”的崛起。这位看似普通的施法者摩西，其实背后是可以篡改自然界的、他们从未见过的力量。

“极端处境”一次成约还是可修改的契约　《旧约》中的契约在“立约境遇”、“条款边界”等方面较为僵化而非宽容。这在很多地方区别于较为松散的约定论，也在执行惩罚这一点区别于常见的君权神授理论。

---

① 参考［美］诺曼－所罗门：《犹太人与犹太教》，王广州译，译林出版社 2014 年版，第 82 页。

就立约境遇来看，《旧约》中的神在多处告知其订立契约是针对整个族类分支，比如在《出埃及记》中将整个古希伯来人带出埃及人统治的族类，或是针对某些先祖的后代，如某些古希伯来家族。“立约”进程尤其奇特，很多情况，立约是在社会群体濒临极端处境下进行，比如在沙漠中踯躅行进、刚刚脱离奴役的古代希伯来人。这类契约（*covenant*）不但是条款清晰、可追溯的真实的契约，而且是确实公开宣告并且双方在场（尽管摩西在场是作为中保人），而且确实是在几代人之间被履行的契约。以《十诫》的产生来看，戒律被刻于石板作为沙漠生活的古代希伯来人的生活律法，但是后者的接受也不是一蹴而就的，而是由于其文明程度不足，经历一番曲折，重新镌刻律法，才得以确立权威。

就条款的边界来看，《十诫》具有一个社会契约所需要的、名义上的所有要素：立约双方在场而且面见、成文契约的条理化、信义的标识。但是，它却具有神权契约常见的形态，即不平等的身份关系以及不可修改性。换言之，“十诫”是作为“一揽子”条约出现，而余下条款民众皆必须奉行，但是不能再进行进一步商议。尽管摩西之后也颁布过一些托名上帝所言的律法，但是“西奈山的神约”是作为起始性的契约订立的，其他约法则是衍生的。

此外，摩西的“代表身份”是作为完全代理意义上的单向宣告的“代表”出现，而不是作为“互相磋商”意义的代表出现。如果与约定论做对比，很明显神权契约要严苛得多。即使神有时候要求某些祭品和特定的祭祀仪式，也不是作为交易条件，而是作为必须的“信号”或者“标记”。在古希腊的“约定论”语境下，不但各类约定的边界高度受到欲求人事（战争、复仇、结盟）的影响，同时也大多在立约各方有诸约定条款，形式上根本不涉及日常生活方式，而只是涉及立约事项本身，它们也是可以赎回和更改的，有时候甚至必须进行更改和赎回，尽管需要代价（常常需要借助所谓的地方巫师）。

中保者的能力如何与神约延续性关联　《旧约》的神权契约特殊之处并不止步于《摩西五经》，而也在于作为中介者的预言家传统的传续在摩西一代人之后该如何理解，这在根本上决定了整个以色列民族的政治命运如何再次和神“确认并联系”。《旧约》传统也正因此可以算作世界史上的活化石。

在摩西之后，进入迦南安居的古希伯来人又有了维系神权政体，擢拔 12 列支祭司并且作为与神沟通治理的长期制度建制，而这个传统本身完全依靠祭司的“与神沟通”的中介功能。犹太法律传统在很大程度上即依赖这一神迹履践的古代事迹（曾经有先人面见耶和华）及之后有祭司作为摩西之后的继承者，尤其是《利未记》中对各部族预言家辅佐诸王、减除其他信仰、维护摩西律法的详细记录。但是在此之后“再没有先知像摩西的”（《迷途指津》的作者迈蒙尼德 *Maimonides* 如是说）。摩西地位的独特性并不仅仅建立在神自身的神格，而建立在摩西作为预言家的独特地位上。

在犹太教的传统中，由于亲自面见得到预言的中介者和以其他方式（如做梦等方式）得到预言的祭司，在身份等级上的决定性差异，也并不仅仅来自历史，而是来自《旧约》传统在整个犹太民族中已经得到权威合法性的线索，本身也就界定了神权契约制订的性质。摩西亲自得到的律法和后来拉比与其他预言家所得的律法等就属于世俗法律的范畴，尽管单就《摩西十诫》而言，刻在石板上的律法自身在内容复杂程度上更像是简单的、命令式语气的道德律，而不是可以一条条付诸自然法辩论论战的标准。但是，为了防范和鉴别假先知，乃至于重新返回到以色列人的神所厌憎的多神论崇拜信仰中去（当时和之后仍然与之对抗的多神论，包括地方巫术如巴力神崇拜等），摩西后《旧约》传统采用不少办法，而其中之一即将“假先知”、占卜者与之共有的语言和术法能力者从律法中排除出去；在律法中更是将以色列人曾经习惯的祈愿地方神相关占卜等通神小术加以禁止。尽管后来在战争中，仍然不断有一些君主企图回归到旧地方信仰中去，得到战争的预言和神谕，但是在法律上将预言家的传统当作民族宗教的中保来看待已经成为极其崇高、不可以轻易认定的事务。（这一点参考以扫力图通过巫术将古代希伯来预言家撒母耳招来问战争结果，却被斥责的故事，这个故事显示预言家和神灵不可以

轻易被贿赂和收买[①])

比较而言,《旧约》的系统和《新约》的系统，单就其与社会契约的形态相似而言，他们并不是“社会契约”+“神谕”的等式叠加构成。而是由原本并不具有立约能力的一群普通民众，甚至是生活状况相当悲惨的民众召集起来订立契约的形式组成。换言之，如果从契约的形式要素来看，其“约因”一开始就并不是平等商议的结果，而是将其从不良处境中带离的“约因”；而这套契约并不是一条条的所谓的理性的契约，相反，各个条款大多是命令式、带有权威倾向的约定；其许诺的“约因”[②]大多也不是经过商议，或是对方曾经哪怕默示同意，而是根据一种面向未来、整个共同体从未想到过价值衡量方式的“约因”来商定的。

比如，在《新约》的语境中，“约因”是关于得到拯救和救赎的道德理念，一种经过许多世代才可以得到“清算”的理念；而在《旧约》的语境中，“约因”是关于未来“应许之地”的预期，以及未来世代将要得到某些酬报（“后代子孙将要遍及此地”）这类预言。这或许是由于某些情况下，权威主义的契约本来就是具有某种命令性，而具有很少商议、互惠的性质，但是这种权威主义契约同样可以具有某种父权制意义上的教化含义。(就互惠本身在多大意义上对《旧约》中的神有益而言)；有的情况下,《旧约》系统的社会契约更像是一种

① 就与亡灵召唤术得到神谕的活动，在古代以色列人中很常见。从严格的司法禁令并不能完全压制撒母耳的行为中，我们可以看到这种习俗在民间宗教或是人们的迷信中是何等根深蒂固，他在极端沮丧的情况下毫不犹豫求助的正是他荣耀一时之始所要放逐的无视。他的例子是恢复异教现象的典型，以色列的先知觉察并谴责的正是这种现象。在遇到非同寻常的灾难或者危险时，这个司法禁令的法令似乎失效了。故事参考《撒母耳记》28章，3—29节。[英]詹姆斯·弗雷泽:《旧约中的民间传说——宗教，神话和律法的比较研究》，叶舒宪等译，陕西师范大学出版社2012年版，第316页。

② 此处约因的用法是近似地对照了英美契约法中的约因（consideration)，指的是法律上具有某些价值的事务，其来自于原告，可以是被告的某种利益，或是对原告的某种损害，但是它必须来自原告。然而，就本书可以展开的方式而言，可以按照常规理解为契约执行效力的来源，反过来可以成为促成立约和维系契约的动机。参考杨桢《英美契约法》北京大学出版社2003年版，第128页。

许诺（在司法领域实际上允诺和契约的区别也有争议），如向神祭祀呈现特定的礼仪，而神予以某些针对整个族群回报。无论是《新约》还是《旧约》，都是一揽子针对整个共同体的“打包”契约，但是前者是普遍主义的，后者则是针对特定族群的，前者等待某些立约个体成为合格的个体（赎罪者身份），后者则是需要等待“被选”成为立约的对象。这两个群体都是不得不完全接受这一揽子契约，要么就被立约的既定“框架”所抛弃。

就这两个神权契约的外在环境而言，这两类契约都对“未签约的群体”（他族）造成了某种威慑，而不像任何一种古希腊“约定论”契约那样仅仅构成了一种自然神论的无太大功能差别的约定（在雅典的约定和在克里特的神的约定并无太大差别）。古希腊的约定论并没有将“立约”的允诺深入到除了社会层面之外的灵魂层次，而“神权契约”则将“允诺”的需求指向了两类现代人语境下并不敏感的事务，把控了前现代大规模族群的人的心智：第一是族类血脉的传续（不止一次耶和华所要求的允诺和家族的长子的命运相关），第二是灵魂问题（《新约》指向为个体对彼岸世界灵魂救赎的关注）。这两种神权契约因其直指人心的渗透力建立了意识形态权威，并进而在共同体内部巩固其政治建制，在其影响的政治体之内都形成了平行体制，中世纪到封建欧洲的“双剑论”也正是处理这种平行的精神与世俗权威间张力而形成的理论协调产物。

然而，作为一种理论衍生物，尽管其构造有意识形态设计者的精心布局，却很难在思想影响力上构成和前述两个原生性、有神迹可追溯、与后来“中介立约者”的约定位阶平起平坐的理念。毕竟“双剑”无论哪一把都不过是几千年前某一次超凡寻常“跃进自然史事件”的衍生物，正如之后耶稣在《新约》传统中被看作另一个摩西一样，通过介入自然史，获得与“拣选”人群超凡立约的独特权属，也正是这一权属——而不是受困于自然界和政体循环荣枯的世俗权威获得权威合法性的装饰——才是神权契约超越时代的影响力的真正来源。

五 神权契约和近代社会契约论的比较意义

上述分析显示，比较《新约》和《旧约》的神权契约的思想要素，毋宁是展示了对其历史要素可能构成的梳理。因此，就理论资源的再塑造而言，下面可以考察神权契约在哪些方面与近代社会契约论可比较。以下分析必然跳出神权契约自我论证的语境，兼参照现代个人主义的世俗语境来看待，纯粹从理论的构造进而谈及对意识形态塑造的影响来入手的，并无为哪一方背书的含义。

就社会契约权威的人格化而言，可以揭示一个与近代社会契约论的巧妙对照。“神权契约”在“创设权威”方面的特定地位是源自神权的“理型化”、人格化本身。毕竟，正是人格神才允许立约这一形式的产生。因此，神权契约的权威源自“神格”自身，而非源自集体自下而上的“累积的”权力，否则就会导致“进退自如、立等可拆”的约定论权威的窘迫，也即契约的固化未成，容易动摇坍塌的豆腐渣工程。

第一，这类窘迫其实类似古希腊任何一种“自然约定”的规范造成的情况，只要一个城邦权威被看作如“合股公司”一样由不同地方神供奉和互惠的关系所据，那么公民地理迁移或流亡即可躲避自己不愿认同的法律和习俗约定。其实这是一个近代社会契约论可用的历史渊源，在若干范例处，诸家设计者已经构成了一种保护契约权威“固化”的设计模式——契约订立之后立刻以说明不可随意退出。霍布斯和卢梭的社会契约都可看到类似设计。在霍布斯处立约则难以逃脱，卢梭处则要承受来自公意的巨大道德压力。

第二，就“立约”的起点而言，几乎鲜有人质疑为什么这几类神权契约所选对象，并非世俗意义上最精锐优秀之辈，而是以社群为基础，较为弱势或者受到压迫的群体，甚至是在最虚弱、匮乏状态下被选。（特别值得注意的是，这一征象在信众的号召力也是代代相传，对受苦民众的号召力尤强，这一点《旧约》和《新约》的道德境遇都非常类似，毕竟从“自然贵族”序列之外擢拔一个群体成为神选者，本身就是一种“打破自然链条”的世界史事件）

相较之下，现代人更愿意看到近代社会契约论的版本。近代社会契约订立，大多从“自然状态”入手，初始立约时刻的社会处境“相对被剥夺”（*relative depravity*）正是为了证明“前政府状态”下的个体匮乏与需求。其中诸家除了霍布斯也看中“狼人”一般的自然状态，近代社会契约乃至20世纪以来的新契约论，都力证社会契约的“起点”是由比较理性、精明善算者组成，其状态决非弱势或匮乏。这就意味着，20世纪以来的理论取向而言出现了一个对立约“起点”的有意识倒转设计。这种倒转，一方面源于文艺复兴、启蒙运动以来对人的理智与个体尊严的高扬，另一方面源于立约“起点”不再需要来自所谓的历史之外超凡权威的任何理据所造成的时代境况。

第三，就社会契约的延续性而言。神权契约是神跨越自然界和介入自然律形成的契约，换言之，其本身即是“自然法”之外，超乎代际人心衰微、更替、背弃信任常态的一种立约理念；而近代社会契约具有高度的世俗化特性，即使在其最强程度模仿的人格化，以及将人民主权的绝对化权威形态而言，它都是难以摆脱“代际义务”论证难题的，因此，只有重新启用和改写自然法使之更具有代际心智的延伸性，以维护约定。这一理论设计的难点部分解释了以世俗性、个体性、经济逻辑为基础的社会契约论的延续性本身难避的两个问题，第一是“终点”问题，第二是“代际同意”的问题。二者如果简化来看，可以总结为涉及个人自由意志的终点，在何种意义上能够与涉及损益计算的共同体契约的承诺相接壤。

但是，正如上述第一条所言，契约在坍塌为一种将城邦义务看作“合股公司”的形态时，必然屈服于人心为利害所倾覆的易变与政体的难测，仅仅依靠自然法和理性都难以证明社会契约的延续性有超乎功利之外的意义。在自然法和人类日常理性中，凡人之死不能复生，祖先之地大多流散。但是在神权契约所允诺的验证证据中，耶稣之死指日复生，祖先之地辟敌复归，实际上已经指出了神权契约的延续性本来就不该依据（世俗）社会契约的经济逻辑来思考这一事实。

因而，如果现代读者可以尝试理解前现代人心智的“冥顽不灵”，或许可以进一步理解这样一个世界史现象，《旧约》与《新约》传统的神权契约指出了一个近代社会契约论很难回答的面向：正是由于立约一方是神，所以才能够超越自然界的时间循环，而能够掌控其许诺的事务，甚至干预人类历史最难以解决的在人口流散中何以保持政体、政权、土地的统一的问题。这里的“允诺”涉及和契约订立方保持沟通的艰难条件下，也难以按照日常契约见证—交易逻辑实现的事务——因为摩西这样的预言家才作数，而其他类型的预言家并不能获得像耶和华那样的预言的“面见立约”。与神之间的“中保人”的存在因此成为预言家这一身份的极致。《旧约》中具有独特权威的中保人摩西会庄重声称，上帝所允诺的包括其先祖曾经被承诺的土地。这就意味着，神权契约可以涉及一个完整契约的订立的从“始”到“终”。尤其是在履践契约的意义上涉及“终点”问题；而这个终点是可验证甚至可以跨越代际所追溯的，从而保证了一个土地与族群认同的高度同一性。这是多数约定论都很难企及的，也是多数社会契约论设计者羡慕的。

本章小结：神权契约——约定论的资源库

本章通过介绍神权契约的两种传统并将之与传统约定论比较，展示了社会契约论的古典形态所具有的“非理性”的种种范本。就其非理性而言，这几个品类都并不擅长经济交易而关注约定秩序作为传统的稳固性和延续性。然而，通过将古希腊的历史循环论传统作为其传统约定论的背景色加以对照，会发现其不稳定性是天然的。而神权契约尽管看上去也并非不具有交易色彩，但是这种交易性的语言与其说是实质性的和商议性的（*deliberative*），不如说是威慑性的。现代读者很少对此类神权契约及约定论传统侧目，毕竟无论哪一种神，“与神做交易”这类考虑对近代人身份的贬抑近乎荒唐，它不会给现代契约论的平等、自由契约精神留下余地。然而，就作为思想传统的源流来说，本章所展示的传统却又是人类精神史即使在今天仍然也难以视而不见的传统。

如果说神权契约的诸形态和约定论的诸形态，无非是一种理论设计——而且还不算是精巧的理论设计。现代读者难以理解为何人们作为立约方会相信并且严肃看待。那么在为什么人们会接受胁迫性的不平等社会契约之前，可能有必要将古典社会契约论的其他样本再仔细研究一番，因为神权契约之外还有另外一个契约支脉有“看似平等自由”的要素，却非常接近一种为了稳定和延续性而实质上隐藏了胁迫性要素的现象，这就是下面若干章将会提到的古典社会契约论的三家。在这三家（霍布斯、洛克、卢梭）理论设计中，他们都说明自由平等的人能够奠定社会契约，并维护约定秩序的稳定性，但是这个路途却同样需要经过立约的“终点”“起点”“同一性”等艰难关节点的考虑。而且这三家都不同程度地需要严肃地考虑社会契约论怎样能够有一种神约一样的稳定性，使之更难以被交易的流动性和人事的自然倾覆（约定论常避）所撼动。

第三章　霍布斯的社会契约论与自然状态假设

一　霍布斯人性论的纲领

前一章已经介绍了政治哲学中社会契约论传统以及霍布斯的社会契约论在这个谱系中的位置。自然状态假设本身蕴含的基本要素在各思想史阐释者的批评中得到，然而，这些契约论阐释者都多少地误解了自然状态中人性、人际冲突等要素在霍布斯社会契约中的位置，从而误解了他思考的命题及其契约论基本指向。

在这个意义上，本书的研究必须从被误解最严重、却也最具分析意义的这个理论标本入手。作为争议颇多的 17 世纪政治哲学家，霍布斯至今都在困扰不少研究者的心灵。他的《利维坦》展示了近代国家垄断政治权威本质背后的神学影像，他对自然状态情境下人性的描述与对君主权威绝对性的论证可谓臭名昭著。不少误解和解读的歧义部分来自现代人心智喜好直白明快简洁逻辑所致，部分也来自政治语汇时代迁徙导致的语义流失。因此，后世研究者极易错过霍布斯思想中值得被注意的要素，它们是希望深入理解意识形态论证设计能够具有显微知著、“四两拨千斤”设计效用的契约论研究者所必需。因此，在这个意义上，对霍布斯的自然状态假设这一契约论逻辑起点的仔细剖析就是必不可少的——如果就其逐渐世代累计的误解而言非他不可。

17 世纪的政治哲学继承了人文主义传统对基于“原初”“人性”构建政治哲学系统的思维方式。格朗修斯、理查·胡克等神学家和议会手册作者的流行习惯是，开篇就回应人性的“起始位置”的描述。“自然状态”指代《圣经》中人类在堕落前“黄金时代”无拘无束、受上帝护佑的状态，基于此背景推断人最初的天赋和心智状态。随着原始人的质朴野蛮对“自然社会”观念的启发都是争讼不休的主题，对“自然状态”的经验认识开始推动自然法观念向世俗化转变。在这一章为说明霍布斯理论设计、阐述人性论的基本要素与结构，会特别剖析某些环节的推断，理清一些错误翻译和读者可能的歧解，这对于突出霍布斯始终设计的审慎和刻意性是有必要的，非此无法理解其自然状态假设及理论重心所趋。

下文通过分析霍布斯的人性论内在结构，剖析其自然状态假设。此处主要文本依托霍布斯的《利维坦》中“论人类行为”以及后世学界编纂《霍布斯全集》中更完整、反映前后时期变化的“论人”的部分。依次从第二节、第三节详细阐明构建社会契约是如何依据霍布斯眼中的正确路径、避开可能导致倾覆的路径进行的。不过读者仍需注意，本章为全书中最长一章，远超过其他诸家契约论写作章节配比，其缘由正在于若霍布斯的自然状态假设得解，理论关节疏通即有举一反三之效，故不惜倍增篇幅，希望读者可以屏息静气观“庖丁解牛”。

（一）机械人性论、公民科学与实践智慧

托马斯－霍布斯，生于1588年，传说其出生为早产儿，受惊吓降生恐惧烙印终身。自命为“恐惧的孪生子”此言不虚。其理论中处处可见谨小慎微、对外在和内在恐惧动荡无微不至的观察。然而，传说归传说，霍布斯的一生与其说是谨小慎微的一生，不如说反映了一个廷臣动荡的一生，他亲眼目睹英国内战、君主被废黜和处死，流亡海外，与同时代诸多廷臣相比算不得献艺于安稳时势。即使如此，他也凭借知识分子对授命安民、献艺君主的雄心，希望将学术著作《利维坦》献给英廷，以明内战惨烈，谏政有方。然而霍布斯终以长篇巨著《利维坦》名于世，其书前篇为世俗政治，后篇为神赋权威的论述。其对人性的残忍的冷峻描述不但惹得朝中天主教徒愤怒，也让君主对权威归诸“小人物”大为不快。因此就终生所成，霍布斯跻身介于不得志的两栖动物和学者之间。

单就学术史声望而言，霍布斯的一生远不如洛克或者托克维尔此类擅长纵横捭阖的“两栖动物”。不过就对人性的学理化描述而言，霍布斯既应时势，又别出心裁，自创一套难以攻破的理论，引得诸方讨伐。17世纪的思想史背景是人文主义和高度世俗化研究的兴起。近代早期的科学发现促使人们摆脱神学对心智的束缚，人类对于自身的认识开始基于自身欲求的视角而不再寄托于神的指引，有识之士寄希望于可以掌控实效的学问[①]。福朗西斯·培根（Francis Bacon）就声称“科学可以用来恢复人类原初应有的权利和力量”。怀疑主义信念也统御了知识分子心灵，认为宗教、美德、价值的信念争议悬置判断才是上策。基于疑论对世俗生活信念的影响，这个时代思想家面对的难题是如何建立人类行为的中立描述，重建道德和政治价值。

在这一时代潮流中，霍布斯贡献不少，通过微观层面人类动机、情感逐渐升级考察更复杂的意志、理性之间关系重构一套公民哲学是其核心理论关切。人性“动机”到“意志论”的系统说明是解开人类行为的锁钥。他认为人类的心灵运动在“未形诸外”之前，最初来自体内无法自察的“细微倾向”——构想映像，他称之为“意向”（endeavor）[②]。这些“意向”是引发心灵和大脑运动的简单情感，从简单欲望和嫌恶到复杂的价值评价都如此；人的内在运动高度复杂，但仍有轨迹可循，单纯“感觉”会由于在人体内出现的“顺序混杂，对于可能性的估计，被爱好或者嫌恶的对象，变动或者连续状态”[③]等因素混杂影响而产生不同的情绪的变体，如“欲望”和“恐惧”。这些各类激情交替出现的状态被命名为“斟酌”——“人们在是否行动时交替出现的对目标事物的欲望和嫌恶，行动成功的希望和恐惧，一直延续到事情完成或被自动禁制为止”，这个过程的一切“欲望、嫌恶、希望和恐惧”的总和。在霍布斯的词典

---

① ［美］乔治·霍兰·萨拜因:《政治学说史》，崔妙因译，商务印书馆 1986 年版，第 91 页。

② 本书后面将沿用另外一个词“初始动机”指代 *endeavor*，以求和当代哲学相应词汇区分。

③ ［英］霍布斯:《利维坦》，黎思复、黎廷弼译，商务印书馆 1996 年版，第 39 页。

里“斟酌”不是什么高尚的自然法天赋，倒是中立可靠深植人心的自然机理。

既然“斟酌”本身是多来源情感交错作用的结果，人类自主行为的责任（*agency*）该从哪种动机计算？在霍布斯的语汇中，“意志”是连接斟酌与自然法规定的枢纽，“斟酌”都属于意志自由的状态。但是，只有“直接与行动或者不行动相连的最后那种欲望或者反感”被定义为“意志”。这样就把混乱杂多的“欲望”（*desire*）和“反感”（*avert*）链条的责任归属排除，只剩下唯一一个“动机”为主动行为追责之源。这就意味着，人类自由意志及归责不取决于最初动机，而是取决于最后动机。“斟酌”不必要先具有完整道德判断和选择能力，[①] 它被设计来保证无论“智愚贤不肖”皆具备平等“意志”今后订立协定与契约。

由此看来，人们常常沾沾自喜的自主性的认知与情感能力，在霍布斯看来反而是被动的明证——我们不能控制自身心理机制，正如人不能控制植物神经如肠胃的消化进程。这是17世纪对后世政治哲学的贡献——激情（Passion）被抬高为“意志”的重要来源和规范理论建构的要素。[②] 这个时代激情首先意味着“被动性”（*passio*）。“人”被描绘为一个被四面八方“情感”交替攻击、穿越、振动的可怜“中心”，尽管人类总是自命为理智和自主。这种对理性嘲弄的观点，成为后来建构政治规范理论时着眼于驯服激情之必要性的根源。

以上设计和长期流行的经院哲学传统相悖。根据同时期的经院哲

---

① ［英］霍布斯：《利维坦》，黎思复、黎廷弼译，商务印书馆1996年版，第44页。这个补充叙述是精心设计的，霍布斯对此念念不忘在《利维坦》立约时刻人类动机的描述中再次加以特别强调——“由于嫌恶或因不惧怕不采取行动的后果而开始的行动也是自愿的行动。”这是在批驳认定两种类型的人不参与包围内战中国家的约定与安全的人的论调，其中由于嫌恶不愿意行动（的贵族），其实也是一种“意志表示”；而由于“不惧怕”采取的反叛，也是一种意志表示，二者都必需为自己的行为具有的“立约标识意义”负责。这一规范意义的提前埋伏在之后本书谈及自然法的时候会再次提及。

② 特别参考笛卡尔的著作《论灵魂的激情》，以及斯宾诺莎在《伦理学》中对激情的成因和发展方向的描述。

学[①]，天赋理性意志是人类区分于兽类的标志，这要求人革除自身认知中“违逆良知与理性”的低下部分。而霍布斯与之背道而驰，其政治哲学对意志的设定淡化了理性的官能意义，变相抬高了激情的价值：意志判断受“初始动机”控制，“理性”不过是推理（算计），而推理的对象则是“感觉序列”，“智慧”也不是什么神赐的至宝，无非是对各类动机运动“序列”的良好记忆。[②]理性控制激情与欲望也无从寄托，因为思想本身就具有“欲求”的本性：“思想就是去有所欲求，就像侦察兵和间谍一样，到处搜寻，并寻找通向欲达目标的道路。”可见由于被预先善恶价值观所引导，“理性”对于欲望来说只具有战略辅助性。那么理性怎样服务于意志呢？其功能被描述为一种“内在斟酌的官能”，而“斟酌”被描述为：个体内部目标导向的动机在斟酌阶段遇到障碍，丧失了一部分力量，以余力绕道而行的过程。[③]在霍布斯的人类学理论中，人类的自由无需理性引导，一切外显行为都可以化约为对动机的解释。一方面，意志不需要神圣意志予以指引，另一方面，价值判断与自由并不相悖。霍布斯的人类学是一套全然中立于人性善恶判断的人类学，与中世纪神圣秩序下对人性堕落的修辞划清界限，读者可以看到，在霍布斯的“自然状态”下以冷峻的笔调描述人类在绝对的自然权利情境下，展示出所有内隐和外显动机合理化后的结果[④]，而不会看到他痛心疾首地看待人类的“堕落”与相残。

基于上述关于人性微观动机的预设，在“智慧”上人并无极大差异，多数人天赋理性足以应付实践需要，不至于寄托日常生活规划判断于教

① ［英］昆廷·斯金纳：《霍布斯与共和主义自由》，管可秾译，上海三联书店 2011 年版，第 25 页。

② ［英］霍布斯：《论公民》，第 3 页以及［英］霍布斯：《利维坦》，黎思复、黎廷弼译，商务印书馆 1996 年版，第 28 页：“推理就是一种计算，也就是将公认为标识或表明思想的普通名词所构成的序列相加减。”

③ 见霍布斯《利维坦》第 97 页对于“自由”的著名定义，这也是霍布斯政论意志自由论题的来源：风浪中一个人抛弃船上的货物自保是否是“自愿行为”？在霍布斯看来这种看似强迫的行为，也是自由的。

④ 唐士其：《西方政治思想史》，北京大学出版社 2008 年版，第 204 页。

会绝对权威；而即使实践智慧超人者，即便对自己实践智慧有万分信心，却有“理论”辅助方可无虞。这套社会认知推断反映了霍布斯所在时代政治思想的世俗化倾向，这套倾向反映了一种对世俗智慧平实保守的信心。就17世纪英国的政治背景来看，这也是霍布斯通过“公民科学”劝服上层统治者和同时代教俗贵族戒除扰乱耳目、煽动蛊惑斗争的依据。如此一套可以说服人心的公民科学，尽管没有关于拯救和人类至福的崇高理想，却能从源头修改对人类心理认知的观感，也有益于修正汇聚成耸动不安的巨流的社会规范理论，修正社会现象多歧义的解读根源——这是霍布斯公民科学的核心要旨。

（二）人性研究的纲领与实践

以上阐述了霍布斯政治心理学最显微的层面，下面说明人类的外显行为环节。理解这些环节将完善对霍布斯人性研究纲领的结构的把握，从而可以深入理解霍布斯式自然状态假设的内涵：第一，按照个体动机链条阐述品行的形成，尤其阐释社会交往中，人的行为中“比较”与判断的倾向是如何产生发展的；第二，比较分析认知互动的人性论述纲领，这可以推广到对更广泛的人类群体的描述。前者是纵向的、微观的；后者是横向的、宏观的。这些分析显示，霍布斯的“人论”远非一套单一原则可以判定，反映了人性互动的多元样态。

1. 个体动机到品行的推断路径

如前文所说，既然最显微动机到意志的路径已得到阐发，这样的个人如何行动呢？尽管人的动机作为天赋能力可以有理性和欲望为其驱使，但是社会交往中微观心理却充满了各种误判，世人所称许德性与罪恶者，与其说是道德缺陷，不如说是行为愚钝、判断失准、意见偏差。其中，“激情”与“意见差异”给误判他人意图埋下不少隐患。不过，在观察人类行为方面，有一个线索最可靠，即容纳这些多样微妙动机的共性：“从感觉、动机到福祉的链条”。尽管人类“品行”差异很大，但行为仍有根源性的共通处：

> 这儿所谓的品行指的不是行为端正有礼，如怎样对人行礼、在旁人面前怎样漱口、怎样剔牙等等细微末节。而是指有关在团结与和平中共同生活的人类品质。为了这一目的，我们要认识到，今生的幸福不在于心满意足而不求上进。旧道德哲学家所说的那种极终的目的和最高的善根本不存在。欲望终止的人，和感觉与映象停顿的人同样无法生活下去。幸福就是欲望从一个目标到另一个目标不断地发展，达到前一个目标不过是为后一个目标铺平道路。所以如此的原因在于，人类欲望的目的不是在一顷间享受一次就完了，而是要永远确保达到未来欲望的道路。因此，所有的人的自愿行为和倾向便不但是要求得满意的生活，而且要保证这种生活，所不同者只是方式有别而已。这种方式上的差异，一部分是由于不同的人激情各有不同，另一部分则是由于各人对于产生所想望的效果的原因具有不同认识或看法。①

这个段落显示霍布斯政治哲学的强大统御能力。霍布斯语汇中“品行”和道德生活关联不大，而是在高度多元歧路的人类心性中，从彼此乖违的社会交往中找到和平生活的可靠保障。毫无疑问，在16—17世纪世俗与文艺复兴交汇的时代，剖析讽喻人性与生活习惯的多样使之彼此鉴察似乎为知识分子一大乐事。考诸蒙田、F. 培根、斯宾诺莎、马基雅维利、《品格论》的作者拉布吕耶尔（*Jean de La Bruyère*），② 都可以看到文艺复兴标志性的洞察入微、极尽讽喻的写作传统。不过，霍布斯的观察

---

① ［英］霍布斯：《利维坦》，黎思复、黎廷弼译，商务印书馆1996年版，第8章。

② 这一绵延不绝的人性论传统在16—17世纪激发知识分子产生了不少益人心智的副产品，包括蒙田《随笔》（Michel de Montaigne, *Three books of Essays*, 出版1580年）、培根《随笔》（出版于1590年）、马基雅维利《君主论》以及拉布吕耶尔《品格论》（Jean de La Bruyère其1688年出版的作品即*The Characters, or the Manners of the Age, with The Characters of Theophrastus*），对人性讽喻与箴言劝诫的另外一个传统是神学院逃逸的思想家、教育家伊拉斯谟，以及完全世俗作家传统如马基雅维利和《君主宝鉴》等愤世嫉俗、工于世智巧计的手册作者（tract author）。值得注意的是，这一传统可以被纳入洞察人性显微结构破除幻象、追求德行传统的一部分，即新斯多亚主义传统的支脉。

更为阴郁也更具有特定的智识目标，他关心的是一件任务：建立一个自洽、逻辑紧密的人性论系统支撑其关于和平生活的政治权威的公民科学。因此，考察人的“品行”（*manner*）从“人类自愿行为与倾向”的显微层面辐辏一结论，夯实一理论基石：即使众生行为外显千差万别，仍可通过若干节点把握。

第一，被迫性。人是被迫不停追求欲望的动物，且永远“不得不”出离已达到目标——正如感觉、映像停止则“人无法活下去”。第二，未来性。对已达到目标习惯性维护是第一要义，主动“为未来考虑”的趋势则次之。第三，差异性。尽管对利益认知不同，无论贤智愚不肖都有一出发点即保障良好生活，而方式的差异则源于对自己行为的因果效应推断。至此，我们看到的是“人性在全人类层面的表现”，既然人类受到“先赋”“不可控制”的权势欲支配，而不是以自然法引导生活目标，在立约之前自然状态中“狼人”假设就源于上述这三种普遍存在于人类潜意识中的特质，就像人类本性中原罪的“死结”。在霍布斯之后的政治理论中，无论是建立并稳定社会秩序还是挽救自然状态，都必须经过这些环节的考验和校准；差异性则在于，无论社会常态还是自然状态的混乱，都和差异性被误解有关。

然而，如何让平等互竞的原子化个人（*agonistic individual*）在对自身的无知情况下，彼此合作和进入一个秩序呢？霍布斯之前的时代对解决潜在失序不乏理论建构的努力，比如，将秩序混乱原罪的来源归咎于“魔鬼”引诱，或失去信仰的民众愚蠢，但这就意味着将信仰权柄交给教会。霍布斯并没有选择这条论证道路，为防理论发展走向失控，他要将所有统御权柄放在世俗君主权手中。因此，在这个论证关节点有向两个方向推演的可能：第一，承认人类合作关系需要抑制个人多样性和疏离倾向，提前让人们接受专制君主制必要性的政治修辞的独断声明。第二，承认即使人类彼此争竞却仍有生成秩序的可能，因为人类的合作关系奠定了可积累的实践智慧法度，艰难地将意志论贯彻到底，既与人性中强迫黑暗部分妥协，又能达至秩序可容忍的底线。

传统对霍布斯理论的解释者大多只看到第一个方向，也恐惧胁迫导致人们进入专制的契约。这种简化的阐述忽略了论证中逐渐剥离出来的研究纲领的“内在分层”。这个内在分层决定了霍布斯的理论构架中潜藏了可统合的第二个方向，既纳入了人类从平等合意方面订约立法的合理性，又将最终论证的结果不偏不倚地导向到绝对君主权的论证。从而将这两个剥离的分层统合起来。“疏离的个体自由地通过自然社会性和意志的不羁，从而自由地走向绝对君权的解决方案”，这一理论障眼法是如何可能的？要想理解这两个方向如何内外表里地运行，首先要问以下问题：一刀切的、单一的人性论是否是霍布斯政治哲学的前提？它是否真的将个人间的关系变成平等冲突的关系？如果本性恶使人们绝对疏离，哪些因素能够使得他们建立政治规范的共识呢？

2. 比较认知视角下的人性分殊

所以，问题又回归了原点。既然不是彼此憎恶的个人，也不是服膺联合福祉的社会人，霍布斯怎样理解“人”的社会性？上文提及人类欲望描述与冲突的可能论证路线之关系，可见将性恶论看作自然状态的险恶的根源，失之偏颇①。在介绍霍布斯笔下自然状态——也即“人类处境的自然状况”（*natural condition of man*）之前，必须澄清所谓“自然”状况和上文提及“简单”情感的“自然”差异。霍布斯的自然状态下个体真的彼此疏离吗？有多疏离？霍布斯“自然状态”中的人性状况并非真的是单一的善或者恶的状态。确切地说，通过霍布斯独特“复合方法”导致了一种社会化评判的高度主观的结果②，但是它却具有一种单一的善恶或者中性的客观表象。我们不妨从《利维坦》“献词”对“理解人”方法建议考察其经验主义切入点。

关于（理解人）这一点，有一句近来被滥用的俗语：说是“智

---

① 学界传统描述尤其中国国内的学术探讨，大多对霍布斯自然状态一句话带过，“人对人是狼”和“永恒的战争”此类旧说的沿袭数不胜数。本文在后面提到的对自然状态的传统争议大多认真对待其中的描述，尤其是这个假设的内部结构。

② 霍布斯的人性论是一种双轨论述，以及它是一种障眼法的分析，参考本章第二节第一部分。

慧”不是从“读书”得来的，而是从了解“人”得来的。……是教导我们，由于一个人的思想感情与别人的相似，所以每个人对自己进行反省时，要考虑当他在“思考”、“构思”、“推理”、“希望”和“害怕”等等的时候，他是在做什么和他是根据什么而这样做的；从而他就可以在类似的情况下了解和知道别人的思想感情。我说的感情相似，是指人人都具有的，如“意愿”、“害怕”、“希望”等等；不是指感情对象的相似，即“所意愿”、“所害怕”和“所希望”等的对象的相似：因为个人的素质和各人所受的教育千差万别，所以被以伪装、欺骗、假造和谬论掩盖并混淆得像现在这样难于被人了解的人心的性质，只有探究人心的人才能了解。虽然有时我们也从人们的行动上看出他们的意向，但那么做而没有把它和我们自己的行动作比较，没有区别可能使情况发生变化的环节，那就只会是抓不住要点的猜测，而且在大多数情况下会由于过于相信或过于猜疑而失误；因为从事了解的人本身可以是好人，也可以是坏人。让人们不要完全根据别人的行动来了解别人吧，这种办法只能适用于他们所熟识的人，而那是为数不多的。要统治整个国家的人就必须从自己的内心进行了解而不是去了解这个或那个个别的人，而是要了解全人类。……①

以上是霍布斯研究人性的总纲领，它是基于“自我省察”进行的类比，之后再通过对社会行为（*manners*）来建构诸多属性的推断，来沟通主观动机和客观行为。作者没有独断声明“推己及人”可靠，而是提示，他人这样做时大多数是“抓不住要点的猜测”；这系列建议是关于人性状况尤其“自然状态”理论依据切实度的线索，它提供了自然状态之人对自己处境“可理解性”的关键②。

---

①［英］霍布斯：《利维坦》，黎思复、黎廷弼译，商务印书馆 1996 年版，第 2—3 页。

② 对于任何经典而言，涵盖全书精华的部分可能是散落在不那么专门论述要旨的部分，这就是一个例子。

这些线索怎样融合其“性恶论”呢？如果仍然是“类比和再建构”的产物，它何以把握“自然”的“人性处境”呢？很明显“性恶论”不能。情感多元、推己及人不可靠、判断逻辑周延都可以说明，霍布斯不仅不懈地从人类行为恐惧与喜好推断理解人的总纲领，并对人们恐惧或喜好的意见机制划清界限。这些“意见”推演从三个方面说明：1. 人性初始意志的中性与被过度诠释。2. 自我了解必须上升到普遍性的要求。3. 指明人性情感可比较性的关键环节。

首先，霍布斯在《利维坦》献词中提示“好人”和“坏人”的区别，在于是否在测度人心时“解释过度”，也即理解人性状况需要根据自身品质的“始点”，这个“始点”本身无价值趋向在上节“初始意志”阐述中已经被确认（这就回避了完全将所有人看作邪恶本性的来源的普遍假定，为拯救后来自然状态提供了机会）。

第二，霍布斯建议人们不要完全根据“人们的行为”来了解他人。除人类自知虚弱使观察别人行为不客观之外，[①] 最重要的是对“自我了解”的目标提出很高要求——这省察“必须从自己的内心进行了解而不是去了解个别人，而是要了解全人类”。难道从严格经验主义立场不是仅对自己有发言权？为什么可推广到“全人类”？作者启发阅读者，从同时代通行的扭曲人性论意见中抽离出来，对“理解人”的纲领必有普遍性诉求。

第三，作者的“自信”来自理解“人类情感的相似”可靠层面的定位，指明情感可比较性的环节。上一小节提及，霍布斯从差异中能察觉常人不及的“共性”。而这次“人类情感的相似”却否定情感对象相似指向更根本“共性”。[②] 这不是矛盾吗？如果不遵循这路径，就易于被自负地以为——从人的行为可推测出“意向”。现象与动机分别“比较”，即使人性相似有限，他也能剥离出具有可公度性的情感量度。彼此“疏离

① 因为它需要足够强大的内省能力和冷静的观察，这些在《利维坦》前 12 章都有介绍：人类的判断和慎虑是有限的。

② “考虑当他在“思考”“构思”“推理”“希望”和“害怕”等等的时候，他是在做什么和他是根据什么而这样做的”。

憎恶”不可能是其自然状态人唯一面相就显而易见，社会性的积极也潜藏在其中。霍布斯的人性论无法用一元性恶论视角概括。理解其人性论必理解其认识纲领，把握其人性论内在丰富层次，这也就为谨慎对待霍布斯对人天然“社会性”和“反社会性”描述打下基础。下面阐释自然状态困境，以及弄清这个解释之谜的根源。

二　霍布斯的自然状态假设之谜

（一）自然状态的人性基础

霍布斯政治哲学中“自然状态”主题被解释者们看作一个颇有力但又难以解释清楚的理论预设。自古以来，其诸多解释歧义不仅源于理论自洽度，[①] 也在于以下问题：人们怎样落入自然状态？怎样改造或摆脱[②]？解除自然状态是否要将它远抛在社会状态外？霍布斯长篇铺陈自然法和《利维坦》第 8 章描述“人类行为”的文明状态怎样对接自然状态的野蛮人性？难道此番复杂修辞不是在对牛弹琴？尽管霍布斯明言：“要摆脱自然状态的恐怖，需要两种要素，一个是勤劳过舒适生活的希望，一

---

① 对这个理论本身自洽程度的质疑可分为三方面。就内在逻辑而言，三个因素单独一个或者两个不足以使人陷入“战争状态”，它们彼此关联不那么自明（看上去是简单的堆积）；也有人质疑“自然状态中平等的命题”经验上说不通论证不必要。就外在说服力而言，自然状态假设对社会契约建立不利，如果每个人手里都有这样一把剑，（也即自然权利的绝对性）怎能相信彼此、立约并接受一个绝对主权者？这让人怀疑，“自然状态”的“故事”欠缺解释者常期待的完整和逻辑说服力。一个更加完整的自然状态的“众生相”能够让我们解决文本的歧义和理论设计的问题。因此需要在本书详细重塑自然状态的演化机制。

② Francois Tricaud 认为，霍布斯在从早到晚期政治著作（《论人》《论公民》《利维坦》）中对自然状态的表述是不确定的，前后不一致的。比如《论公民》的表述就倾向于跟从法国道德论者拉罗什福科等人的传统，而《利维坦》的表述更加结构化，将看似具有强大作用的激情化约为最简单的形式。见 Francois Tricaud, “Hobbes’s Conception of the State of Nature From 1640 to 1651: Evolution and Ambiguities.” in, *Perspectives on Thomas Hobbes*, *edited by* G.A.J. Rogers, Alan Ryan. Clarendon Press, 1991, p.122。

个是对彼此残杀的恐惧。”[①] 但是由于“自然状态”描述过分强调恐惧和猜忌，评论者大多仅着眼于“恐惧”慑服建立政治秩序，[②] 使立约后个人是否会遵守义务成为难题。因此，在解释霍布斯的社会契约论之前，必须将下面的问题解释清楚，下文重新审视自然状态人的基本能力与意愿。

（1）阐释自然状态要素的前史。

（2）重述自然状态落入困境的过程，排除导致自然状态的非直接因素，整合其看似矛盾的视角。

（3）锚定这一困境的核心指向。

1. 自然状态的前史——“权势”和“价值”的机制

想要真正理解“何为自然状态”（及人们怎样落入自然状态的），首先需要澄清霍布斯对“自然状态”的描述：它基于一个普遍暴露了自然状态社会性的预设：对于权势的追求动机即“普遍竞争”的心理背景。卑之无甚高论，这个预设的“权势”观念已显示人并不是处于原子化的状态中，权势的需要使得他们“发现、洞察和联合”他人，因而无论是作为生活互助需求还是权势仰慕的倚仗他们都需要彼此，而且无奈地处在近距离可观察的社会陪伴中，这可以从“权势”和“价值”两个层面说明。[③]

---

① ［英］霍布斯：《利维坦》，黎思复、黎廷弼译，商务印书馆 1996 年版，第 96 页。

② 这种解释大多突出激情的离散与胁迫作用将霍布斯的自然法和权利学说看作掩饰，仿佛国家建立只需要激情的相关解释就成立，理性仅仅具有为自然法条款张目的从属意义。此类解释蔚然成风，典型见约翰·麦克里兰，“自然权利是障眼法，……只是要为社会契约撑起一个有效契约的门面。”［美］约翰·麦克里兰：《西方政治思想史》，彭淮栋译，海南出版社 2003 年版，第 250—251 页。更为极端化的是列奥·施特劳斯的版本：“法律和国家的起源，……是对凶暴横死的恐惧，就其起源而论，是先于理性的，就其作用而论，却是理性的；根据霍布斯的学说，正是这种恐惧而不是自我保存的理性原则，才是全部正义以及随之而来的全部道德的根源。”［美］列奥·施特劳斯：《霍布斯的政治哲学》，申彤译，译林出版社 2001 年版，第 21 页。

③ ［英］霍布斯：《论公民》，应星译，贵州人民出版社 2002 年版，第 11 页。

自然状态下人与人是竞争关系。但是这个关系是通过在社会状态下就潜在存在的人类“认知到行为”的心理基础展开的：“权势”在自然状态的叙述基础是“人类天赋”(“自然”和“工具性”的天赋，在《利维坦》第10章定义为“自然权势和工具性权势”)。读者可能需要注意，在霍布斯这里处处可见的“自然”本身就直接对接不可动摇、难以自我省察而颇受其苦的被动意义(*passivity*)，尽管在书中多处描述人性论时候他列举了长串让读者读来沾沾自喜的人性官能(*faculties*)和能力，而这一被动性——“多能而受到胁迫”正是霍布斯式个体的“人类处境”的一部分。

具体来说，“自然权势”在《论公民》中界定为四类：“体力、经验、理性和激情”。[①] 其中,“工具性权势”与产生于社会交往中的“自然权势”使用与尊崇和卑贱的外显效果密切相关，并为人们获取“发展”权势的尺度相关。实际上，这种“量度”的意识来自“估价”观念。[②] 简而言之，社会交往中的“估价”是客观“权势”追求和“主观感知”的中枢。它是在潜意识中悄然发生的。某些行为具有权势辨认的“自然标识”，携带者有自己的估价，它和别人“愿意使用这种力量的价格”相关却又难免

① ［英］霍布斯：《论公民》，应星译，贵州人民出版社2002年版，第3页。

② 本书对“价值”的使用是在霍布斯的语境之内的，它是一种下意识的比较行为，但是西方思想中为我们所最熟悉的其实是洛克的劳动价值论和现代经济学的价值论。霍布斯的“价值”观念严格来讲不同于这两者。洛克的劳动价值论将事物的真实价值定义为对人的生活的功用，(参考洛克在论“财产权”这一章的叙述,《政府论》(下卷)第46小节)也即事物的使用价值，洛克的价值是由客观的有用性而非个人的主观需求所决定的。现代经济学价值论则是强调人类主观效用。霍布斯所提及的“价值”其实可以和现代诺奇克等人对个人天赋资源的探讨，但是由于这种价值部分地依靠制度的客观性，(人才遴选等)，更适用于政治人的探讨而非普通意义上的经济社会观念。更重要的是，霍布斯的价值观念的对象不是物品，而是人利用自己的天赋进行的价值攀附行为，政治人可以被看作依据精明地把握人类权势价值关系，具有策略地建立某些可以用来攀附的价值梯度的群体。他们所建构的“价值”和生活信念与方式有关，在霍布斯的语境中，和“未来将要取得权势”有关。这种权势关心的很大程度上是认可和荣誉，即那些超出使用价值的部分。这一点特别参考霍布斯在《利维坦》第12章中探讨宗教的“自然种子”怎样被培植利用这一点。

不同。[①] 比如一个有趣的例子："口才显示的是一种权势标识"。换言之，就其作为一种"自然权势"而言，并不必然具有工具性，而当其主体执以为攀附社会阶梯的要素并修饰以待价而沽时，就走向了"市场化"的路径，将其变为一种接受来自各方尊卑品评的对象，从而持续处于自我估价和社会估价的张力之中。

由此可知，权势竞争首先将社会需要联系在一起，无论是社会状态还是自然状态，作为心理机制的此类权势竞争与价值攀附都是存在的。这个陈述也说明"自然状态"下人类行为的潜藏模式与常态政治无异——"所有这些尊重方式都是自然的，不论是在一个国家之内或在一个国家之外都是一样。"[②] 承认这些引发自然状态下的尊重与轻视的"自然"属性，无异于在自然状态看似横暴无理性的单一人性论假设中打入一个楔子，而这个楔子更深的根基则因前一节澄清，即霍布斯声明"认识人的纲领不但具有普遍性，还具有可公度性"这一点。可以说，这一出发点正是自然状态的独特起点，它潜藏了自然状态看似"社会性""贫瘠场域"（*barren*）产生社会性关联之悖谬生机的根源。解决了自然状态的独特起点何以具有"前社会"拟制，才能厘清社会契约论理论设计的逻辑起点。正如从一个平和无争的自然状态简单推断出洛克式政府契约是对洛克理论的巨大误解，一个简单险恶的自然状态也不是霍布斯社会契约论的全部支点，（即险恶的自然状态导致霍布斯式强主权是错误的图式）一个顺势论证的自然状态从来都不是社会契约论设计者所关心的，他们要精心设计的是"逆向论证"。

"价值"估价方式因直接联系"自然权势"主观感知和判断是部分地"自然"的，其社会性来自互动对"标识"的评价行为。在《利维坦》第 10 章中说明，基于人类情感和思维模式相似性才可建立"估价"普遍

① ［英］霍布斯：《利维坦》，黎思复、黎廷弼译，商务印书馆 1996 年版，第 64 页。

② ［英］霍布斯：《利维坦》，黎思复、黎廷弼译，商务印书馆 1996 年版，第 66 页。中文翻译按照原文应改为"在国家之外"，实际上霍布斯的语境内合并即指 state of nature。"

机制，[①]它可以反映“自然权势”“相对权势”量度的“估测和标识”背后自然的与人为的制度来源。引入作为天赋和能力“市场”的社会价值多元性的观念[②]最具有代表性的是第10章末尾对三种“价值”尺度的区分，它们混合了天赋尺度和社会尺度的叙述：“资格”[③]（worthiness）是单就个人才能本身作出的评判，是裁决、军事、财务等事务本身的才能的标尺；“身价”[④]（*worth*）指依据旁人需要作出的估价；而优点[⑤]（应得之分 merit）是公共权力根据特定需要决定的价值尺度，因其是“许诺”的，和一种“权利”相关。[⑥]在此“制度允诺的价值”案例就是国家赋予的“身价”，是国家建立之后赏罚职能的论述基础，[⑦]也只有在公共权力的稳定框架确定了权利的相关约定才会是清晰明确的。这一套广摄自然状态与社会状态下价值尺度的说明展示了权势竞争尚未恶化时依社会交往需要与国家

---

① ［英］霍布斯：《利维坦》第10章，题名“论权势，身价，地位，尊重，资格”在全书当中的作用是解释不仅在由国家和无国家状态同样“自然”的尊卑秩序相关的心理—行为机制，这套机制在“自然状态”中也是成立的，是先天的社会心理机制。见霍布斯《利维坦》第66页“所有这些尊重的方式都是自然的，不论是在一个国家之内或在一个国家之外都是一样”。“但在君主或其他握有最高权力者可以随意把任何事物订为尊重的象征的国家中，便还有其他尊荣的方式存在。”）

② 麦克佛森在解释这个霍布斯称为 *instrumental power* 的权力观念的时候称之为“役使他人的权力，和取得他人的服务相关”，C. B.Macpherson, *The Political Theory of Possessive Individualism, Hobbes to Locke*, Clarendon Press. 1962, p.37，而并非意识到自己具有简单的天赋（比如记忆力，推理能力，艺术能力等）。

③ ［英］霍布斯：《利维坦》，黎思复、黎廷弼译，商务印书馆1996年版，第71页。

④ ［英］霍布斯：《利维坦》，黎思复、黎廷弼译，商务印书馆1996年版，第64页。

⑤ 其中只有“应得之分”是制度正义的结果。在霍布斯的语汇中，因许诺而与一种权利相关特指契约确定公民权利的结果。是权力估价的一种表现形式。它的呼应见《利维坦》“论赏罚”一章。

⑥ ［英］霍布斯：《利维坦》，黎思复、黎廷弼译，商务印书馆1996年版，第71页，因为最有资格当将帅，当法官，担任任何其他职务的人，是最具有能良好地执行这些职务所需的品质的人，……缺乏任何这种品质的人，一个人仍然能成为有资格（*value, worth*）的人，在其他事务方面有价值。同时，一个人可以有资格具有财富，职位而被选用，然而却不能要求有权优先于他人获得，因之也就不能成为应当获得，因为“应当”就事先假定了一种权利。

⑦ 国家赋予个人的身价也称之为地位，要通过发号施令，裁断诉讼，公共职务等职位来估定。”［英］霍布斯：《利维坦》，黎思复、黎廷弼译，商务印书馆1996年版，第64页。

公权力的用度产生的评价与遴选尺度，反映了普遍人性模式与国家公权力领域的接壤点。[①]

那么“权势”竞争及“估价”行为对于理解自然状态的理论相关性何在？

上述第一条，已略述了自然状态中“人性的关联”的基本表现模式，这种状态看似可以维持其实轻易蜕变，而蜕变的症结对应霍布斯政治秩序的特殊目的。[②] 从作者引为例证的蜜蜂“天然合群性”与“意志”的关联比较可以看出。在《论公民》第一章“脚注 1”中，霍布斯缓和了指控人性天然邪恶的凌厉语气，声称“婴儿和恶人都是生来不合群的”，是教育使得人“合群”。人类秩序需要的不仅是“联盟”而且是“一些联盟，这些联盟必须要求对达成联盟有足够的信心以及认同”，[③] 而这是常见“协作”或“自然社会性”不能提供的那类“信心和认同”，[④] 对联盟缺陷的判定将霍布斯与传统亚里士多德的国家起源观区分开来。[⑤]

---

① 这里需要解释的是，霍布斯的自然状态并不是卢梭那样的野蛮人式资源匮乏、缺乏联系的状态，文本显示他们还需要一定生活资源“基本的武器，生活用品”。Francois Tricaud, “Hobbes’ s Conception of the state of nature from 1640 to 1651: Evolution and ambiguities.” in, *Perspectives on Thomas Hobbes*, ed G.A.J. Rogers, Alan Ryan. Clarendon Press, 1991, p. 108. Tricuad 认为自然状态并非完全匮乏，这种状况下缺少的是契约影响下的制度。笔者认同这个解释，其实自然状态缺少的不是订立契约的企图，普通的约定形式在自然状态下可以反映在战和协定中，但是缺少稳定的终止斗争的契约和制度。关键在于承认自然状态的完全狼人情境是一种拟制，而且完全和社会状态并行。

② 尽管正如大多数解释者如澳克肖特所言，这种生死斗争由于人类天然的竞争性可能随时存在，但是思考一下社会常态就会明白尽管如此，却并不“必然”导向全面的战争状态，而是“自然状态”或者社会下生活的一部分。他一语道破“自然状态并不是必然地是战争状态的”。奥克肖特也勉强加了一段人们是彼此依赖的。

③ ［英］霍布斯:《论公民》，应星等译，贵州人民出版社 2002 年版，第一章，脚注 1。

④ ［英］霍布斯:《论公民》，应星等译，贵州人民出版社 2002 年版，第 55，56 页。

⑤ 亚里士多德在《政治学》开篇就介绍了从家庭、村落这些基本组织自然过渡到的城邦政治形态。“城邦是人类自然形成的社会组织发展的顶点。”这个命题在政治哲学传统中有强大生命力，被保守主义者用来强调习俗和习惯的超越时空的优越性。见唐士其《西方政治思想史》，北京大学出版社，2008 年版，第 83、310 页。不过在霍布斯看来，亚里士多德的传统政治学代表了忽视人类冲突的一面，因此他着力描述人类在小团体中容易形成派系，因为“人不会像对待同伴那样爱自己的同伴。”［英］霍布斯:《论公民》，应星等译，贵州人民出版社 2002 年版，第一章第二小节。

人和动物社会性的根源的区分一向是新斯多亚主义思想家津津乐道的案例。动物的合群具有“对同一个目标的回避和欲求”但“并不是单一意志行动”。人类常产生公私利益分离，因价值和权势追求是“出于意志地”盲目从众的，盖因人类之区别于兽类还在于“比较”[①]（价值和权势）的能力。霍布斯这样描述道：

> 其次，蜜蜂这种动物天生的嗜欲[②]是一样的，都在寻求公共的利益，他们这种公共利益与个别利益并无分别，而对人来说，实际上，任何东西如果不能使它的占有者感到比同样也喜欢这东西的其他东西高出一筹的话，就不会被看成是好东西。[③]

价值攀附的连锁效应是一种社会现象，可谓福祸相依。人们确认价值必经由“偏好协同”的激情基础（*similitude of passion*）主观确认，以及对“附生权势”比较的“估计”产生共鸣。然而，相比自己需要的“好东西”，人们更垂涎别人公认的“好东西”。在僭越自己需求情况下争夺同一物已足够盲目，强求别人承认自己高估事物的价值更易诱发盲目的竞争。因他人低估自己而感到受辱者，可能用强迫手段迫使别人承认自己的估价。[④]对外物估价如果和自身估价相连，则导致斗争陷入双重盲目的可悲境地，因为“蔑视我高估之事”等同于“蔑视我”。

---

① 霍布斯广泛地在人类心理学上应用比较的观念。正如对权势的理解和比较有关，德性建立也是基于“比较”。而不是像古典德性论那样认为是灵魂内部要素自然形成的。《利维坦》第 49 页，“在所有各类事物中，美德一般说来就是以出类拔萃而见贵之物，存在于比较之中。”在霍布斯的语境中，这些美德以获得权势的能力为比较的基准。

② 这里中译本应该是根据 *appetite* 翻译而来，应译为“嗜欲”。参考《论公民》第 71 页 Richard Tuck Edited, *Hobbes: On the Citizen.*（Cambridge Texts in the History of Political Thought）Cambridge University Press.1998, p.71。

③ ［英］霍布斯：《论公民》，应星等译，贵州人民出版社 2002 年版，第 56 页。

④ ［英］霍布斯：《利维坦》，第 93 页。“每一个人都希望共处的人对自己的估价和自己对自己的估价相同。每当他遇到轻视或估价过低的迹象时，自然就会敢于力图尽自己的胆量加害于人，强使轻视者作更高的估价……。”

不过，至此为止“自然状态”初期仍然可以被看作“权势”斗争尚未恶化的阶段，“天然协同”让个体辐辏于尚可合作、竞争尚可忍的社会交往，其公共价值尺度也一再得到共识。此处的自然状态图景与熙熙攘攘的社会常态并无二致。

然而当合作果实成为他人觊觎和比价基础，起初作为交易原则的“权势”“天然量度”叠加“竞争、猜忌和荣誉”，轻易让人们陷入难以逃脱的战争。它真实地反映了人类行为无法用机械论描述还原的部分。下文会阐述自然状态恶化的进程与诱因，它使人类依赖的理性与价值连结成为和平的绊脚石。

2. “地狱之门”与永恒战争

霍布斯的人性论可能给很多读者与解释者一种错觉，尽管他声称人性普遍机理可以探知，而且处处可见的人性论普遍修辞，给读者一种他以天外视角俯瞰所有众生从而对每个人做出论断的感觉。但是他的理论设计中，自然状态并不是由所有人都激化恶性而成为人人彼此相战的状态。而是另一种社会机制在起作用。下文所涉及的阐释路径可能与解释霍布斯文本的研究者常见意见不同。实际上，霍布斯使用了两套平行不悖的解释，或可理解为一种政治哲学设计的障眼法。

首先，人类性情多元，并非所有人都“贪图更多权势”，有希望争夺“荣誉”者和喜好“吟咏征服的快感”者。[①] 争夺荣誉者可能更执着于价值攀附、竞争与占据，喜好吟咏征服的快感者则不必然执着于价值攀附，而是喜见新鲜目标的不断达成和抛弃。同时，人类社会中也有“自量得当”者，他们“应允自己的也应允给别人”，这些人“不折磨别人，只折磨他们自己”。舒适生活和温和竞争对嗜好侵略的前一类人来说就是无意义的死寂，然而对后一类人来说正是生活目标。自然状态中这几类人的“品行”分化毫不突兀，社会常态也存在这几类人的性情和生活行径的分

---

① ［英］霍布斯：《论公民》，应星等译，贵州人民出版社 2002 年版，第 5 页：“一个人的价值就在于他尽可能不依靠别人，那么与其他人的联合也就不会增加此人自豪的理由。”

别。人类社会常见此几类人群居混杂，但是这种“多元性”怎样成为人们进入战争的诱因之一？

下面论证侵略性的人格怎样启动了危险的连锁效应。霍布斯这样描述可能为害他人的“力量与动机”，从幼小成长到社会“合群”蜕变之前的状况：

> 婴儿和未受教育者全然不理解他们的力量，而那些不知道若没有社会就将失去什么东西的人并未意识到社会的益处。①

很少有读者意识到霍布斯在此处将“婴儿”和“未受教育者”的奇怪并置，实际上，在此处霍布斯在尝试用一种近似方式传达其对“自然状态”的“自然人格”的拟制，这种拟制就是“婴儿”（尚未社会化）和“未受教育者”（更多依从自然本能生活而较少被社会修辞的反思性所桎梏）的社会化行为的不稳定状态，这二者都表现为一种对社会性的无知和缺乏预见性——一部分也对自己在特殊处境下的潜在行为缺乏预见性。因此，上面这句话的描述并不必要完全理解为是对侵略性人格的犯罪画像（*criminal profile*），而是可以被宽泛地理解为对自然状态下个体求取和平的“意图与能力匮乏”的个体进行的描述。毫无疑问，这个理解是艰难的，霍布斯并不是在描述一种“反社会人格”，而是在描述多数自量得力者的过分纯良和懦弱的来源，以及那些对自身的侵略性和越轨天性了解并不充分和随着社会化进程逐渐习得“越轨人性”这一过程。

---

① 自然状态不必由于人性的普遍邪恶而进入战争状态。“the wickedness need not be universal to provoke war”，参考 Francois Tricaud, ” *Hobbes's Conception of the state of nature from 1640 to 1651: Evolution and ambiguities”.* in, *Perspectives on Thomas Hobbes*, ed G.A.J. Rogers, Alan Ryan. Clarendon Press, 1991, p.121. 事实上，在时间序列上，也可以看到自然状态不必一出场就是战争状态，具有偶尔协议和停战状态也是霍布斯预设允许的，只是霍布斯要求人们设想稳固政治体的建立是经过了很多次实验才得以成功。在自然状态向国家过渡中，经历了一系列并非徒劳的立约企图恢复和平的实践，这才使得有稳定可靠秩序的状态难能可贵。

如果说人类早年到青年教育进程是一个正面反馈的社会化规范过程，那么这种过程对社会中一些个体反而会成为一种反面规范的过程。个体成长逐渐“变得邪恶”的过程“借力”蜕变，由于一段时期藉由合作已经对他人的优缺点了解充分，也了解“社会赋予的益处和自己的力量”，意图侵略者占据了潜在的上风，他们利用权势竞争“梯度”和既存“信任”将原来合作者拖入战争，因为他们希望“吟咏征服的快感”，简单的荣誉的占有是不足以使其满足的。可以说，文明社会的蜕变和危机正是表现为，信任先有基础后被背叛，价值先被承认后被否弃，权势斗争的基础因此受到权势斗争的成果的威胁。社会和平合作的萌芽在特殊条件下直趋恶化、倒戈相向，这一点是解释自然状态恶化的研究者们很少注意到的。这是自然状态权势竞争快速进入雪崩危机的第一个要素。

第二个使自然状态权势斗争轻易进入死胡同的要素是：最初安定生活权势竞争标准的多样。这种多样性起到了类似罗尔斯“无知之幕”的效果，使人们揣测自己和他人不平等的程度，并倾向于高估自己。[①] 在和平生活下，这种权势竞争一定程度上缓和竞争使之在规范轨道运行，也通过多元权势竞争分流了一些更暴戾和野心勃勃个体的嗜血本性。但这种不平等的幕布的遮蔽有效性有限。在权势竞争恶化的情况下，由于时刻可能被迫进入同一唯一尺度生死较量，先前安定生活中尚未展示的“权势梯度”展示出来，这一权势梯度更多和蛮力相关——原先未意识到

---

① 这里需要指出霍布斯论证的曲折之处，霍布斯承认“进入贴身肉搏才会发现彼此不平等”，但是他也声称自然状态中人们彼此其实是不平等的，自然法使得他们被迫承认彼此的平等。似乎自然状态人们对彼此的观感是既是平等的也是不平等的。霍布斯并非玩弄词汇，自然状态仍然是多元化竞争的市场，社会多轨道的竞争尺度使得不平等被模糊了，人们无法争取一个统一的竞争尺度来较量。而战争状态中“生存”这个唯一的目标统合了所有竞争权势资源，唯一的竞争尺度是一个人统合并且整合自己原有资源用于攻击和防守的能力。因此自然状态中人们认为彼此“不平等”是指的某一些竞争的轨道，而彼此认为平等则是大致的估测，这种估测来自竞争力量的分散而不是可度量性；实际上，到了战争状态，人人都会真切地发现蛮力和机巧上个人之间实际上具有很大差异，因为尺度只有一个。所说的致死的平等是一种机会平等。

自己的野蛮本性的个体被激发出更危险的兽性，统合资源和力量进行战争动员成为首要，进一步意识到自己的“力量”不断激化了战争状态，而所有人都被迫放弃了在多元权势竞争赛道的比试，进入一个单一的尺度，这个时刻是自然状态进入地狱状态的开始，而国家公权力以及社会尺度具有的三类价值尺度“资格，身价，优点（应得之分）”都被悬置起来。“暴死”的尺度是专横的，因为它对人的生存动机思维有强大统御力，换言之，暴死的生存尺度对其他社会尺度具有互相排除的心理效应。这种暴力倾向潜伏造成的意识模式激发的本能之恶是超乎寻常的，人们彼此见面的第一个下意识估计就是“彼此致死的可能”[①]——关注人类肢体的柔弱与易摧毁性。令人绝望的是，酣战自然状态下对极端权力“比量”的估计锁死下意识第一判定，先于是否可能与对方权势合作的“价值”估价，从而形成自然状态下的思维的锚定效应，排除了多数合作和谈判的可能。

“自然状态”发展到暴露彻底的非人性之恶（*inhuman malice*），随时迫使个人贴身肉搏接受“暴死”对权势重新洗牌。[②]尽管霍布斯明言彼此“致死能力”似乎是相等的，但是他也说明“只有在战争中这种较量才是

---

① ［英］霍布斯：《论公民》，第一章第三节，第6页。“人们相互恐惧的原因部分在于他们自然的平等，部分在于他们想彼此加害。因此，我们就无法预期可以从别人那里获得安全或确保我们自己的安全。我们打量任何一个成人，都会看到，人的身体结构是多么的脆弱……那些交锋不相上下的人是平等的，那些有着最强悍的力量—杀人的力量—的人实际上掌握着同等的力量。”

② 比较［美］列奥·施特劳斯：《霍布斯的政治哲学》，申彤译，译林出版社，第26—27页。“人出于本性，先在他的幻想世界中生活，然后又在他人的看法中生活，因此，只有通过与他人的冲突，去感受那个完全预见不到的现实世界，他才能开始有现实世界的经验。他开始认识死亡——首要的，最大的，至高无上的邪恶，人类生活唯一的绝对坐标，对于现实世界的全部知识的出发点——最初只是通过暴力造成的死亡来认识的。”注意施特劳斯在这里的解释的精彩和他本人对人类本性邪恶的来源及种类的敏锐洞察有关，但对霍布斯的解释有绝对化的倾向。

可能的"，[①] 换言之，在殊死搏斗中人类社会可能进入真正的灭顶之灾——因为它开启了一种将所有人放在致死能力的生存竞争中，而彻底封锁了"价值与权势竞争"的相对温和有序的竞争通道。毫无疑问，这种试验对方致死能力的较量开启了"地狱之门"。稳固可信的合作没有保障，组织与联盟的艺术归于徒劳，即使结盟进入"不是孤立无援的战争"也不能免于暴死威胁[②]。从社会状态堕入自然状态是"无缝衔接"的，也正是这样的自然状态处境展示出原本具有社会化能力与意愿的个体，是如何一步步走入被动和彻底困境的，社会状态和自然状态在此处只有一线之隔。

3. 自然状态困境的核心指向

由此可见，"自然状态"困境的核心是"恶性循环"，人们过于聪明以至短视地采用策略，被迫都增加权势来促进生存，"当下的安全"是具有迷惑性的，所有力图逃离战争的努力和谋划越是狡诈并获得可观察的近期效益[③]（包括立协约和打探，暂时休战[④]）就越是将他们约束在战争

---

① ［英］霍布斯：《利维坦》，第 107 页。"在单纯的自然状态中，权力的不平等除了在战争的情况以外是无法看出的。"人们会避免进入贴身肉搏的境地来承认这种"平等"，即使结合为联盟彼此敌对也不能完全解决困局，《论公民》，第 10 页，"孤立无援的战争"可以被联盟取代，但是"联盟"的脆弱很明显，即使合作也最终指向非和平的目标，《论公民》，第 55 页。注意霍布斯把国家看作"小的联盟和兵营组成的政治体"，由此可窥见为什么不能够以同样的自然状态逻辑建立世界政府，因为自然状态预设了彼此熟知对方弱点和优点的人的交往和联合，但是各个国家之间先前没有这种纽带可以被暴死的恐惧加以利用。换言之，自然状态的形成和恶化，是一个"借贷"崩溃的例子。国家间根本就不会形成这种借贷所需要的一定程度的信任作为前提条件。对这个假命题的理解和另外一种对自然状态的解释并行，即将自然状态理解为博弈关系。其实也是对自然状态的误解。

② ［英］霍布斯：《论公民》，应星等译，贵州人民出版社 2002 年版，第 10、54—55 页，霍布斯《利维坦》，黎思复、黎廷弼译，商务印书馆 1996 年版，第 129 页。

③ 简・汉普顿也在检视了对自然状态的理性解释和偏向激情的解释之后，发现"短视"这个解释是更为合理地说明了自然状态普遍战争化的原因。但是她仅仅是从博弈的方式思考"短视"，也就是信息有限造成的短视。事实上本书力图强调的是但就人类的理性而言，无法预见其秩序的本质。J. Hampton, *Hobbes and the Social Contract Tradition.* Cambridge University Press, 1986, p. 88。

④ ［英］霍布斯：《利维坦》，黎思复、黎廷弼译，商务印书馆 1996 年版，第 13 章。

的场域。他们不知仅关注个人“自保”会进一步陷入这个逻辑，因而陷入迈克尔·澳克肖特称之为“自我中心主义的困境”[①]——不是人性“邪恶”所困，而是“没有看到最远端的因果链条”锁住了他们。在社会状态中本来视为福祉的彼此过分了解的努力，反而使“相似”与“互相依赖”在“自然状态初期”足以导致温和竞争，这种“互相依赖”与“相似”的心理认可机制愈加巩固秩序，却没有意识到它在某一刻会摧毁秩序的基础。自然状态和社会状态下人们的联合行为既是本能的也是盲目的，正如《论公民》中所提到的蜂群出于本能构成社群，浑浑噩噩地在安全的盲目幻想中代际更替，因为他们只知晓“协作与普遍的竞争联合”这些并未撼动根本政治生存的零散战术，却不知道安身立命的生存秩序本身可能有极大的危机。

至此说明，“权势”和“价值量度”的先天动机联合，决定了自然状态中社会关联基础，使人们轻易地进入普遍战争状态，而且“这种战争以其性质是永恒的”。所有人都是彼此陷入困境的原因，而恶化的自然状态会“自我维持”，除非所有人都决定逃脱。[②]这一系列论断显示，无论是“邪恶自利”还是“自然社会性”的预设，都远不足以描述自然状态

---

① 澳克肖特对困境的性质是这样认识的“对霍布斯的看法广为接受的解释是：对他来说，困境源于人的利己主义性格，……但当我们更仔细看，使利己主义（道德上的缺陷）突出出来的原来既不是道德也不是缺陷；它仅仅是被关起来的生物的个性而已。”澳克肖特：《〈利维坦〉导言》，《现代政治与自然》，上海人民出版社2003年版，第226页。

② 这一点可以从汉普顿在分析自然状态的要素时候定义的“互动属性”看出来，她承认这是在“一段时间”才产生的，但没有承认这个变量作为属性本身是随着秩序能级改变的。这是博弈论探讨模式带来的弊端，对博弈论思考模式来说，秩序的“互动属性”是一个产生之后在一定秩序下的恒定量。而本书意图说明，互动本身作为属性是和秩序的能量级改变的，自然状态有自己特定可改变的属性。而人们是为了见到这种属性的改变而行为的，无论进攻、猜忌还是协约，但是不可能改变波动的级别，因此是盲目的。J. Hampton, *Hobbes and the Social Contract Tradition.* Cambridge University Press, 1986, p. 8。因此作者无法理解麦克佛森的解读联系了物理性质和社会性质。“a social assumption is needed besides the physiological postulates.”她和其他人一样认为激进自然主义意味着社会属性都是次要的属性，比如说一门语言或者喜好吃咖喱饭。但是霍布斯“权势”和“估价”的概念涵摄力就在于将政治领域看作高度统合了自然属性的。

恶化的缘由，自然状态恶化的机制比表面上要复杂许多。而需要逃脱自然状态的路径，也就比简单加诸一个“利维坦”的权威要复杂得多——毕竟，如何期盼一群对自身与同胞的人性深渊一无所知的人了解和平的道路呢？他们连保护简单的和平竞争都是纯粹处于机缘巧合，无论这种巧合维系了多久或是多么牢不可破。

（二）逃离自然状态——信任到契约的自然法

上文说明，竭力保存和平的“自量得当”的人是被迫“卷入”战争。霍布斯阴郁地声称：“尽管人人都知道和平是好事情，但是仍然陷入战争，因为人们不知道战争的原因和和平的原因”。[①] 自然状态的困境超越了当时所设定的个体智慧解决方案。人们进入了这样一个秩序法则的运行领域，其中只有暴力是唯一尺度；文明社会习得的大多数关于谈判和协定的“公关”法则在此无用。

在自然状态的稳定与不稳定模态下，暴死的恐惧已普遍存在，怎样恢复对“舒适生活的期望”？ 明显计算权势的“算计理性”使困境无法解决。人们还需依从天性中另一种理性“自然法”——其核心是拟定“信任”作为秩序要素，这包括一系列社会心理外显标识及遏止纷争的程序设计。下文阐述的任务是沿着霍布斯提供的文本线索确定“信任”的意图表示方式（即标识 *sigh*）和信任的“能力”。基于“权势和价值”基础才能理解自然法围绕“信任”渐进讨价还价程序的繁杂。[②] 也只有理解何以繁杂的文明世界修辞会渗透到被错误地理解为如意义荒原（barren）的

---

① *The English Works of Thomas Hobbes of Malmesbury*, London, John Bohn, 1839, Vol.1, p. 8.

② 后来声称霍布斯的社会契约论里没有讨价还价的研究者在这点上可能大意了。霍布斯认为自然法中天然具有（信任）博弈特质，但是这其实已经成为研究者对契约主义者contractarisnm的误解，即认为他们大多由于目的论的影响，并不真的关注契约中重要的博弈行为，而是给出一揽子方案“说明社会或者政府的起源”。比如《剑桥罗尔斯阅读指南》“导论”的贡献者萨米尔－弗里曼写道：“从洛克，卢梭，康德这些重要的历史契约主义者（contractarians）没有一个将自己的契约奠定在经济式互相讨价还价上”。Freeman, Samuel, edited, *The Cambridge Companion to Rawls*, Cambridge University Press, 2002, p.19。

自然状态当中，才会把握何以自然状态设计在何种结构设计上包含了秩序的起点和终点。而这套起点和终点并不是通过利维坦这一神兽的权威恣意以强权奠定的，实际上与读者常见的误解不同，这套起点和终点有一个不那么明显可辨的过渡区间，它使得自然状态的终点和文明社会状态的起点首尾相接。

1. 自然状态的终点与信任的标识

前文已阐明霍布斯理论中权势和价值是不可避免的社会心理规律，它们和信任的建构紧密相关。因此，首先需提前铺陈霍布斯对“信任”的讨论。

“信任”看似是自然状态中最难维系的要素，在现代契约论者看来，这需要理性人共识才可达到，[①] 在现代契约论者的设计中，这意味着在利益和理性上达到某种社会共识。但是如果读者足够敏锐，会发现在霍布斯这里，问题的症结核心不是“能力”也不完全是“获得和平的意图”，而是在非常态危机情况下纠纷处理的心理技术应用。换言之，霍布斯笔下的自然状态人，不是愚蠢不擅长协商和谈判的野蛮人，而是不慎被卷入致命纠纷的社会人。而社会人即使被武装了谈判和理性的种种技术，也难以躲避前述堕入自然状态的秩序雪崩处境。这种失范处境下，信任根本就是不可能的。而现代契约论者习惯于预设在共同约定者之间信任是既定存在的，因为转身脱离契约的人不需要付出任何特殊代价，如果比较霍布斯时代所盛行的关于契约和约定的语汇，会发现这套语汇背后盛行的观念实际上是与信任救济高度相关的约定观，比如《旧约》中毁约则受到神罚的约定，或是马克斯·韦伯曾经在《古犹太教》、詹姆斯–弗雷泽在《旧约中的民间传说》描述过的部落契约下以族群血腥复仇为

① 现代对理性的信任和情感的不信任就体现在这一点。信任放在理性共识框架内讨论，而且和社会习惯对亲族的信任之不公正对比。罗尔斯则在预设公共价值观下进行，人们进入立约程序因为他们信任这程序或正义环境，这个环境由理性行为却互相相对冷淡的人组成。当代契约论预设公共理性从最基础自利订立的分配议题和决策的图景，而古典契约论将人类情感作为秩序的基本要素之一，因此就回答契约规范效力问题而言古典社会契约论更有说服力。

保障的约定观念。换言之，这类约定观念是一种被 17 世纪人所接受的与信任和约定相关社会语言的背景色，这套浓重的“背景色”下，“货到离手、一别两宽”的约定信任不是不存在，而是根本不会成为政治秩序语言的一部分。

信任的脆弱性是霍布斯利维坦中剧场化效应的来源。在《利维坦》第 7 章“论讨论的终结和决断”中，霍布斯认为“信任”的脆弱源于立约各方争执的两个要素：它既依赖于生活事实，又依赖于人们相信权威意见。“当一个人的讨论不从定义开始时，那么他要不是从自己的另一种想法开始，便是从另外一个人的话开始，他对这人认识真理的能力以及不行欺诈的正直胸怀都没有怀疑。在前一种情形下仍然称为意见。在后一种情形下，讨论关涉到事情方面的少，而关涉到人的方面多，其决断称为相信和信任。所谓信任是指人而言；而相信则同时涉及人和他所说的话的真实性。”[①]

这里读者可能要忍受霍布斯对概念的锱铢必较，“信任”包含对真实性（*veracity*）的“相信”和对他人善意与权威（*credence*）的“相信”，它与契约协商的“自愿行为”有着千丝万缕的联系？“感恩取决于事先的恩惠，赠与是自愿的，而一切自愿行为，对一个人说来，目的都是为了自己的好处。人们如果看到自己将在这方面吃亏，恩惠或信任也就不会开始了”。[②] 从感恩和信任推导出权利交付的确实性是整个自然状态逃出阶段进行立约的关键。换言之，自然状态的个体需要先藉此奠基信任的语义系统。必须记住，在自然状态剑拔弩张条件下，任何行为导向“信任”的标识性都须小心安排——因为在这一关键时刻，实质性价值的“公准”（*common measurement*）已随行为准则标准崩溃而消失，更准确地说，它倒不是真的湮灭了，而是不再被希望获得和平的个体所认同。

① ［英］霍布斯：《利维坦》，黎思复、黎廷弼译，商务印书馆 1996 年版，第 48 页。

② ［英］霍布斯：《利维坦》，黎思复、黎廷弼译，商务印书馆 1996 年版，第 115 页。

霍布斯的立约以“嵌入”自然法的一些要素构成的，这种要素和人们对彼此揣测的心理反应模式有关，即，对行为反应“标识”有很强的仪式性，没有这种对“信任”的估测、表达的规律，仅具有前两个要素（价值和权势蕴含的社会联合基础）建立契约根本就是不可逃脱自然状态的。

由此可见，读者必须全力理解《利维坦》第 11 章，它描述了一套文明社会的社会学。它说明了人们对自然权势、工具权势评价意见的“标识”方法（特定神态语言如“阿谀、示弱、冷淡”等），现代社会学称之为人类交往的面具或符号，而在霍布斯的语境里，它们被投注的兴趣都是朴实而实用主义的，“对自然权势、工具权势意见的标识”可以用来进一步协作基于理性对“未来”的考虑，而霍布斯的语境中“未来”这个词汇，与“力量”及“权势”相关。[①]理性自然法藉此设计彼此信任程度的一套固定心理学机制，其中包括一整套关于他人权势限制和让与的“标识”及可以接受的应对方式。[②]这套标识系统可以逐渐铺垫信任、解决进入“立约时刻”问题、渐进商议权利转移条款。对立约时刻至关重要的，同样也需要求诸自然法，对《利维坦》第 11 章繁琐的自然法进行一番概括，可以将这一系列宝贵的规范描述为：

> 当他人是可以信任并且不对我采取极端行为时，采取信任；
>
> 当这种信任随着他人权势进一步的自我限制得到明示[③]，信任可以增加。

---

① ［美］理查德·塔克：《论公民》导言，载霍布斯：《论公民》，应星等译，贵州人民出版社 2002 年版，第 255 页。

② 参考《利维坦》对于傻子的描述，傻子是那种放弃唯一的机会表示自己是合群者并且参与契约资格的人，傻子的铤而走险在霍布斯看来其实是“过分聪明的人”。

③ 关于标志“sign”的明示，注意关于背信者的例子，它揭示了社会信任水准的稳定性来源。如果背信者通过伪装守信可以逃过别人的信任检测，他就可能失去了以任何“标识”自己意图恢复信誉的可能性，也即：一旦被人发现就踏入与众多守信者对峙的“自然状态”就成为公敌，因为守信者彼此的标识已经是统一经过协调的行为尺度了，识别他这个异类极其容易。

基于2，会产生信任逐渐正面反馈链条的递增机制，才有可能发生盼望已久的“权利互相转让行为”，反之则信任“衰减”并后退到自然状态。

最初“权利转让”是关于“保证和平的意图”的基础条款——第一条自然法。这个阶段信任很脆弱，任何恐惧的“合理理由”都可使之倒退，甚至是“雪崩式的倒退”（即霍布斯在自然状态恶化为“地狱状态”的模态描述）。

渡过这个“脆弱的信任”阶段后，才可能达成其他关于“占有权条款”的协议。（第二条自然法[①]）这一阶段是立约前期的重要前提。

在这些自然法的遵守得到“信任的明示”（sighs）渐次确认后，才有可能真正保障方才“一蹴而就”奠定的主权权威之稳固。（余下关于主权奠定的条款）

换言之，只有自然状态中已经疲于奔命于“死亡游戏”中不断残杀处境下的人能够逐步依照上述戒条一步步依法行之，才构成一种逐渐建立彼此和平信念的社会氛围。这序列范围的奠定起源于、也依据于上述1—3条关于信任递增的社会表示（标记的展示），它的奠定基础不但是迟缓的——如果读者尝试设身处地推断自然状态下暴戾、急躁的个体心态，——在他们眼中这个过程简直是教条和缓慢到无法令人忍受的。不过，只有基于此背景，才有一系列“权利转移”条款的讨论，它们具体到关于恩惠馈赠、权利的先行让渡、契约的表示、集体对个人信任的误判和纠正等行为。不过，敏锐的读者一定会发现，这套条款绝不是缺乏教育背景的（野蛮）个体能够理解和遵循的，实际上，[②]关于特定契约表

---

① “当一个人为了和平与自卫的目的认为必要时，会自愿放弃这种对一切事物的权利；而在对他人的自由权方面满足于相当于自己让那个他人对自己所具有的自由权利。”［英］霍布斯：《利维坦》，黎思复、黎廷弼译，商务印书馆1996年版，第98页。

② ［英］霍布斯：《利维坦》，黎思复、黎廷弼译，商务印书馆1996年版，第14页。

示法则和立约者意志的关系，具有高度形式化、仪式化的特征，[①]它彻底地是文明社会的产物，带有文明社会中人类社会学而不是“原始人的社会学”的遗存，因此，几乎可以确定，霍布斯在《利维坦》第11章中设定的繁琐“非自然”的自然法，其实针对的不是野蛮无知的“自然状态个体”，而是被文明社会抛出、被迫和“愚人”和“不自量力者”一起进入可悲残忍的战争状态的个体（其中有相当多数是霍布斯所说的“老实人”），这些个体急不可待地希望从战争状态中逃离，对他们而言，自然状态的绝对权利与自由与其说是快意悠游不如说是地狱逃生，这一套合约与其说是羁勒不如说是保障，对那些多数“老实人”来说，这套自然法与其说是教育不如说是劝服（*persuasion*）。

然而，这样的确证并不如意让读者相信霍布斯的“方案”是有效的，如果一套自然法能够像“轭”一样约束所有自然状态（法理地位下）的手脚，我们如何确信立约者有意图和能力确保自己立约和守约？什么样的契约是有约束力的？有什么办法能让那些暗中逃脱自然法约束的人得到整个共同体的预警和惩罚？这些都是在立约生死时刻需要注意的细节，否则无法逃离自然状态的终点。

2. 文明与野蛮的衔接点——作为信义网络的自然法秩序

作为社会秩序的起点，下文会描述自然状态下个体的不稳定的意图怎样和社会互惠相交织，以及自然状态的人怎样一只脚踏进去、一只脚却在地狱之门里面，逐渐遵守契约的。这里的论述出现在《利维坦》最长的一章——也是全书最耸动人心的一章，但是不知道何故常常被广大读者忽略。实际上，霍布斯这位令人不安的写作者，几乎是在这一页（中文版自然状态“狼人论”下一页）立刻转换一副面目，变成了一个絮絮叨叨的道学家，要求人们遵守条文繁琐冗长不堪的自然法。毫无疑问，没有相当社会理性是不可能对接“狼人”的心性的。

或许读者会问，即使“自然状态彼此猜忌的个体”愿意接受和履行

① ［英］霍布斯：《利维坦》，黎思复、黎廷弼译，商务印书馆1996年版，第101页。

彼此恩惠的自然法，但是刚得到和平的群众中，会不会出现一个独自撕毁契约的“愚人”，并危及契约的稳定性？任何一个文明社会在集体防卫事务上都会恐惧的问题即在于此：当所有人为安全条款约束自己的自卫权，那么少数越轨者如何防范？这里的关键问题是，意识到自然法作为一种信任恩惠网络，本身就希望它能够杜绝稳定性丧失的可能性——愚人将会面临来自其他“老实人”联合起来的制约。这个时候，读者可能才会发现，为什么霍布斯厘清自然状态情境下并非所有人都有实质性恶意，这个重要的区分并不是一种托词，而是一种敏锐的社会学的洞察——多数人宁可懦弱持守、小富即安，破坏自然法者实为奸巧横逆之少数，而霍布斯的设计实为这少数人计。他的契约论设计要做到的不仅是说明这少数人为“破坏者”，而且是要说明这少数人为“毁约者”，破坏君主国秩序则罪在治安，而破坏共同体意志者则与人人之艰难和平之善业与善意为敌，二者之罪愆不可同类相抵。

“立约的自然法”并非纯粹外在形式，它要求明示彼此立约行为是“集体恩惠”，而不是少数几个人互相求取和平（结成盟约就自以为安全）。《利维坦》第 15 章论述“感恩”这条自然法[①]必须结合前几章节对“感恩”行为的洞察：感恩者和施惠者应预期的反应基于原先社会交往规律。而在自然状态下，个体之间的关系在迈入自然法的安定秩序，就构成一种“共轭”的约定关系，也即彼此都互为恩惠者，作为恩惠者互相承认的关系需要在这一社会交往规律中得到一再“外显仪式与标识”的确认（*confirmation*）。这种规律在“论人类品行的差异”一章先于讨论自然法和立约的章节提到[②]：“不应让施恩者感到失望”。在霍布斯的整套自然法设计中，“报恩”作为人类社会性的基本表达，不仅是道德戒条（*precepts*）更应是信义秩序标识性的社会规范，它支撑了整个契约论传统最核心却又最容易被“交易型契约”漠视的理念：先行让出权利一方

---

① ［英］霍布斯：《利维坦》，黎思复、黎廷弼译，商务印书馆 1996 年版，第 115 页。

② ［英］霍布斯：《利维坦》，黎思复、黎廷弼译，商务印书馆 1996 年版，第 74 页。

应受到相应尊重——因为“所有让出权利的人都期待未来的好处”这个互惠的期待正是基础性的社会心理预设。[①] 而这种心理预设实际上蕴含了“良好意图”这一与近代“约因”理念紧密关联的要素相关的，也是契约论和仅仅关注交易范畴的商业契约得以区分的标志。

为了确保在漫长的集体生活中，宝贵的信任—互惠网络得到最基本维护，“契约的自然法”也特地提到在无法履约条件下，让立约者尽力根据契约“价值”履约的境况。这说明在霍布斯的设计初衷中，这套自然法协定不是简单的戒条，而是一套秩序的完整的信义网络，它不仅关注信任的达成，也需要关注信任损毁需要的补救机制。协议达成不仅需要“初始意愿”，还要求各方在“立约时刻”就对于表达各自的“价值”以履约的形式有“共识”，并且对于“补赎”的救济与价值梯度有进行规定的方式。否则不按“最大价值”尽力履约，则可能再次退回彼此不信任的境地。这里的“价值”涉及到各自对立约各方“权势和权利”的承认、尊崇与鄙视对象的态度、对“时效”的认定等等原先在《利维坦》第 11 章与第 8 章就已经出现过的内容，[②] 因此可以说，这里的价值补赎相关的救济条款，其实都是在恢复而不是在凭空建设一套社会性的信义网络。

由此回溯，霍布斯在《利维坦》第 8 章对这套心理反应模式[③] 借由自

---

① ［英］霍布斯:《利维坦》，黎思复、黎廷弼译，商务印书馆 1996 年版，第 100 页。如果读者有兴趣，可以追溯私法中的“约因”观念。也即，契约之所以成立，在不仅仅得益于简单的在场交换，而是包含了某种与未来善意与诚信相关的“预期”。而这种预期完全是社会性的，绝不是恣意形成，恣意取消，哪怕是不熟悉的订约者之间这一法则也通用，因此“约因”在这个意义上成为勾连完全陌生的立约者、尤其是勾连前文明状态（自然状态）和社会约定状态，以及勾连不同约定状态之间的过渡。因此可以说，所有的契约都奠基于之前的社会规范具备一个最基本的对善意、诚信的意思表达。这一表达如果可以跨越族群、国界，也可能跨越其他界限，从而构成文明边界的融通。当然，这是可以提出“外星人问题”，即如果外星入侵者和地球打算立约，如何寻求这种“预先的善意和诚信的意思表达”？这就不是本书可以讨论的命题了。

② 一个人可以产生的价值以及可能保卫这种价值的权势，其实可以在霍布斯的语汇当中总称为权势。

③ 出现在《利维坦》前八章对从“感觉”到人际交往的心理模式到权势竞争的群体现象分析。

然法对“履约边界”案例的详尽分析才能够得到完整的把握。鉴于在自然状态这一危机重重的时刻，强调谨小慎微“不遗余力”达成协议，“契约的自然法”实际上成了“从无到有”千钧一发之际、逐步累积人类彼此信任限度的标尺，在构建并巩固了渐进的信任—互惠网络之后，多数人承认彼此的和平是“集体恩惠”得来的宝贵成果，理性的自然法是站在和平边缘的人们决定是否逃离的导航灯。

可以说，“论人的品行”一章中，霍布斯做了一个很重要的贡献，即对人类文明社会下的微观心理学做出了学究气的描述。但是，这一章在霍布斯整个国家理论中的重要性被读者忽略了。霍布斯在论及“权势”和“价值”时，不是在掉书袋，而是在苦心孤诣地提取自然状态中本来可以趋向和平与稳定的社会规范的根源的要素。这一难再追溯的社会心理机制表里互嵌，反应机制互相牵制，霍布斯对其加以描述和构建的核心要旨在于必须能够找出那些在自然状态中随着斗争的生发始终存在且并不随着斗争削弱而削弱的那些要素，而这些要素是普遍存在的——在文明和野蛮状态下以人类心灵的自然机制存在，这点可以参考卢梭在《论不平等》中类似的描述。因此，当读者以为霍布斯在大加挞伐人们的欲望“野心、荣誉”，故将自然状态危机的形成归咎于人性本恶，其实是误解了霍布斯的另一半故事。

在战争暂时消弭，敌意削弱时，这一争斗要素不会因此而消耗殆尽。否则依据愿意谨慎生活的“老实人”的意图建立稳定的阶次秩序无从谈起。不仅如此，人类的野心和欲望不是一种被压迫的要素，而是随着斗争局势变化快速消长的要素——这对和平稳定不利。这一来自人的天然社会性、趋向和平稳定的维度在“预先置于”人性中的假设中才有可能。只是需要伪装为一种完全中性、似乎天然趋向于求取野心的权力欲望，才容易被常识接受为普遍存在的社会现象。毕竟，求取和平的野心本身丝毫不和求取恩惠与“跃跃欲竞”的温和野心冲突，前者提供了良好的规范和评价制度，后者也是依循前者才得以得到社会价值的意义趋向。此为人性常态——最重要的是，它也是自然法得以运行的常态。

因此，可以看出，霍布斯的自然法中，“信任”既是“自然产生”的也是“人为拟制”的。它基于自然状态下人性的反应规律，是“即使进入国家也不能改变的部分”，因此是“自然”的；通过设计信任的“仪式标识”，立约对个体“不法”的欲望作出限定，也正是一个对“信任”和“不信任”进行制度化标识的过程，是“人为的”。此外它还是“理性”的，因其指向对“未来”秩序价值安排的合理期望，并确认允许其正常存续的意图，也即盲目、不法的人性造成的“必然的自然惩罚”①。

如果按照霍布斯的语境，这套构建“信任”的“意图”悖谬地产生于“恐惧”；而至关重要的维系信任的“能力”却产生于“自然状态”下已存在的“权势”与“价值”的比价心理机制，若非如此，则整套社会秩序从战争状态下进入稳定与互相维护的信义状态无法想象。所以，进入社会状态后国家法律规定也要基于这些“自然模式”标准，自然状态人自微小动机至外显社会行为的推演都根植于这一套看似平庸无奇的秩序规范之内。

最重要的是，这种“信任”由于人性本源的机制，必然要置于某些人或者物的社会关系中，绝不会孤立存在。②因此“为联盟取得更大的信心和认同”，必须利用社会心理和行为的客观规律，而非凭空假设人类理性可达和平。这可以恰当解释为“顺势疗法”。③这一摆脱自然状态的努力采用的温和的设计立约、恢复信任的仪式化标识、恢复正常的社会价值竞争，可以用来反推霍布斯“自然状态”的完整图景，这一图景不但

---

① ［英］霍布斯：《利维坦》，黎思复、黎廷弼译，商务印书馆 1996 年版，第 287 页。

② 优秀的政治思想史家汉娜·皮特金声称我们无法通过将所有社会义务都置于讨价还价的背景因为社会纽带使我们受恩惠于人时，她反对的并非霍布斯的观点。正是考虑到人们如此深地需要依赖他人权势的保障以及与之密切相关的合作之信任，他才设计自然状态来阻遏人们在无意识中产生的合作危机和信任的坍塌。［英］莱斯诺夫：《社会契约论》，刘训练译，江苏人民出版社 2006 年版，第 116 页。

③ 奥克肖特的分析颇具启发意义：“解救之道在于自然的发源地，……无论是在这种情况下还是在这种论证中都不存在断裂，这种疾病的解救方式是顺势疗法的方式。(*Homeopathic*)。”迈克尔·澳克肖特：《〈利维坦〉导言》，载《现代政治与自然》，上海人民出版社 2003 年版，第 204 页。

与“狼人之争”天差地别，反而在理论上与洛克和卢梭相当接近了。因此，霍布斯的社会状态的起点来自于自然法，而不是源于神兽定位的强权，才是解除自然状态之危机的关节点。

（三）自然状态危机的实质是理性不足吗

前文描述了自然状态逐渐从萌发、和平急速衰败的过程，这也包括暂时结盟引发的“联合”。但是自然状态困境实质是什么？尽管仅凭一条足以落入进入生死竞争如激情强大、理性软弱、语言易错，但这是否足以说明自然状态困境的实质？近代“博弈论”提升了自然状态雪崩式失序的归因“信息不充分”和错误选择被看作困境根源。但是自然状态问题是否是“错误选择”的结果？毕竟对信息的无知可以用“沟通”来解决，但是对深陷“秩序”模式的无知则需要远比“信息、理智贫乏”更特殊的视角。综合上文描述，可以重审自然状态这一情境假设本质：第一、自然状态是什么？第二、“恶化”怎样发生？第三、脱离途径？

第一、“自然状态”是什么？根据霍布斯的设定当缺乏慑服公权并缺乏社会契约互相约束时“天然激情就使他们处在这种状态”。这是人们普遍接受的自然状态假设定义。他一再提及“纯粹的自然状态”通过描述激情（竞争、猜忌、荣誉）强调冲突状况和自然状态具有和平共处的条件[①]却仍难保障和平。并非简单的人类史追溯，而是逻辑位置的推断，才是自然状态作为假设和情景设计的实质。

第二、自然状态的恶化是怎样发生的？进一步说，人们从本来合作处境堕落到自然状态的绝对战争，怎样努力却都难以上升到真正和平，这个现象是逐步形成的、而且是由社会性的积累为先决条件。自然状态恶化和这种境遇持续不需要人人皆好勇斗狠，“全员恶人”普遍预设不必要，论贤愚善恶均可速成恶境。“普遍的猜忌”本身也不是症结所在，努力求取和平的自卫行为（包括联盟）才使所有人卷入斗争。因为在备战

---

① 基本的产业，家仆，以及求和的行为如订立停战协定，打探敌方的意图等。

筹划中人类最易展示较量“彼此致死力量”统一尺度。这是霍布斯自然状态“悖论”——自然状态的人是易怒、缺乏政治远见又自恃理智的可怜人。自然状态的恶化和社会状态激战的状态再相似不过。

第三、怎样逃脱自然状态？解释者多认为彼此猜忌个人无法逃离自然状态。因此得出“暴死恐惧论”解释。是“激情”让人们脱离自然状态！但是这种解释困境无视霍布斯并不吝于赋予人类以“同等可用”理性——它贯穿从自然状态筹划自卫战略到立约建立国家始终。从他尽力设计“信任”标识阻止人们表达对彼此敌意以防止冲突升级时，可见人应被教导“表示”自己希望得到与给予“信任”——借助他人的权势来保卫自己，从而从这种致命竞争中逃脱。

霍布斯其实早就给出了答案，是解释者的偏颇让他们错失要害，仅仅揭示了一半理由并对另一半视而不见——脱离自然状态需要“拉力”（对舒适和平生活的希望）和反面“推力”（恐惧）。考虑很难在协定立约的“意见”上达成一致[①]，霍布斯通过为享受安定生活增加砝码“双管齐下”——不但证明人类天然社会性容易不知不觉贬损到骇人的地步，也通过自然状态利益纠葛之深说明社会性并非不存在，只是保障信任的“能力和意图”自然形成的社会约定并不稳固，需要用契约和公权加以建立而已。特别需要说明的是，“逃脱”自然状态所需的理性自然法与“保卫”自己的理性并非一种，但是都需要（从不同角度）着眼于保障信任的“意图”构建，即构思的实践智慧采纳“自然法”。单凭自保伴随的“恐惧”根本不能产生脱离自然状态的力量，因为恐惧本身不会让人疲惫和求取稳

---

① 在《论公民》第一章第 2 节，霍布斯说明人类天然社会性表现在小团体性质上。人性高傲自矜加入小团体彼此猜忌，好勇斗狠，比试对他人的蔑视。这不需要否定亚里士多德对人类由家庭组成过渡到村落和国家的自然演进理论。政治生活的复杂性在于它是由政治人和不足以具有政治性的人（容易被操纵者）组成的。就这个意义讲，孟德斯鸠的说法比较适合对照霍布斯眼中政治阶层性格分化：贵族失之残忍、平民失之贪婪。在本小节叙述中霍布斯描述的“安分守己的人”特别属于后者，因此几乎是被动地被卷入自然状态的斗争的。现代政治哲学在很大程度上受到对强调冲突解释的影响，对秩序的解释以冲突为前提。相比之下，乐观地认为神启秩序或者自然法可以安排人类的和谐相处，被 17 世纪的理论家视作沉疴。

定，恃此建立和平只是一时之计，最多能够暂时建立类似蜂群联盟的“自然”的联合，却无法牢固。因此，读者经常误解的“霍布斯孤注一掷地依靠恐惧而强迫建国而不诉诸人的理性”这个印象是靠不住的。

以上探索澄清霍布斯的古典社会契约论力图解决问题和理论假设布局的细节。只有理解霍布斯在何种意义上谈及“自然状态”“强迫”性，才能清楚他依据社会纽带要求公民“尽力”（for utmost endeavor）遵守“义务”，以及他理解秩序的失效如何能够从社会有序状态背后反推出来。

三　自然状态假设到立约建国

（一）霍布斯语境下的联合问题

前一节通过分析自然状态的社会性论述人类自然联合的“自然状况”，论述了自然法在霍布斯理论中的规范意义。解决政治秩序的建立和维系问题，最重要的是摒弃那种通过仅凭借利益、目标一致就可以保障的表面看法，因此自然法（尤其是所订约必须被遵守）被保障还需要更多东西。正如霍布斯力图劝服读者所相信的：人们之所以认为现有的那些房子是好的，是因为他们没有见过真正好的房屋。假如想审视不够好的房屋在历史上如何坍塌，就必须思考它是怎样被不佳的设计者败坏的，上一节提到的自然状态其实是这种建立于不佳设计的政治架构的必然后果。可见，“不完善的约定”以及并未透彻省察人性根基协定产生的约定秩序距离恶化的自然状态只有一步之遥，既然约定论成为人们盲目信从的标准，置理论的房屋于随时崩塌的危险之中，什么是真正好的“房屋”？其界安立？下文将会分别叙述霍布斯立约建国的过程，进一步说明他怎样贯彻对约定论秩序的批判。

（二）建国契约的版本歧异

1. 两种建国立约：创制法人还是授权契约？

政治思想史传统一般承认，霍布斯为代表的契约论者在近代国家建立的话语中具有独特意义，[①] 迈克尔·澳克肖特将其列为近代欧洲政治思想史传统三种传统模式之一。在“《利维坦》导读”中声称：“以柏拉图《理想国》为代表的“理性和自然”主导的模式，以霍布斯《利维坦》为代表的“意志和人造物”的模式，以及黑格尔《法哲学原理》为代表的理性意志的模式，是近代欧洲政治思想传统的三个模式”。[②]

不过，“意志和人造物”并不是全然回避自然的人为设计，建构一个政治秩序的问题在霍布斯哲学体系中并不是以“什么是好的政治制度”这一古典政治哲学问题开端，而是以“避免无秩序”为开端、以“好秩序”为目标的。而在其理论中，从逃脱自然状态到立约建国的进程同样有明显的理论修正过程，不是一成不变。后人评论时引用最多的是其戏剧化色彩的成熟版本。在 1651 年《利维坦》中这样叙述国家主权权威的创立进程：

> “如果要建立这样一种能抵御外来侵略和制止相互侵害的共同权力，以便保障大家能通过自己的辛劳和土地的丰产为生并生活得很满意，那就只有一条道路：——把大家所有的权力和力量付托给某一个人或一个能通过多数的意见把大家的意志化为一个意志的多人组成的集体。
>
> 这就等于是说，指定一个人或一个由多人组成的集体来代表他们的人格，每一个人都承认授权于如此承当本身人格的人在有关公共和平或安全方面所采取的任何行为或命令他人作出的行为，在这种行为中，大家都把自己的意志服从于他的意志，把自己的判断服从于他的判断。这就不仅是同意或协调，而是全体真正统一于唯一人格之中；

---

① 卡西尔认为，霍布斯的契约论是将契约精神在后代国家论中普遍化的一个例子。［德］卡西尔：《国家的神话》，张国忠译，浙江人民出版社 1988 年版，第十三章“新斯多亚主义的复兴与‘自然法权’的国家理论”。

② 迈克尔·澳克肖特：《〈利维坦〉导读》，载《现代政治与自然》，上海人民出版社 2003 年版，第 175 页。

这一人格是大家人人相互订立信约而形成的，其方式就好象是人人都向每一个其他的人说：我承认这个人或这个集体，并放弃我管理自己的权利，把它授与这人或这个集体，但条件是你也把自己的权利拿出来授与他：并以同样的方式承认他的一切行为。这一点办到之后，像这样统一在一个人格之中的一群人就称为国家，在拉丁文中称为城邦。这就是伟大的利维坦（Leviathan）的诞生，——用更尊敬的方式来说，这就是活的上帝的诞生；我们在永生不朽的上帝之下所获得的和平和安全保障就是从它那里得来的。”

霍布斯建议的政治秩序除了对意志和判断的服从等要素外，还申明它“不仅仅是”“同意和协调”。这个版本社会契约显示秩序建立时刻的国家，由一个彼此转移权利的“社会契约”和一个主权人格选派的“意志行为”结合而成。不过这个设计脱胎于早期著作《论公民》，两个著作中“立约建立权威”的版本差异明显。下面阐明《论公民》中立约过程，凸显“立约时刻”变化与自然状态结构性设计的变动关联。霍布斯在1642年的著作《论公民》第五章“论国家的起因和产生”中写道[①]：

当他们每个人通过与其他人的协议迫使自己不能违抗他已经服从的那个人或会议的意志时，也即不能组织那个人或会议用财富和力量来对付除他自己以外的其他人时（因为他被理解成保存了使他自己免遭暴力侵袭的权利，）这种使所有人的意志都服从某个人或会议的意志的情况就会出现。这就叫“联盟”（union）。会议的这种意志被看成是构成这种会议的成员的多数意志。

这个意志本身的确还不是自愿的，而只是自愿行动的出发点。（因为我们不是从意志到意志，而是从意志到行动）。因此，它还没有经过深思熟虑，并不是协议行为。不过，一个人让自己的意志服从另一个人的意志，就是向那人转让了自己运用各种力量和资源的

① ［英］霍布斯：《论公民》，应星等译，贵州人民出版社2002年版，第57—58页。

> 权利，其结果就是：当其他人同样这样做时，接受他们的服从的人也许就能通过使他们恐惧而将个体的意志联合成整体，达成一致。
>
> 这样形成的联盟被称作是“国家”或“公民社会”。它也被称作“法人”，因为他们所有人共有一个意志，而他被看成是有自己权利和财产的一个人格——这有别于所有特定的人某个具体的名字。因此，既不是公民个人也不是所有公民的综合（除非他代表了所有人的意志）被当成是国家。国家［按其定义］是这样一个人格，即它的意志通过若干人的协议被看成是他们大家的意志，它可以为共同的和平和防卫而运用他们的力量和资源。

初看文本，《利维坦》中强调了个体立约建国形成的“意志”累积的阶段性，以及在何种程度才称得上是“协议行动”，进行了决然区分，并与“自愿行动”这一现代契约论者视为基准的心理状态相区分。然而，在《论公民》中没有社会契约建国脱离自然状态的戏剧化表述，这种脱离似乎是自然而然的，仿佛自然状态下的人出于某种不变找出了一种传统政治智慧耳熟能详的联合方式——可见“神兽”猝然降世是《利维坦》时刻的发明，而《论公民》写作时期，霍布斯还没有准备好将其描述为一个缔造法权权威的时刻。这前后版本区别可以概括为以下四个方面：

第一、二者立约的差异结果：一个是授权契约，一个是创制法人。

换言之，授权契约意味着霍布斯所想到的是洛克式的“牵线木偶”权威，其过程是简单的“联合”（union）和“一致”（accord）。而创制法人意味着缔造一种自己可能无法控制的权威，这就是凝聚到惟一意志高度的“国家法人”。二者区别甚大。此外，他并没有在《论公民》中区分特定形式的国家人格，只努力说明“除非代表所有人意志”公民整合才算是公民人格。

第二、进一步说，在《利维坦》中“意志”和“行动”之间的差距比《论公民》大得多，从二者所缔造的约定权威的差异来看，前者比后者清晰许多。

《论公民》中群众的集体意志还不是“自愿的”，不过是自愿行为

"起点"，其联合不是"协定行为"。[①]联合约定并非出自"深思熟虑的协定行为"这一埋伏，已预示霍布斯在《利维坦》中，对"深思熟虑的行为"大做文章。这一理论设定反映了长期困扰霍布斯的"协定行为"的困境——何种行为能算是"有效奠定的契约行为"，据以奠定公民义务的基础？就历史背景而言，单纯约定使得联合的理据过分空虚，这随着内战愈加明显，"国家法人"的形象代替了简单的联合的约定，才逐渐随着内战危机需要才鲜明起来。

另一方面，集合（Union）权力行为及人民作为一个整体的"行为"，和判定为主权者自己"熟虑行为"（deliberation and act）这三点在法理上区分不明确[②]。尽管在《论公民》中，霍布斯将公共人格区分于"既不是个人也不是联合起来的所有人"，但是在《利维坦》中，霍布斯就很明确将这一思路表述为"联合和协调"。在《论公民》中用"联盟"说明具有公共人格却不具有完整权利和最高身位性权力实质的结果，用"约定"来说明《利维坦》中真正深思熟虑的意志产生的交付所有权利约定创生的公共人格，这一人格不仅是成熟意志行动的结果，最重要的是公共人格不再只具有半截权利，而是完整上帝人格具有的权利。

第三、联合集体进程导致的"联合法人"的地位差异，最终导致稳固性的差异。

在《论公民》中"联合起来的集体"是初具"自己权利和财产人格"

---

① 我们或许可以认为"will, only as the starting point of voluntary action". 指的其实就是《利维坦》中提及的初始动机，霍布斯为"动机"提供了独特的伦理用途。杂多的endeavor冲击才会产生最后一个意志will, 也即voluntary action. 这就是霍布斯所展示的社会心理层面的微观链条在立约建国层面的映射，前者是意志到意志的"个人版"。

② 其实就是人民的意志和要求在传达给主权者或者主权议会之后讨论，协商的过程就变成了主权者的deliberation. 这里的区分其实是过程意义上的。作者没有说，主权者得到这个人格，人民就没有了。他确实在考虑，当主权者力图调动集体的力量的时候，操纵他们的意志是需要另外一种方式的——用恐惧来压服，因为"他"清楚地意识到"自己的意志"在法理上仅仅是另外一种意志，而不是具有唯一合法性的国家意志。作者这里的思路其实是主权者得到了授权者的恩惠。不过在17世纪之后代议制政体在法理上显示它可以自圆其说。关于霍布斯揭示的代表制与意志问题和议会的关联，参考理查·塔克为《论公民》写作的导言，［英］霍布斯：《论公民》，应星等译，贵州人民出版社2003年版，第269页。

的“人格化权力”的雏形。在《利维坦》中一出现就被认作具有上帝式的无限权利，避免公共人格可能被保有自卫权利个人颠覆之虞。这也是承认了“他们所有人共有一个法人的意志”，却使这个公共人格在力量和资源上并不具有同样的绝对权利失衡导致的隐患。

第四、“恐惧”在脱离自然状态的地位并非一蹴而就。

《论公民》是在联合之后，才提及“也许就能通过使他们恐惧”达成一致。而在《利维坦》中，则明确将恐惧放在从联合行为与动机到“熟虑约定”行为的分岔点上，“恐惧”在自然状态胁迫的时刻起到“节点”导向作用，使人们意识到“只有一途”而不是以“也许”这个词汇掩盖的犹疑判断。

这两个版本的实质区分何在？很明显，在《论公民》中重点是对“联合”的界定，作者强调立约力量集合和意志服从。这显示，早期霍布斯对政治秩序的构想仍服膺于亚里士多德式的秩序建构模式：人类秩序是“自然演化”的联合。《论公民》的社会契约不仅仍脱胎于传统政治哲学，对冲突根源的思考也不如《利维坦》中细致，在某种程度上契约和人格论的关系也未能阐释清楚，这就是为什么他认为所有“个人”服从就足以让所有人联合并达成一致。这对于冲突根源的模糊与对联合产生惟一主权肯定性的虚弱，也导致《论公民》中建立主权人格的虚弱。

尽管在《论公民》中霍布斯确实也提到了用“恐惧”来阻遏对统一的干扰，却没有很好阐明怎样用“恐惧”联合个人，只模糊地提到：“通过接受这些权能就可以通过引起恐惧将分散的个人意志统一起来”。这说明，作者并不太确定怎样统合同一个时刻出现的三个法理地位各异的“群体意志”(“群意”①)，尤其无法确认三者的“位阶”差序。这三个法理地位差异将要通向“主权法人”论证对应的统一意志分别是：因恐惧暂时联合的分散的个体产生的对恐惧下暂时局面的认同、恐惧中接受

① 此处可以借助卢梭的“公意”对照理解。或者以一个历史局面为例，当英国遇到君主流亡的王位过渡期会导致的认同变化，诸多贵族作为“群意”的提供者就属于这里所说的三个法理地位各异的群体。尤其当有贵族借此拥兵叛乱的时候这种歧更容易看出，其实在政治论辩背后就是对“三个法理地位各异的群体意志”的描述。

“权能”宰制并暂时接受主权权威紧急创制的半信半疑的对新制度规范的泛泛认同、对捍卫法律与秩序有功的个体就新集体权威应分享可约定兑现的许诺的认同。这三个法理地位差异的“统一意志”只具有表面的统一，而实为隐患重重。

霍布斯如此设计，其基本意图是保障国家必须有一个“具有自己财产和权利的主权个人”所具有的功能。也正是在《利维坦》写作中，他意识到不仅联合需要精心设计，“主权人格”若非经过进一步设计则不具有真正最高人格之权利，必然因匮乏或内斗失败。解决方案也就是使主权人格高于集体联合，而另外两个法理意义上同时出现的主权人格则必须消失。因此，在《利维坦》中作者温和犹豫的面目彻底改换，亚里士多德主义色彩消失，为了对绝对主权人格的设计造成最大统一威慑力，不但对个人高度原子化地位有精准哲学阐述，还去掉《论公民》第一节对人性倾向联合“却无力像爱同胞那样联合彼此”的宽允。

同时，《论公民》中每个人仍然有“自保的权利”这一状态，与自然状态中的“彼此威胁的联合”是逻辑上等位的；在秩序建立的过程方面，普通的联盟（即便带有公共人格）代之以另外一种“创设人格”的社会契约，授权的色彩随之淡化，主权者横空出世不受授权者的“恩惠”，看似它需要感谢个体愿意出让权利的求取和平的自然法期望，然而这个期望本身却来自某种绝望的处境。最重要的是，尽管他们和《利维坦》中的个人相同，希望依恃主权者得到和平，但主权者不在授权关系中作为一方，独享任何人都没有的权利，而这个预设条件在《论公民》中已出现，却没有被很好地融合到关于主权者权能的叙述中。

可见，在《利维坦》中出现的社会契约进一步强调的是如何“竭尽全力”（*in utmost endeavor*）帮助这个已形成的统一意志。因此，霍布斯抛弃了《论公民》中的授权契约——以统治者和被统治者分别为一造形成的“授权—义务”模式，这一模式在根本上使得主权者成为授权方的牵线傀儡。尽管《利维坦》新出现的要素只有“代表”一章和“恩惠—权利”并行论述一小节，大部分要素都是《论公民》和之前的《法律要素》一以贯之，但是《利维坦》与之绝然不同，清晰地显示了霍布斯在理论成熟时期社会契约论设计的根本意图。在创造人格这一点上，最大程度上利用了人格化政治理论可以赋予秩序“意志化”的独特优势，巧妙避免了社会契约论的内部困境。

此番理论创新也进一步将1642年的亚里士多德主义者霍布斯和《利维坦》的写作者霍布斯清晰区分开来。可以说，正是内战的恐惧使得他从“简单呼吁联合”的倾向转向了对“人性胁迫性”的强调，将这种胁迫的最深根源借鉴斯多亚学派擅长的归咎于“意志软弱”（*Akrasia*）的方式，以对绝对主权权威的形式表示出来。而读者也从另一个论证支线的暂时淡化会发现，从自然状态逃脱需要的求取和平的意图，逐渐逊色于新创生主权者的至高权威，成为保障契约维系的真正纽带了。

2. 对立的解释和背景推测

尽管此番契约奠定，使得自然状态个体在自由中选择了放弃绝对自由权利，进入专制权威的统御状态。但是，霍布斯契约背后的理论意图即使对同时代人来说也是明显的。何以“授权约定”使用障眼法以至于自然状态个体丧失了本来据说就有的绝对权利呢？这种理论设定真的是必要的吗？尤其在现代关注自由平等个体的理论设计者看来，从绝对自由的乖张个体走向一个更平和的立约方式，完全是可欲又可能的，为什么产生一个如此古怪又胁迫性的理论转变？

对于这个转变学者们有不同的解释。有些人认为社会契约在霍布斯理论中是一个伪装的“约因”，[①] 也有人认为《利维坦》中第二个“创立人格”的约定比第一个“转让契约”多了一层，也即实质上仍然是“双层”的社会契约，包括社会的联合（平行权利的互相转让）和统治权的确立（垂直契约）两种。但是，这个说法不妥之处是“第二个授权行为”很难说就是一个契约，更不要说这两个“契约”在逻辑上是不等位的。所谓的立约，实际上是一蹴而就地完成授权形成新的人格，并不希望造成“藕断丝连、予取予求”的约定承诺影响，而是希望稳固“单方面授予恩惠”的机制。若是承认前者，则王权会因一两次受到援助而早晚成为提

① ［美］约翰·麦克里兰：《西方政治思想史》，彭淮栋译，海南出版社2003年版。

线木偶。因此，本书分析认同不少阐释者的说法，霍布斯立约建国的理论其实质并非“双层契约”，而是单一的创制契约。有两个原因使得霍布斯不可能选择双层契约的道路：第一，立约负责对象的问题；第二，国家主权法人人格至高性的要求。

首先，就立约负责对象而言，单一契约最重要的后果，首先是主权者作为超越于自然状态秩序的另外一个独一无二的个体，不是契约的一造，[①] 不需要对授权者负责。而《论公民》所代表的传统版本社会契约论的大忌，就是仍然将主权者需要被贵族势力所牵制留下余地，因为贵族作为上层统治的重要要素是契约形成的贡献者。

其次，就法人的人格至高性要求而言，国家权威这一“法人”其实是自然状态的“个人”的缩影，双层契约意味着“转让所有自保权利”这一行为归于失效，因为这就意味着转让行为出现了两次，是自我矛盾的。通过“创设个人”类比于“个人”这个论证路径促成“主权者”和社会不可能并肩而立的法人地位，“个人”的权威的扩大，正是平移了自然状态中个人的无限权利的结果。因此为断绝后患，霍布斯敏锐地补充了一个条款：只有在订立主权契约的时候，一群人才能是有统一代表身份的“人民”，只要订约之后人们就不再是“人民”了，因为只有主权者独具这个法人资格。[②]

空间上无法并存的“绝对化法人人格”构成的政治权威得益于独一无二的“主权法人”观念，它和洛克的“人民授权且控制政府”的分权设计或者卢梭式“人民为了国家可以解散政府”的绝对权力形成正反对

---

① 既然主权者不是立约方，这样臣民就没有立约的理由立法来约束主权者了，不过对最终裁决者的指定不是因为他的裁决更理智或者贯彻更方便，而仅仅因为亟需一个裁断。这和“自然状态个人”的私人判断的地位是一致的。另外，霍布斯的主权者特别将代表意志的灵魂和代表思考和理性筹划的大脑区分开，特别为了说明裁断本身不受到关于它是否理性的干扰，那么（主权者）裁断的后果也就部分地由咨议机构担负了。这和17世纪英国民众对于政府哪部分应该对政治和社会弊病负责的争议有关系。霍布斯的意思是说，无论如何百姓不应该以不理性决策为名归罪于主权者甚至侵犯它（权位）的权利。

② ［英］霍布斯：《利维坦》，黎思复、黎廷弼译，商务印书馆1996年版，第134页。

的理论取向。事实上，这就是后世霍布斯的不可抵挡的个人主义和个人权利论之所以如此彰显的根本原因，它其实是自身欲望和所有动机都可以被合法化的主权者的缩小版。

从绝对自由的个人到绝对公共人格，这一战线不可谓不长。霍布斯苦心孤诣设计的契约缘于自然状态貌似险恶起点的错位对照关系终于水落石出——是人格化权威的锻造，而不是原子化的个人，才是霍布斯的“人论”的真正理论指向。毫无疑问，霍布斯在扩张自然状态下个人的权能的时候，并不是有意识地为后世自由主义的自主和自由权利张本，无论怎样声明其“具有绝对权利”，都是为了立约交出它们而设计的，不是为了让个人享有得到扩展的美好的多元自由权利、获得完善发展而设计的。

“自然状态”作为一个人类学的情境，要想使其发挥契约论中结构性的作用，必须将这个情景的法理地位贬抑才能做到，这就是为何自然状态假设本身也是一种“自然状态还原的装置”。这一点会在论及洛克和卢梭对“自然状态还原”的（顺势改造）中提及。

在历史上，霍布斯是否对这个转变有背景考虑呢？尽管在前一小节分析过两版本契约在联合目标、平衡方式等的差异，但是还需对立约的意志变化强调，这决定了霍布斯思考“主权人格”的匮乏和构成的方式。下面分点略述。

（1）如前一小节所述，在《论公民》当中强调的是“力量”的上交和集中，在1640年间内战爆发时，《论公民》反映的是公民内战和意见不一致的社会状况，或许霍布斯并没有完全考虑“意见不统一”的真正缘由及化解之道。内战后《利维坦》对统一的“意志”和“判断”的强调强于前面的《论公民》，而“统一意志”明显缩小为一个个体法人的意志。

（2）一个比较值得注意的意志论论证取向微调出现在《利维坦》中“人论”铺垫，将“无动于衷”（indifference）也算作“抵抗”，从而为将不响应立约与守约号召看作一种反对的表示（被看作是“愚人”）打下基础；这样，那些不愿意出兵援助和正面表示对王室支持的贵族，就以此

“标识”被看作违约者而不仅是悖逆者（即诛心）。

（3）另外，《论公民》中对于“深思熟虑”的强调不再用来促成“判断”，而是着眼于“从意志到行动”用来“威慑”。也即从政治认知的功能转移到政治意志形成的最终结果上。

（4）最后，对“力量”与“集合的权势”的含糊处理，转化为“法人”自身各个“器官”结构性要素的考虑。国家法人的“权势”不再仅是“量的集合”（《利维坦》封面上画面中的原子形象的个人集合一大片不能区分的阴影），而是进一步可以被在多层次功能性部署，按国家法人的自然需要进行整合的结构性力量，就如一个人骨架的各部分或器官承担了不同力量与功能一样，是一个任由主权人格决定的要素，而不再是具有自身自主性的要素。

不过，霍布斯针对的“主权意志”涣散，亟待统一号令的状况，并不仅归于内战历史上贵族自行其是，还应考虑英国王权的统治形态。在《论公民》中考虑的重点并非简单的个体拒不支持的问题，因为1640年的内战突出的问题是一些贵族不愿意出钱；到霍布斯写作《利维坦》时，除了判断战局分歧不愿意投入王党而袖手旁观的贵族（即“无动于衷者”），也包括自命已经投财力和兵力，企图在战争后期对君主取得政策牵制（兑现朝臣尽忠的恩惠“允诺“）的贵族势力。前者在霍布斯的修辞中属于对国家法人“供血不足”，也即国王无法通过议会筹集到足够的战争资金和人力资源；后者显示的问题则是“法人人格”的功能失调，国家法人的“耳朵”不安分担任“耳朵”（参考《利维坦》论咨议一章），或“血管”希望僭越原有职能代替“大脑”来思考和决断。最重要的是，“恩惠制”作为英国君主制传统制度运行的动力，当它作为危急时刻与过渡期博弈筹码时，就具有了“约定论”的革新意义，英国王室所面临的就是贵族借机改变“主权者”约定构型的危险后果——就霍布斯是一个货真价实的保皇党而言，这一思考路径是富有远见的：改变约因而不是强调允诺价格。

由此可见，就内战的历史背景而言，读者可以合理地推断，不顾自己职能身份的贵族可以说是霍布斯写作《利维坦》时候所特别考虑和谴责的对象，因为他们在投入保卫国家的事业上或因“意图”，或因“判断”没有按照自己的职分“尽到最大的努力”（*in utmost endeavor*），同时又在内战后希望借此提高“身价”——殊不知在作为对国家“法人人格”并不尽力的维护者存在时，他们不但误解了王国契约的内涵，也误解了“身价”（*worthiness*）来自国家公权力承担者的主观判断这一点[①]——因为身价是一种“允诺”，“允诺”的维系和兑现首先来自对方作为主权人格的完整性和权威恣意、自主这一事实。故此“努力”（*endeavor*）的判断者是王权执掌者本人，而不是贵族自身——这也是将主权者契约理解为创制法人、而不是理解为平等的多方博弈后果的关键。长期的议会斗争给了霍布斯这些启示：让他在叙述契约建国过程中从简单的“力量”集合，和想当然的“意志”的统一转化到对“力量的先天构型”[②]和“意志判断权的上交”的强调。这样，由于法人人格力量的“先天构型”，就是自然状态个人在社会状态下建立的为了安全而互助的原始制度的缩影，也包括后天主权者为了福祉建立的公权制度。这就是“双重义务说”的来源[③]。

无论如何，“个人”对这种“先天构型”提供养分和保卫而且责无旁

① 这一点参考霍布斯在《利维坦》中对价值、身份、应得之分的评价。本书第三章第二节。这里对人的价值和权势的讨论当然完全显示了霍布斯是一个父权论者，即，价值与功绩（*merit*）的厘定完全是王权执掌者专断的产物。这也是并未看重近代政治文明中功绩制（ *meritorious system*）的近代英国对公权力的理解。

② 钱永祥将自然状态解释为一种认识的无政府状态，其困局解释为一种“判断问题”，因此霍布斯的主权论其实要解决的是“唯一的裁决者是谁？”的问题。塔克也认为霍布斯的主权者是一个“认识的权力”，霍布斯赋予它一种不受限制的意识形态权威。参考钱永祥《伟大的界定者，霍布斯绝对主权论的一个新解释》，载《现代政治与自然》，渠敬东编，上海人民出版社 2003 年版，第 163 页。本书立场类似，但是本书在这个小节是将判断的具体对象指向其不同层次：也即：事实上臣民无从判断主权者的构造是如何的，他们必须满足其职能要求，如收税，调动军队。在这个意义上尚不涉及意识形态，而是臣民（尤其是贵族）有无权力质询国家基本法相关的条款的问题。在这个意义上霍布斯确立的是一个类似卢梭的抵制分权的意志：分权被抵制，是因为意志只能有一个。用一个粗俗的比喻：耳朵不能代替灵魂来做决定，头脑也不可以，尽管它可以提供识见。另一方面，耳朵只能提供听力，因为它不可以去做别的。功能的界限和功能的内在统一是两回事。

③ ［英］霍布斯：《论公民》，应星等译，贵州人民出版社 2003 年版，第六章。

贷，服从统一意志也是其中之一。因为自卫的意志是“最远端的那个动机”，只有它是负责通观全局，任何咨议、讨论、歧义的“判断”都没有改变这个唯一决定权威的合法性。可以这样说，正是“初始动机”一直隐藏在拥有所有权利的、无法无天、不知道正义为何的自然状态“个人”的背后，这个最深处力量来源同样保证了主权者的不可置疑的权威合法性，不必受到来自个人力量的贡献“大小”的牵制，而来自“先天构型”公民社会的形成，本身就寄托于不使得这个“法人”受到“身体”（组成它的消极公民）损害的基本动机即：（endeavor）。

可以说，这个纯粹理论意义上的法人人格映射结构就使得《利维坦》版本的社会契约论真正可以归结为“意志论”的传统。而加入了法人人格论的社会契约学说，避免了古典形式的授权契约对立约方的牵制，达到了既论证统一纷杂“意志”，又能集合“力量”的目标[①]。此外，这个社会契约一旦建立，契约秩序的基础部分也就奠定了——主权人格必须完整不变，即使再次发生危及秩序的争执，主权人格也不会因为人心涣散而失效。不存在像卢梭那样可以更换主权承担者的情况。霍布斯这一箭双雕的理论工程，就不但达成了契约论一直希望的联合目标，也达到了契约秩序被统一的不变的人格化意志调整的目标。前者是所有契约论最基本的任务：联合功能；后者则是需要加入一个意志论，甚至在契约各方中设置某些特定结构才能做到的。

综上所述，就理论严谨程度论，《利维坦》的社会契约作为理论设计最完整的版本，就可以当之无愧成为经典社会契约论的标本。《论公民》中对不同程度的联合，以及“初级社会协定”的考虑则是展示其理论的原始要素，这也是霍布斯力图在序言中直陈的“真正美好的房屋”怎样对比于那些“不够好的房屋”的意义所在。

上文分析了契约秩序建立，是历史提出了新问题给霍布斯以论据充

---

① 卢梭也分享这种社会契约论的构型：双轨制意味着“意志”和“力量”是在社会契约论中被以形式和内容的方式分别安置的两个要素，这种安置是根据这两种权力自身的性质来考虑的。参考本书“卢梭的社会契约论”小节。但是我们也不能不公正地处理洛克的部分，因为在他那里自然法衍生的自然权利提供了“规范”。

实的余地，也给了他在理论上完善自己反约定论传统、为专制权力辩护的社会契约论，并使之密不透风的机会。下文分析立约后主权建立的权力性质、建立契约后国家的权威范围和个人权利。需要明确的分析目的是：在社会契约建立之后，自然状态下的个人怎样转移了彼此的权利成为新公民，他们与主权者的关系是怎样受到这种社会契约影响的。

（三）主权的性质和个人纽带的重塑

理解霍布斯的国家理论，除了梳理其国家契约和自然状态之外，还需要理解这番立约后形成主权权力的性质及个体公民的状态。霍布斯竭力捍卫的创设法人主权是"绝对"的吗？尽管也有学者辩称"绝对权力"在霍布斯语境中并不见得"专制"，它在其他领域受法律约束。[①]但在公民个人权利方面"自保判断之权"上交主权者，确实与专制主义极其类似。

此外，霍布斯没有同样捍卫专制王权者博丹（*Jean Bodin*）那样理直气壮，英国国王所叫嚣的绝对权力不过是特定范围内的特权而已，（作为行政首脑的特权[②]）17 世纪即使被霍布斯告诫不可分割的权力也由大臣分管，在王权和议会斗争中"否定性"权力清单每一个都被各路贵族频繁踩到边界线。因此，鉴于主权权威被蚕食，霍布斯在《利维坦》中提醒主权者，不该在立国必要权力上作出让步，应像"利维坦"立约过程"一次成型"一样杀伐决断，否则如果约定性、讨价还价的逐步授权之路形成，再收回权力会很困难；在《论公民》中他特地对"主权者滥用权

---

① 钱永祥：《伟大的界定者，霍布斯绝对主权论的一个新解释》，载《现代政治与自然》上海人民出版社 2003 年版。

② J.P.Kenyon, *The Stuart Constitution*, 1603-1688: *Documents and Commentary*, Cambridge University Press, 1986, 以及阎照祥《英国政治制度史》，人民出版社 1999 年版，第 102—104 页。英国历史学者们多赞成都铎时代的英国君主为绝对君主制，倾向于认为由于国王只有在议会中才能行使最高权力，（"王在议会中"也即有限君主制一说）以及国王和议会共享国家主权（混合君主制的提法）。此外，君主的权力也受议会法和普通法限制。参考［美］乔治・霍兰・萨拜因《政治学说史》，崔妙因译，商务印书馆 1986 年版，"英国：准备内战"一章。

利可能”的反驳是：“主权者有权做一切而不受指责，但是他经常不将权力行使到充分的程度，因为他不愿意这样做”[①]。就历史实践而言，霍布斯的理论设计（尤其是对价值和权势的追求）反映的是当时王权行使多少有些尴尬、受到恩惠制制约的境地，而不是描述绝对专制主义导致所有贵族天怒人怨的情境。

霍布斯所说的“权利和权力分离”的观点，其实是其主权学说设计的一个重要补充线索。这种绝对主权权力在更深意义上不是社会契约直接造成的，而是“人格论和代表”观念造成的。主权者与臣民无交换关系使其不对臣民“负债”（也就没有“约因”，“约因”只出现在个体臣民之间；最为悖谬的是，“约因”所期望的和平居然最终导向一个绝对权威，而这个绝对权威的限度来自人性中恣意权利的非理性特性）。霍布斯借此限定代表身份来源，确认只有主权者有认定代表的权利，而人民没有。

不言而喻，这个理论的历史指向是英国内战时期频繁出现的贵族要求“代表人民”并申诉国王的行为，这些申诉在此框架内不合法。尽管如此，“人格论”本身不尽然全然不受限，它无非是说作为主权人格本身应该具有不可分割的一系列权属——除非此前已经有过说明它是“绝对的”。[②]这对其国家契约的结构和论证效力都有实质影响，将真正效力追溯到自然权利论的初始设计上。社会契约之所以被看作间接导致“绝对权力”仅在确认立约边界这一点上才成立。[③]

霍布斯成功利用社会契约预防传统的约定论对主权者权威造成的威胁来源，使得社会契约论传统出现一个“奇特”的景象——自然权利和

---

① ［英］霍布斯：《论公民》，应星等译，贵州人民出版社 2003 年版，第 132 页。这在当代政治学学者们眼中当然绝不是什么有效辩护，但是不能不考虑霍布斯的著作很大程度上具有为平衡的局面作出辩护努力的性质。

② 人格论本身不见得代表相应的国家是具有绝对权力的，代表案例是普芬道夫的国家法人学说，不过这经常和 19 世纪德国国家主义者混同。见［英］迈克尔·莱斯诺夫《社会契约论》，刘训练译，江苏人民出版社 2006 年版，第 306 页。

③ 立约的“边界”也即：个人权利争执而不上交的时刻，为个人谈判决定彼此转让哪些权利并确认所有人都已经作出了将个人权利上交给主权者这个时刻所取代 。这个“立约边界”的特性是集体的人格具有统一意志，然后又消失，因为它被“代表”了。

契约本来是用来约束统治者的预设完全失效。订约者被迫、自由地接受了对他们来说可能有的“最好”选择和程序安排，不但没有理由以社会契约之名、也无法以自然权利之名问责或者申诉主权者。主权者独享所有权力合法性，只受自然法限制。如果主权者渎职或腐败，个人只能忍受，而不能像洛克那样“诉诸上天”。

不过，霍布斯的个人权利论和自然状态假设，仍然为后来自由主义传统对个人自由的强调提供了重要资源。这其中具有不可避免的矛盾，个人并非完全没有自由——所有人对所有人的任意致死的权利，此风一开不可遏制，而“利维坦”自身也含有可以朽坏的种子。因为霍布斯已经给“个人”以远远高于中世纪晚期作为层层附庸者的地位，值得主权者特殊关注，恰由于他们组成了主权者，且不仅是原子化的个人。

“自然之人”成为公民的过程是自然权利经过重构的过程。这种重构经过权利义务关系得以将近代个人主义的国家基础清晰地显示出来，从而重塑了个人之间关联的纽带。社会契约论也赋予了近代国家以难以磨灭的新的特质，不仅是使意志论的设计国家的方式代替了传统的自然生长的秩序的观念，也在于让人们意识到作为被统治的个体，必须自律约束，取得公共理性协力和平相处的行为标准（自然法及霍布斯强调的“实践智慧”），创造了一套使立约个体自我塑造的公民哲学语境。

在这个语境中，个体对自己能够对集体所贡献的力量有更多关注，因此个人也对彼此的保护有义务，也可以根据国家职分合法讨取薪酬等。这当然是近代公民区别于“根本就不知道自己头上有几个统治者”的中世纪公民的浑浑噩噩之处，后者只知道被动接受封建契约规定的不同来源的义务。只是霍布斯的社会契约并不赋予个人足够的问责政府的权利，只有贵族才被要求尽这个义务。在他设计的图景中，大多数人只能是组成主权者构型的随意按照职能安排的个人罢了，自然权利的充分发挥，使得个人终于可以“意识到自己的力量”，是后来自由主义时代逐渐演进的成果，也是霍布斯并未完全预料到的副产品——如果他在世大概会皱眉的副产品。

本章小结：何谓自然状态还原

至此，前文澄清了若干基本判断，本章得出了以下结论。

1. 在霍布斯的社会契约论的基础——自然状态假设论证效力方面纠正了流传深远的误解：固然自然状态的险恶导致绝对主权论证显而易见，但这种简单理解忽视了霍布斯公民哲学对自然状态和平一面的内在规定和人类议和、协同能力精心设计。而这种对自然秩序的潜在规范的思考是自然法规范性的一部分，是立约获得和平不可缺的保障。

2. 在无条件承认这种“自然自由”基础上霍布斯为绝对专制权力的合法性提供了相当有力的论证，成功缔造了具有绝对权力的主权者。在社会契约论内在结构上，霍布斯的契约论不仅是一个人格论的契约，还显示一个重要理论特质：在创造人格这一点上，霍布斯最大程度上利用了人格化政治理论可以赋予秩序“意志化”的独特优势，巧妙避免了社会契约论的内部困境。进而言之，社会契约论反映了自然状态假设的输出效果，以此决定社会契约论这一意志论理论形态的论证效力。

3. 阐明“自然状态还原”的论证理路背后的逻辑。本章第二节说明了自然状态假设内涵的社会性，而在自然状态假设内置“权势”和“价值”双轨设计（一趋向竞争、一趋向温和竞争和自保）作为人类基本动机的略微歧异又难解难分的起点。它分别映射为“权力竞争的不竭激情”和“对享受劳动成果的自保的兴趣”。[①] 二者通过对契约自然法规定“平等”形式要求（强迫大家彼此承认致死能力的平等），和对契约“价值”暂时搁置（仅当立国秩序确定之后才给出尺度，也即何种契约被国家强力保护）重塑了“立约时刻”的论证趋向，给不平等竞争各方赋予平等逻辑关联，这种形式化处理本书认为可以称之为“自然状态还原”。

在这一还原之下，在“立约时刻”中反向追溯，逃离自然状态所具有的“起点时刻”不仅是自然状态的终点，也必须满足社会秩序的有效起点这一设置，这是重新纠正为不平等要求的“权势”梯度、悬置原有

① 注意：不见得是享受财产，像洛克考虑的那样，而是包括享受权势扩张本身。

自然正义尺度的意志与重构新正义衡准的还原方式的结果。霍布斯自然状态假设的独特效力很大程度上来自这种过渡性的设置。

从这个角度思考“人格论”的特殊性，显示出对自身之可供价值排序的“资财”的既有量度约定的否定，以及重新塑造为“国家必须的构型”[①]的合法化要求。国家因此在公共交往价值领域中却不受牵制。国家有自己的目的和意志，以新起点超越其上，这个统御社会的力量反映了近代国家的特质，和霍布斯严苛的自然状态情境正相关。此后坚决反对霍布斯的洛克采取了将国家主权人格通过契约吸纳到政治社会中的模式，以人民权利为本位。本书将对比阐释洛克的“政治社会”安稳地受到健全的自然法规范的习俗与交往状态保障的状态，不过这是从洛克式的自然状态个人的高度自主的政治人形象开始的，这种新的自然状态还原模式在根本上改造了霍布斯式契约论的论证方向，却扭转整个契约论理论史，造成了倾向约定论的后果。

① 霍布斯意识到对“利维坦”是一个虚拟的法人的思考的非自然性质，因此他特意在《利维坦》导言中提到“人造人”，又希望说明如果它的结构是足够完美的，可以模仿自然的造物，那么就是理想的状态。*Artificial man* 中的 *artificial* 这个词汇不仅仅指的是虚拟的，在17世纪也指“构造完美的”。

第四章　洛克的社会契约论和自然状态假设

一　洛克社会契约论的背景

约翰·洛克出生于1632年，青年在教会大学学医学和哲学，早年为外交使节，后半生为17世纪英国最有权势的辉格党政客沙夫茨伯利的幕僚。1632年因其主倒台逃亡，在荷兰等地隐居并撰写了《政府论》《人类理解论》《论宗教宽容》等作品。在1687年结识信奉新教的威廉王子，并在君主立宪成功之后返到英国，之后担任贸易与殖民事务大臣。洛克一生见证了英国从斯图亚特王朝的专制统治向君主立宪转型的政治进程。其著名的《政府论》写作的时代是英国内战结束、处死国王之后的时代。基于君权的复辟斗争及政府结构的变迁，辉格党已经开始需要一种强有力的意识形态武器来确定甚至稳固自己官方话语的权威性。此历史背景下，洛克思考的主要问题是怎样界定个人权利可以不受到国家的侵犯，以及怎样约束恣意妄为的主权权威。因此，《政府论》需要与其他著作合论才能发现其真正的政治倾向。比如，不少学者发现，其早年所著《自然法》（现已经收录到《自然法论文集》*Essays on the law of nature*）具有十足的权威主义色彩，和后来的自由主义者面目完全不同。

但就社会契约论的思想史指向而言，其“个人”的一面，吊诡地既关乎王权个体，也关乎普通人民个体；其协同约定而合为“集体”的一面，恰恰关乎亟需摆正到人民地位的广大主权基础。在前一章中，霍布斯自取其咎，将人格化的王权引向了个人主义、从而趋近于平民主义、普遍论证的理路，以至于其希望捍卫的绝对君权反而引起詹姆斯及天主教保守派的恼怒：此论一开，民与王等，后患无穷。

然而，思想史文本背后的事实常常不那么具有戏剧性。无论思想史的文本投射了一副怎样恣意妄为的王权的形象，洛克时代英国的王权并非人们所理解的“专制”意义上的“利维坦”式权威。读者之所以得到此类印象，是由于霍布斯对社会契约的成功工具化着眼于传统政治君主权威是否被封建权贵分流的问题，[①] 削弱个人平等权利等自由主义假设的强烈张力也要从这一目标理解。但是，霍布斯并没有从现代政府职能角度（人口、税收、簿记、公共卫生）细致论述政府机构的部分，也未能论及孱弱的君权何以能够在深受割据掣肘、政治专业化时代远非到来的时代怎样可以做到“有效统治”——那个时代的政治修辞只知道统治和服从（*subjection*）、对“治理”这类词汇闻所未闻。在这种框架之下，“权利”的议题必然是屈从于“有效统治”的考虑，权力是否能够和“权利”成正比的论证，是为了主权者，而不是从作为人民的单个个人福祉出发考虑的。这和传统封建制国家治理的特性有关。[②] 阅读洛克的作品且误以为王权强大而专制的现代读者难免常常忘记一点，在霍布斯的时代，由于内忧外患的有力阻遏，国家的内部控制主要依靠司法统治和不充分的财政与军队调度。事实上，一旦宗教或者继承纷争激发贵族举事，烽烟四起，仍然主要依靠各阶层大小封建贵族的力量。英国政治思想史家詹姆斯－哈灵顿（James Harrington）敏锐地将君主讽刺为：其实霍布斯的“利维坦”不过是一个虚张声势的癞蛤蟆[③]——正是看到这种王权对贵族的依赖性。

在近代国家转型期达到“有效统治”有两种途径：要么通过强化等

---

① 即使在讨论“权位”的时候也是如此，谁坐在王位上不如权威之完整来得重要。

② 参考［美］贾恩弗兰科·波齐：《近代国家的发展》，沈汉译，商务印书馆 1997 年版，第一章。

③ ［美］沃林：《政治与构想：西方政治思想的延续和创新》，辛亨复译，上海人民出版社 2009 年版，第八章。

级化控制造成一批数量众多受压制的平民阶层保证上层稳定，而国王需要对付的只是日益骄横的军工贵族；要么另辟一途，通过瓦解封建制度的人身依附，逐渐扩展劳动力的价值达到富国的目标，以此维持稳定。在洛克时代封建制度的消弭、商业贵族与开明的政治贵族的兴起已愈发明显，后一种选项付诸逐渐成为现实：扩张“政治社会”（*societas*）权利而不是政府的权利是洛克的目标。加上内战之后的英国随着王政复辟政府权力经历了扩张，议会主权的论调也甚嚣尘上，这也是洛克希望加以警戒的。

因此，就洛克的论述理路而言，他采用了自由主义以社会抵抗“王权专制”的方式。这个设想通过“社会契约论”反溯回去，导致了对自然状态下人的状况的重新思考。他的社会契约论构建在两个方面作出了努力，使其建立在社会织体自组织能力和正当性肯定的基础上。首先是其自然状态假设，他的自然状态假设是在抨击霍布斯的自然状态假设基础上建立的，社会中个体具有自己行使其裁量权和自然法执行权的能力；其次，则是对社会契约论传统的恢复，通过构架一个兼顾垂直契约和平行契约的框架，采用的是以“社会契约的义务约束政府”的传统路径，逼近契约论传统中的“约定论”路径，而不是霍布斯那种使得“国家自成一格”的路径。

二 洛克自然状态下的人性图景

（一）自然法和理性的先赋地位

对古典社会契约论熟悉的读者发现，他们最擅长从人性的觉知、判断和知识的形成论述与拟制个体人类在“前社会状态”下的心理状况，而这一状况直接为成就何种类型的约定奠定一个或牢固或精巧的理论基础。社会契约论的魅力也在于此。

洛克在《人类理解论》以对人类知识形成的论述奠定了自然状态下人性论的基础。他持有标准的经验主义立场，人的“同一性”，“实体的信念”乃至比较复杂的“先天实践原则”等观念都不是天赋的，人的心灵正如“白板”出生时并无先天观念，和其他所有理性生物一样，他们的最初知识不过是感觉的碎片，只是在人能够逐渐反思自己思维运作的时候才能被动地形成概念。不过，人们只要运用自己的天赋能力，不藉天赋观念就可以得到他们所有的一切知识。其中简单观念的形成最易受到关于痛苦与快乐的简单感知影响，它和基本认知及判断直接相关。在其早年的论文《论自然法》中展示的并非完全意义的“理性主义者”形象是带有潜能的（卢梭式）的匮乏的理性形象：人类天然有罪性地位使其甫一出生必然是屈服于上帝的自然法统治的造物，所幸人类的天性中有可教导之处，即对自然法的理解能力，“自然法”会规定人类如何以道德方式行事，而且上帝会奖善罚恶，而这种反馈是藉由简单的苦乐的感知所得经验。

自然状态的人性图景，不像霍布斯的个体秉持自我中心的行为动机和不竭的权势欲取向。尽管人类的理性能力不能生来就谨守自然法的戒条，但有普遍的实践原则可以让他们能以“正确理性”的工具逐步通过教育和省察认识自然法[①]：这些自然法不但包括《政府论》中长篇建构个人“自我”价值和理性的自然法，也包括保存同属一个种群的个体的自然法，[②] 他们都包含了刑法和惩戒的要素，但是并不会逾越界限，这些都算是为了之后订立约定打下了先验基础。

洛克的自然状态人首先是受到自然法约束的，知道自己行为界限的理性个人，他们对行动界限的认知主要基于自己对获取自我保存的生活资料为中心的考虑。不过，人类的自由并不仅仅在于遵守自然法，洛克有一套涉及“应激反应”的认识论，提供了人类区别于享乐主义的动物性的感知和判断维度：人类的幸福观念的形成是复杂的，因为人具有搁

① John Locke, *Questions concerning the Law of Nature*. Cornell University Press, 1990, p.99.p.119.p.139.

② ［英］洛克：《政府论》（下篇），叶启芳、瞿菊农译，商务印书馆 1964 年版，第二章 11 小节。

置自己的欲望暂时进行判断的能力。[①] 只是这种能力是一种道德发展能力，是经过反思才能得到的。[②] 这就将审慎考虑的理性的幸福观念和“被迫不断考量欲望多种通路”的霍布斯式幸福观念区分开来；同样，也正是这样的人性的图景，使得前者更趋一种理智的、知足劳作的神的造物，后者则描述得更像一种可悲的争竞不已的动物。

根据洛克《政府论》（下卷）第二章的定义，“自然状态”中的关键关系之一是平等状态的普遍存在，它是“完整无缺的自由状态，人们生活在自然法的范围内，按照他们认为最合适的办法，选择他们自身的行动与处理他们的财产和人身的方式，而毋须得到任何人的许可或听命于任何人的意志”。[①] 洛克式的个体生活在物产基本充裕、但是亟待劳动增加价值的世界中，尽管上帝将没有什么价值的物产赐予人类，但是人类的劳动使所处世界真正改造为可以享用的物品构成的环境。[④]

在这种情况下，人关心的是对财产的“享用和守护”，因为洛克式的个人对自己的人格有一种权利，这种权利以财产权的方式存在，个人以自己的劳动为原本公有的自然界增加了价值，而这种对财产[⑤] 的追求和

---

① ［英］洛克：《人类理解论》，关文运译，商务印书馆 1959 年版，第二章，21 小节。“我们据经验知道，在许多情节下，人心有一种能力，来暂停动作，不及来满足，不及来实现它的任何欲望，因此，它可以自由来考究那些欲望的对象……人之所以有自由，正是由于这一点。……我们可以在意志决定之前，在动作由那种决定而来的实现以前，有机会考察、观察、判断我们将要做的善与恶。”

② 这里的反思需要区别于康德的自我立法的观念。洛克的道德反思是针对社会化的人的自我规训意义上的观念。他并没有关于通过理性的自我立法达到纯粹幸福的理想，他的理想，部分地决定于人与人交往当中社会意见所决定的价值标准，部分地决定于人的理性能力。

① ［英］洛克：《政府论》（下篇），叶启芳、瞿菊农译，商务印书馆 1964 年版，第二章第 1 小节。

④ 洛克的财产权包含了对上帝的一个赐予和一个命令的考虑。这都包含在自然法对增加财产的命令当中。物产是缺乏价值的，上帝给了人类一种权利来让其发展繁盛。

⑤ “财产”在洛克这里是综合了生命，健康，财富，自由等劳动创造的整体，不仅仅是物质财物，政治思想史家列奥 – 施特劳斯将其理解为一种可以无限创造和占有财富的能力。参考［美］施特劳斯《自然权利与历史》，彭刚译，生活 · 读书 · 新知三联书店 2003 年版，第 239—254 页。注意对比洛克怎样贬低原材料的价值和创造能力的加工价值，这种价值的比较出现在对印第安人生活的粗陋未开化和洛克时代人对价值的丰富创造性上。

正当占有是对上帝义务的一部分。洛克认为，由于自然法对“共同占有”法则的设定要求人们理性地运用自然资源，以下原则就是可以不费力地推论出来，如“占有以享用为度”；“资源的相对限制使得人们的理性使用资源应持有足用而不浪费的取向”；再加工手段的限制和货币交换等途径，可以使人不那么关注“占有”的争执，与其说在洛克式自然状态下为财产争斗是不多见的，不如说在他看来奢望他求分外财物根本就是不理智的。不过，读者不必将洛克式图景和文艺复兴时代人们对“自然状态的天然丰裕”（*natural fecundity*）相混，洛克式自然状态并不因此就是丰裕的，由于劳动所得的财产是人身安全的外围屏障，出于安全防卫个人人格权，个人可以利用自然法裁决权和处罚权。洛克自然状态下最常见的案例是，如果在自然状态下有人抢劫，那么受害者可以“合法地”杀死对峙者，因为他无法预测对方会不会进一步施加致死之暴力，暴力升级的难测使他在这一点上多少接近霍布斯式个体的警觉处境；在洛克式自然状态下，这种私刑不但是允许的，而且还属于个体合法地裁判对峙者的范畴。

问题由此而来：这样的自然状态下，个体所遵从之“法度”皆来自个体对“自然法”的理解，这一“自然法”如何和上帝所设定的心中的自然法相符合而不至于因为激愤和心性乖戾而堕入滥罚，很难预料。由于这一自然状态下只有淳朴的“法”之名，而难遵“法”之实，裁判不公，裁判畸轻畸重等原因仍导致自然状态是“不方便”的，报复愈发酷烈恐怕难免使理智下的自然状态名实不符。这种情况下个人无法安享劳动成果，势必与洛克最初希望描述的自然状态安稳祥和相悖。可见，社会契约论的基础设计绝非易事，人人心中都有自己的一套自然法并且尊奉之，但是它不能保证“正义”和“安稳”。

洛克在《政府论》中单辟一章区分“自然状态”和“战争状态”，由于对个人天赋理性和自然法约束的假设，洛克的自然状态不但是和平与理性的，尤其表现在与霍布斯式自然状态两个根本区别：冲突的性质与冲突的解决程度。

首先，自然状态下的个体对自然状态中冲突的性质理解不同。个人并不是满怀猜忌的，也并不总是恐惧死亡，由于个体天然理性与乐生取向，自然状态很难落入“战争状态”。洛克的自然状态版本中，自然状态并不都是由那些“好斗又喜欢争辩的人”构成，而是由致力于增加自然界万物劳动价值的人构成的。这一状态下，盛行的思维模式不是竞争，而是自然法对有关自保及衍生的保存财产增值条件的原则，与人人平等相待的律令的遵循。大家在同一情境中共享一切，无任何社会状态下常见到的从属关系（如主仆关系、封建臣服关系）可使他们有权毁灭彼此的生命。这在很多地方与霍布斯在《论公民》当中教条地声称“平等状态就是战争”，以及“个人对所有事物包括他人的身体都有权利”这些听来令人毛骨悚然的提法都形成了鲜明的反对意见。所以，自然状态和战争状态的明显区别，不在于人类是否受理性支配生活在一起，而在于，是否正确地理解和自然法以及正确地理解冲突可以解决的程度。洛克因此在各类文本中特意加以区分：前者特征是“不存在对它们进行裁判的权力的人世间的共同尊长”，后者在于“对另一个人的人身用强力或有此企图”。①

不过，这一细微区别使不少读者疑惑。早有人指出霍布斯和洛克此论相近，因为洛克对财产权的强调已经将它和人身安全联系在一起，好善乐生的自然状态人遇到财产这一导火索就可能大动干戈，以至于不需要进一步界定侵犯是否仅为“谋财”动手，就可以自己界定为害命。②这种状态仍然是相当不安全的。尽管洛克将自然状态的冲突理解为某种不便，但是仍然潜在了相当程度的危险。

第二，洛克在某程度上承认自然状态由于偏私地使用自然法可能陷入延续的战争，但是对战争恶化的态度并不像霍布斯那样悲观。在霍布

① ［英］洛克：《政府论》（下篇），叶启芳、瞿菊农译，商务印书馆 1964 年版，第三章 19 小节。洛克式的“自卫权利”包括杀死一个侵犯者的权利，也是在社会和国家之中得以延续的。

② 这种权利的过分界定受洛克论证目标引导。“谋财之举可以按照害命之意图自行惩治”事实上“谋财遥指害命”这个指控是指向君主随意逮捕和监禁个人，以及没收财产之举。

斯的语境下，常见的联合都无法解脱逃离冲突；而洛克这里到处都存在自然法的义务防止冲突升级。首先，就自然法的天然权利而言，洛克有一套关于“自然法执行权为自然状态每个人普遍享有”的观念。他认为“在自然状态中，纠正和禁止是一个人刻意合法地伤害另一个人，及我们自卫惩罚的唯一理由。罪犯在触犯自然法时，就是在表明自己在按照理性和公道之外的规则活着。而理性和公道的规则，是上帝为了人类的相互安全而设置的行为尺度。所以，谁要是灭失和破坏了保障人类不受损害和暴力侵害的规则，谁就是人类的公敌。既然这是对全人类的侵犯，是对自然法所规定的全人类和平与安全的侵犯，因此，人人基于自己享有的保障一般人类的权利，都有权制止或在必要时毁灭所有对他们有害的东西。就可以给与触犯自然法的人以那种能促使其悔改的不幸遭遇，从而使他并通过他的榜样使其他人不敢再犯同样的毛病。在这种情况下，并在这个根据上，人人都享有惩罚罪犯和充当自然法的执行人的权利。”① 自然法执行权作为个体自然状态权利的一种，无疑是高度依赖于对对方意图判断的，这一判断是否轻易向暴力升级决定了自然状态是否可能堕落到无政府滥刑状态。

洛克认为，凡是对我的生命用言语或者行为表现出“沉着、确定的意图”而不是出于一时意气用事，就是和我处在战争状态。② 在洛克的自然状态惩罚权语境之下，“谁企图将另一个人置于自己的绝对权力之下”一样是“和我处在战争状态”，因为“自由是其他一切的基础”。不过，战争的解决方案也预防私刑的泛滥：个人具有的自然法下的“惩罚权”只限于“纠正”和“禁止”。因为个人是上帝的“财产”，除非有比“单独保存他更高贵的用途”是没有权利将其任意毁灭的。

不但自然状态下“冲突”的模式多样化是严格受限的，理性的法则也渗透到冲突后果的解决上。基于自然法思维的“救济”是洛克式自然

---

① ［英］洛克：《政府论》，叶启芳等译，商务印书馆 2019 年版，第 2 章，第 8 节。

② ［英］洛克：《政府论》，叶启芳等译，商务印书馆 2019 年版，第 3 章，第 16 小节。

状态个体在积极求和后首先想到的[①]：自然状态下，“救济”具体表现在清晰的法权观念区分上：个人在战争结束之后，求取赔偿时区分哪些是劳役、哪些是损失的补偿，而且还对这种占有劳役的行为符合自然权利可以心安理得。总之，这些思考“救济”的推论都显示出，洛克对自然状态下的个体先赋甚多，除了可以充分地认定敌意、建立劳动价值，也具有相当充分的理性能力及基本的法理判断力，随时终止战争对秩序的威胁。

基于生产性能力和惩罚性能力的预设，洛克不像霍布斯对于终结战争状态的理性无力表示失望，他似乎认为这种自然状态下的“战争状态”很容易结束。他多少有些一相情愿地认为，自然状态下的个体也会很明确地藉由理性自然法知道，什么样的契约会终止自然状态，什么样的契约对此无能为力。[②]这和二者对人类天赋理性的看法有很大的关联，也和人类在整个自然秩序中所处地位的看法有关。

如果读者愿意暂时保留质疑态度，与霍布斯的同主题论述比较，就会发现二者在自然状态个体天赋能力上的巨大差异，这种差异根源相类却目的相差甚远，失之毫厘差之千里。在霍布斯这里，只要处在自然状态之下，理性的判断和协调能力就是难免误入歧途的，除非它将自己限定在自然法和契约的这些名目之内；哪怕是社会状态，自然状态的理性匮乏和协调的失察就始终在威胁人们再次将其拖回到残忍的自然状态“深渊”中去。——霍布斯的自然状态下，赋予了人理性官能（faculty）的“上帝”远离人类，它只负责以隐秘的赏罚处置那些不理性的人。从洛克的立场出发，人类天赋的理性尽管使其在自然状态下，连审判与私刑都不见得能够得出统一结论，但是世俗生活为中心的理性赋予的判断力，使得他们足以维持相当的裁断能力和求和的意图。或许在根本意义上，洛克还是要求助于这一个根本预设——自然状态下的个人是乐生、理性的，并不是霍布斯式的狡诈多端的好战者，不管其自然理性、情感

① ［英］洛克：《政府论》，叶启芳等译，商务印书馆2019年版，第3章，第20小节。

② ［英］洛克：《政府论》，叶启芳等译，商务印书馆2019年版，第2章，第14小节。

可能多么与霍布斯式个体相像。而这是所有在理论建构任务时，接受了自然状态下个体处境必然推演到当下普世人类处境命题必然面临的尴尬处境。

（二）洛克假设的批判性与专制秩序的前置防线

在认真描绘自然状态下人性图景和社会化进程上，古典社会契约论诸家径向比试思考功力。尽管后世读者大多认为“自然状态”的虚拟性致使其不太适合拟制于社会状态，更不要提当下的“文明社会”与“后现代”人愿意承认此类茹毛饮血的始祖还能对当下的社会人性有任何参考价值。值得关注的理论要点是，洛克在一个关键点上认同霍布斯，他认为自然状态是一个历史上存在的状态，而非假设或空论，洛克是在详细的人类学资料基础上得出这个结论的，而霍布斯则只不过将自然状态的历史依据当作可以随意裁剪的证据而已：在霍布斯的《论公民》中，他谨慎地选取了历史案例，小社会和民族国家是自然法允许彼此抢劫，协议只能带来压迫的案例。而在洛克这里，人类可能在初民时期处在类似自然状态式缺乏政治制度知识的状态，在这种状况下“服从”是一种习惯，而且家族的首领演化为选任君主制后堕落的历史[①]都算得上可稽之历史证据。不妨说，霍布斯的自然状态假设其实将战争和冲突纳入了一种自然秩序，而洛克自然状态假设将未开化社会的人的经历和他所处社会的部分纳入了“自然的秩序”。这一设计也就将前者的良善之处和后者的弊病放入了自然秩序，这一仔细考察略显生硬的拼合，就之后的理论设计者的自然状态假设中成为一种流行的做法。这就使洛克自然状态多一层源自理性反思的批判意义。

因为人类的自然政治秩序从初民时代的选任君主制（仅仅是战时体制）堕落为绝对君主制的判断，是对“自然蜕变”的自然秩序的反思，已经显示洛克对自然状态有理想化思考：自然状态之不足不仅不便，还

---

① Peter. C. Meyers, “Between Divine and Human Sovereignty, The State of Nature and the Basis of Locke’s Political Thought”, *Polity*, Vol. 27, No.4, p.639.

在于自然状态下个人对“社会与政治生活经验的有限性”，这无异于承认一种改善政治技艺的必要。因此，自然状态个体不必被提醒理智协同生活的需要，反而应该被提示其社会本性之外的部分：政治智慧的缺乏和政治权利的不完善。如果适当推测，洛克式的自然状态下，人类秩序中潜藏了专制的种子，却不具有天然的抵御的药方。[①] 这种匮乏是洛克语境下的上帝所致，尽管不必要具备更高尚的理念。

进一步说，这个标准也衍生出另外一层针对现实政治情势的批判含义。这种批判含义意味着提前预设一个自然状态下个体由于智慧的匮乏，难以预先考虑应对方式的敌人，即专制的可能性。如果说洛克式的自然状态下理智乐生的自然状态下还应该恐惧、预防什么，那不该是彼此可能因财生怨的个体，而是可能凌驾于其上的、未来为了方便而设置的政治权威，无论它是带有宗亲的表象还是政府的样式。这一标准固然不是可以先赋于自然状态下人性之中的（如果可以，洛克可能希望给自然状态下的个体加一个基因或者电子元件，上面输入了关于警惕和预防专制权威的程序），而是在自然状态社会性初步形成情况下，随时掌握在社会状态下的个人手中的。

在洛克的《政府论》中提到，那些力图奴役民众的君主，其实就和自己的臣民处于“自然状态”。因为臣民不可能将自己的人身权利上缴给政府，由于违背了信托的君主和自己的臣民之间没有裁决者可言，处在自然状态，因此臣民就可以正当地诉诸上天。这一点可由人们可以随意决定自己出入自然状态，建立不同信任程度的契约看出。[②] 在洛克看来，

---

① 关于洛克的对“自然”观念其实混合了他对社会状态下人性的必然演化模式的观点，可以参考王涛《洛克的自然法和政治社会观念》，《清华法学》2011 年第 6 期，第 2 页。他称之为“发展性的自然法”。因为“就人类自我形成的过程而言，自然和约定的区分不是先天就有的和随后获得之间的区分，而是原初就有的以及必然获得的特性与偶然获得的或有意设计之间的区分。因此洛克将自然状态设想为包含了各种不同的历史关系，所以才赋予人性以社会下才有的品质，同时可以赋予人性以那些侵扰人类历史良序发展过程的各种反社会欲望和心智疾病”。

② ［英］洛克：《政府论》（下篇），叶启芳、瞿菊农译，商务印书馆 1964 年版，第二章结尾。

这种对自然法的尊奉的能力也在自然状态之个体能力中，因为人们绝不会让自己忽略自己的人身独立，去订立一个将来可能威胁自己自由的契约。由此推论，若后来设定的“政府”得寸进尺，则可以弃之如敝屣。这样所具有的批判的双重指向就在理论假设层面，彻底断绝了自然状态个体或由于本性昏昧或由于政治智慧匮乏而陷入君主专制陷阱的通路；可见洛克式自然状态下个人固然温和乐生，却不见得是容易受到欺压的温吞的个体，实践中这一突然迸发的政治智慧何来固然可商议，但在洛克看来绝对没有问题。

总体而言，洛克的自然状态中个人不但是温和、理性、自我约束并且互相尊重的，而且具有一种谦卑的态度，人类的生活就是作为上帝的造物尽义务的过程[①]，尤其在这个意义上人生来彼此具有平等的道德地位，而不是像霍布斯因考虑彼此致死的能力对彼此平等持有消极警戒的判断[②]。洛克认为尽义务的过程所需要的社会交往服从于上帝赐予人类天赋的目的：“上帝按他的判断人不宜于独处，把人造成这样的动物，使他处于需要，舒适和爱好的强有力的强制之下，迫使他参加社会，而且与此相适应使他具有理智和语言以维持和享受社会生活”[③]。尽管在洛克这里，政治实现人类完美道德理想的观念早就远去，但是人类自然状态的先天交往的道德属性已经说明，他们本来就具有这种潜力，就存在于尚未败坏的“政治社会”当中。

这些“自然状态人”的条件很大程度上弱化了恐惧、贫乏、理智暗

---

① 施特劳斯认为结合洛克《人类理解论》中的享乐主义，洛克的政治思考可以被理解为将人的生活理解为并无更高目标的：减少痛苦的过程。当然这是在认定洛克的自然法其实只是为了迎合习俗见解地加诸个人以义务而得到的观点才可以成立的。

② 皮埃尔·莫内称之为一种“消极的社会性”，即“战争的社会性”。参考［法］皮埃尔·莫内《自由主义思想文化史》，曹海军译，吉林人民出版社 2007 年版，第 57 页。邓恩称之为一种“道德真空”。参考 J. Dunn, *The Political Thought of John Locke*, CambridgeUniversity Press, 1969, p. 79。

③ ［英］洛克：《政府论》（下篇），叶启芳、瞿菊农译，商务印书馆 2019 年版，第 7 章第 77 节。

弱造成的社会联合困难，[1]洛克将社会性直接放到自然状态的“个人本性”中，[2]因此边沁曾评论说：洛克的个人就像种下的龙牙一样是全副武装跳出来的。这种理论架构上对“自然状态个体”“全副武装”的程度其实和“自然状态”本身的相对匮乏（relative depravity）有一种基本假设处境的冲突。这也就是为什么，洛克式自然状态个人的心智成熟程度，在现代人看来愈发像照镜子一样熟悉。

对自然状态下人性的乐观和洛克对防止政府侵犯个人权利辩护意图相关。自然法通过引导劳动和彼此协助成就个人的价值，天赋能力成就了人的某种道德联系，[3]造成了论证路径的实质性差别：在从自然状态过渡到社会状态的过程中，霍布斯看到相当艰难的小心翼翼的转化过程：中立的动机都被纳入自然法的框架加以小心考虑，霍布斯的个人在自然状态下是兵营的思考模式，战争和防卫是第一位的，个人是从“未来”来思考匮乏，

---

① 注意，自然状态的洛克版本不是“放任”的，即使战争状态也是由争执和侵略而起。因此，当他在《政府论》93 小节提到君主和人民处在自然状态，因为他一个人保持自然状态的全部自由的时候，会让人误解他是否在说，君主制度下，君主一个人处在“并非放任的自由”的状态，因此君主自身即使由于占有所有自由，却并非滥用权力的来源，这就意味着走出自然状态的人可能迎面撞见一个从未在自然状态中谋面的更加放任的权力。洛克语汇中“放任”指的是在得到处置他人的人身权力之后，变得肆无忌惮的情况，比如处理战俘或者专制君主的情况，因此应被视为是一个狭隘的意涵。这种限制使得他的自然状态在细致追究之下变得多少有模糊之处。而霍布斯的理论之涵盖性广，也更接近对“自然”的理解，这得益于并不把任何一种情绪的“暴虐”看作放任，自然状态容忍贤智不肖，也容忍情绪的滥用，偏私和疯狂。就理论设计的周全性而言，其实洛克逊于霍布斯。

② 这是和其预先具有的初步交往为基础的，自然法的所有设计也是和协调冲突相关，而不是个人行为的最高目标。这些设计都和霍布斯有类似之处，却和霍布斯那种永恒战争的夸张状态形成对比。

③ 这一点可以参考［英］彼得·拉斯莱特《洛克〈政府论〉“导论”》，冯克利译，生活·读书·新知三联书店 2007 年版，注意这种道德关联在最初意义上是“机会”平等的，但是洛克的政治哲学需要一种基于个人创立的价值积累的“资格理论”，作为文明社会观念的基础，这种能力会得到不同程度的发展并形成霍布斯始终敏感的人生的“竞赛场”，它包括对自己社会能力的培养，对“社会市场”的敏感，对已经接受的教条的独立判断等。因此我们应该注意自然状态展示的平等仅仅具有再次对多元的社会标准暂时搁置的作用，参考邓恩的文章 J. M. Dunn, “Bright Enough for All Our Purposes’: John Locke’s Conception of A Civilized Society”, *Notes and Records of the Royal society.* July 1, 1989。

而不像洛克那样从“占有地球的公共财产”来思考匮乏的。甚至可以说，自然状态下冲突的性质可以被视为洛克与霍布斯的决定性分野。在霍布斯这里财产权的话题仅具有从属地位，他描述的个人并非具有均一的理性天赋，而是有一些个体更擅长获取“转化能力之能力”，个人的自然权利天然相互冲突，因此，这样的财产属性反观的人性及其相处模式（状态）使后来联合形式之一的社会契约具有明显张力。洛克的自然状态下的个人关心的是基于个体“先天能力”，鉴别“属我之物”并排列优先次序，然后对之加以不同级别保护，尽管并不彰显，“占有式的思考”是第一位的。这种保护也需要耗费自己的能力，在精密的计算之后个人决定求助于他人，于是协作和公共防卫的观念产生了。因此，自然权利在洛克这里不是冲突来源而是建立协作的基础。[①] 不过自然状态隐藏缺陷就在决权的缺失：人们迫切需要一个权威来诉诸救济，由此引出政府的必要性。

三　从洛克式社会契约回溯自然状态假设

自然状态的缺陷首先在于私人执行权带来的不公正。在《政府论》（下卷）第八章当中，洛克指出：理性自然法的福音并非处处有效，大多数人不可避免的偏私和狭隘使得人们希望结束自然状态进入政治社会[②]。因此人们必须利用转化自己行使自然权利之能力。在从自然状态过渡到社会状态的过程中，洛克式具有理性的温和的个人谨慎地发展政治自由。前者意味着事先限定政府权力的框架，后者还需要进一步规定违约问题，它分为对国家内部自然状态（惩治罪犯的自然法裁决权）和政治社会外部的自然状

① 这种进入社会的量入为出的思考，在卢梭处更为明显，他要求设计一种支出表来看看进入社会的好处。其实在洛克的先驱霍布斯处也是很明显的，尽管很少为人所注意。霍布斯在《论公民》某个章节就提到了建立契约的国家给人们带来的公共防卫的好处。不过这些思想家也都软硬兼施，声称如果不进入国家，对契约心存疑虑者，则为公敌，人人得而诛之。国家是一个有目的的建构的事物。

② ［英］洛克：《政府论》（下篇），叶启芳、瞿菊农译，商务印书馆 1964 年版，第 124—126 页。

态产生的状况，也即革命权的设定。但是这个过程最重要的是保证“政治社会”的自然纽带[①]所蕴含的正义原则的优先性，它显示了逐渐掌握自然法所规训的个人如何思考“政治”，也显示了自然状态下以增益价值为旨归考虑世界与人的关系的个人需要分化出的一种新的“权利与权力”关系。

不难理解，洛克设想的自然状态仅仅缺乏裁判者而不是最高主权者。必须让每个个人都行使自己的权利，“同意”彼此将自己的自然法执行权上交给社会，形成公共的执行权。由于这种权力具有裁判的性质，而且不能够同时由所有人行使，所以必须委托给一个执行权，这就是政府权力的来源。

社会契约的奠定是一个逐级进行的过程，“政治社会”来自横向的社会契约，是每个人彼此订立的转移权利的契约；政府的形成来自“委托”，也可以看作垂直契约。政府权力只有如下目标：保证人民的人身，特权和财产。这个横向的社会契约其实形成了社会的总体“法人”，它本身已经有了最高的权力，委托给政府执行，不过是由于权宜。纵向的政府契约的建立被称作“委托”的结果，其中包括立法和执行法律以裁决纠纷的内容。

这系列过程远不像霍布斯“横空出世”的“利维坦”那样戏剧化。也有评论者怀疑自然状态如此温和理性，看上去缺乏出逃自然状态的理由。不难理解，在前述过程中个人已经界定了彼此的权利，并且对于新的集体联合能够增加什么样的权利和义务有所估计。这样，政府就自然被“委托”了立法以裁决纠纷并且执法的职能，仅因为裁判者的设置，全体人民就脱离自然状态进入了国家状态。[②]这种横向契约形成的政治社

---

① 王涛：《洛克的自然法和政治社会》，载《清华法学》2011 年第五卷第六号。他提出洛克在《人类理解论》中对观念的理解其实是他对人的“自然”的重构，他希望去掉传统的关于本质，实体的形而上学，它们是传统自然法的自然秩序得以成立的前提。“自然法并不来自于人的自然，而是存在于人与社会互相塑造的张力当中”。这种张力被看作人的自由的来源。在这篇文章中，作者认为洛克是通过思考人的宗派性和政治狂热问题来思考社会冲突的，洛克解决它的方式是通过“塑造一种自然法学说，通过财产和自然法的执行权两个学说塑造一个自然法秩序，政治社会来自自然法秩序的契约化，在此过程中获得其特性和内在张力并进一步体现在宪政框架中”。

② ［英］洛克：《政府论》（下篇），叶启芳、瞿菊农译，商务印书馆 2019 年版，第 7 章 89 小节。

会法理涵义是否过分稀薄呢？ 它是否能够像洛克设想的那样，驾驭并且限制政府？这需要从权力和权利角度分别加以说明。

首先，就政府权力的合理范围而言，它是严格受到限制的。社会状态作为一个已经具有政治属性的集合体，提前将政府的职能涉及的权利和义务框架加以审议，并且条列分明。因此，即从理性的自然法引申的权利能够适用的处理范围已经被预先设定，政府并没有空间凭空捏造权利，而是被加诸一个框架，只能接受它并在其上衍生必要的条款，而且需要得到人民的许可才可以。在这个意义上，作为政府施策的第一要义的立法权，首先就是受到限制的。而且，法律非但和权利不冲突，而且是以发展权利和自由为旨归的。[①]

此外，政府行为的依据也受到自然法的限制，由于人民仍维持代表权，而不像霍布斯那样一旦产生就被最高主权者把持不还，所以人民可以判断政府是否违反信托，并在政府违约时收回代表权。判断的依据包括，政府是否以人民福祉和安全为目标，并以保障人民的权利为准则行事；反面来说，即使洛克声称对于某些难以预测的危机事情，最高执政机构可以有“特权”按照人民的安全和福祉处理私人财产，但是判断执行权是否在越界运用并非“真正的特权”的权利还在人民手中。[②]

第二，就权利而言，政府同样是受到限制的。读者可以设想对于洛克式个人而言，进入政治社会之后，做一个“权利出纳表”[③]作为估计损益是必须的。个人放弃了两个权利[④]：即在自然状态中为了安全保存自己和他人可以做一切事情的权利，也放弃了自然法的惩罚权，并上交给作为集体保卫者的社会；同时个人得到了若干权利，包括社会联合保卫自

---

① 人民要是觉得没有法律可以过得更加高兴的话，法律就会自己消失的。

② ［英］洛克：《政府论》（下篇），叶启芳、瞿菊农译，商务印书馆 2019 年版，第 7 章 168 小节。洛克对君主的特权持警惕态度，他认为只有为人民谋福祉的那些特权才算是真正的特权，人民持有判断权。

③ ［英］洛克：《政府论》（下篇），叶启芳、瞿菊农译，商务印书馆 2019 年版，第 7 章 129—130 小节。

④ ［英］洛克：《政府论》（下篇），叶启芳、瞿菊农译，商务印书馆 2019 年版，第 7 章 88，89 小节。

己财产和人身的权利等。[1]这一点，卢梭也做过同样的计算，并在《社会契约论》中阐明。这两者作为自由主义社会契约论的设计者，可以被视为将国家当作某种投资银行，希望从中获利或至少不亏损的看法的认同者。最重要的是，对权利计算的标准并不会因为多加了一个立约方而有所变化，[2]而这个立约方在集体合意形成之前还没有形成。

可见，在洛克的逐级缔造的“社会契约”中，社会契约的框架大于政府契约职能的框架。整个政治社会可以看作是扩大了权力的“监工”而不是被动接受统治的一方，而政府反而是“学徒”；政府立法权严重受到限制，而且也无太多悬念，乃至执行权的“特权”是否为“真正特权”的判断权也在人民手里，动辄诉诸上天。可见洛克理想的有限政府得以证成，除了自然法的限制、立法权范围的限定、执行权和立法权在会期设计上的牵制等此类宪政设计，及人民保留的对特权和议会的撤换权这些具体设计外，关键在于其背后有一个时刻监视，心如明镜的强大的“政治社会”。

与霍布斯对主权者无论怎样都凌驾于社会之上的设计不同，对洛克的政治社会来说，政府是“立约方”，如果滥用权力则可能被视为与人民进入“自然状态”。这个思考方式在根本上扭转了霍布斯的论证，使得政治社会具有充分的法理自足性，因此，在洛克的理论中，取消政府在实践上不会让社会成为一盘散沙。

从洛克的政府理论回溯自然状态假设，会发现，洛克的自然状态正是为了说明政府合法性受到社会牵制，因为自然状态已经是某种意义上自足的。自然状态塑造了人性，它使人得到了自我塑造和完善其理性（尤其是语言能力）的机会。但是，这种塑造并不是完美的，它的限度可能就来自

---

① ［英］洛克：《政府论》（下篇），叶启芳、瞿菊农译，商务印书馆 2019 年版，第 7 章 89，97 小节。

② 在拉帕琴斯基看来，洛克建立的有限政府和霍布斯的版本在根本上不同，在某种程度上他不需要一个自成一格的政治权力，因此他不像后者将评价政治的尺度独立于社会的尺度。在这个意义上，洛克为了规避霍布斯的权威主义结论，没有为国家提供一种正面的道德目标，其政治方案其实是实用主义的。见 Andrzej Rapaczynski, *Nature and Politics*, Cornell University Press, 1989, p. 118。

某种对权力思考的缺失，这从初民时代选任君主制（一种战时体制）蜕变的情况可以看出来[①]。洛克因此要求政治社会完善这种能力，也即除了塑造自己价值和界定自我独立性的能力，人们还被要求在进入政治社会之后逐渐发展自然法的惩罚权，这种权力被契约委托给政府。不过这是理想的状态，当这种惩戒性质的权力被滥用或者不作为人民应该如何？

由此可见，自然状态因此就又具有了另外一种含义。在洛克的单纯、和平与平等的自然状态之外，还将政治理性的相对不完善的状况加入了“相对自足”的自然状态，这迫使他为自然法赋予的人的政治理性之非充分性做辩护，因此自然法的执行权必须能够衍生出所有在转换为政治社会中才能产生的法理含义——包括自然法的裁断、惩罚条款与自然法正面建立个人价值的诸多方面[②]，而这些方面需要和原先对理性判断的部分相符。

不少学者认为，洛克这个辩护是和英国当时的社会状况相关的。1688年之后，大多数人民处在不理解将要迎接的是否是专制制度的状态

① 洛克政府的裁断权利可以被看作自然法执行权在裁量和处罚这两个方面的直接延伸。但是它是否是充分的让人怀疑。自然法的执行权关注的是最简单的惩治：可能在原始家族聚落时代就经常动用的私刑也有自己的“自然法执行权”。自然状态中的经济思维也不可能承担公法建制的需要：它本身的性质限定思维模式仅仅和增量的价值尺度有关，不和改革，转轨等制度变迁的思考模式相关，更不用提那些在国家建立之后才会产生的公法问题了：分权，司法独立，法治和特权的关系等。但是洛克很明显不太关注新的政府当中这些实践性问题。国家中的自由，必要赋予被委托的政府某种专业治理的角色：而这种新的自由是必须被承认的，也是近代国家的专业化迫切要求的事务。在“一致同意”中彰显民主的人民的判断，由于“现代社会成员为巨大而复杂的权力与权威制度所塑造与构成”而削弱，假如我们仔细审视洛克对自然法执行权的引申，会发现其实它仍然是远远不足的。

② 进入国家中新的由于义务的加减法得到的新的自由。相比霍布斯程序性质的自然法，洛克的自然法提供了目的，自然权利则是从自然法衍生出来的能力。它具有以财产的方式增加个人独立性，延续社会交往的天然性质。个人在联合为社会的行为中已经被看作增加了一种横向契约所包含的“义务—权利”关系，毋庸置疑，在奠定政府契约之后，新的义务给予人们特殊的“能力”，是一种民法规定的“自由”——个人要襄助国家执行裁断。（这里霍布斯给予人民可以掩盖亲属和恩人犯罪的自由）另外，从自然状态那种据说是理性的自由而言，它本身在道德上无懈可击。那么看上去这些完美的自由必然在过渡到社会当中之后有所削弱和重塑（转化）：因为人民要出让自然法执行权和判断的自由。这样人民得到了公共权力加以保障的更为稳固的自由：这是自然法的执行权被公法化之后实现的。

中（包括不少有识之士）。这种权力相对于权利缺失的状况进一步确证了洛克的自由主义倾向。他希望证明，即使“政治社会“由于人们理性的限度在公法性质的权力上是发展不充分的，自然权利——特别是自然法执行权这一点无论出入政治社会、是否回归自然状态都必须是完好无缺的，因此，自然可知，绝不可以像霍布斯那样，以此借口强加给人民一个不受到限制的主权者，来保证权利得到维护。如果政府违反了被委托的社会契约，它也无法修改这种已经被培养成型、却未必完善的公民判断权和裁决权，加入思考实践情境，即使是在革命后的英国，人人恢复了自然法的执行权的地位，与人人都有自然法代理惩戒权却上交判断权的权利地位相比，并没有损失。因此洛克需要设置的“起点”的完美的自然状态下个体的权利，也正是在这一点上得到完整的验证。

从最终订立的双重契约来看，洛克的自然状态具有起点和终点，洛克将这种建立价值的思考和自然法惩戒权与温和乐生所需要的理性结合起来，正是由于这两种理性的适用在洛克这里根本上都并不冲突，他才以自由主义者的方式限制了逃离自然状态、达致订立契约的一贯性，并且给予政府以一个根本上受自然状态下个人理性的限制的框架。因此，洛克不得不限制了自然状态的批判性，并将自然状态建构效力扩展到对当下政治制度合法权利的批判，以及对人民应有的权利的伸张上，根据革命权的基础，人民可以合理地判断自然状态就在政府引发的侵害行为当中，由于包含了完美的自由，自然状态是一个随时可以启用的标准[①]。

本章小结：古典路线的温和派

以上这一章对洛克的自然状态假设和社会契约进行了梳理，并且比较了与霍布斯设定的区别。它展示了洛克的自然状态具有理性、平等和

---

① 对洛克的自然状态假设分析比较透彻的是 Robert. A. Goldwin 的文章“Locke’s State of Nature in Political Society”, *The Western Political Quarterly*, Mar. *1976.* 他证明洛克的自然状态作为假设，具有充分的现实意义，不但是一个持存的事态，还是政治生活不可缺少的一部分。

自由的性质，它也显示了自然状态下的个人看待自己的方式：基于“财产的”独立的不可侵犯的人格。

洛克的自然状态假设包含一套“人论”，它关注人类天赋的合乎正确理性的使用，将其严格限制在自然法规定的人类能力的完善性上。在洛克的视野中，人不会发展到居然会在自然权利的博弈当中接受奴役的地步。因此正如前文描述的自然状态的改善方式，洛克的“文明”的自然状态，对峙“野蛮”的君主专制，其特殊论证的形成就在于阐明自然状态假设不仅可以被赋予原始人类权力演化的社会想象，也在于通过赋予其适当的内容，扩展其对政治现实的批判含义。

在社会契约论的设计上，洛克同样处处将霍布斯视为对手。其对人类自我完善能力的乐观也影响了他对社会契约建国的思考。尽管他们都倾向于放弃纵向的“垂直契约”代之以“授权”或“创设人格”。但是正如政治思想史家欧内斯特－巴克（Eernest Barker）敏锐洞察到的，二者原因不同。洛克不想给“政府”太多权力，而霍布斯不想给“社会”太多权力，不过洛克意识到可以给“社会”充分的先赋权力，霍布斯的论证基础（多少有些吊诡地）功不可没。不过，这也毫无二致地标明，二者都很清楚社会契约论中的“纵向契约”是一种权力的流失，如果自然状态所初步赋予的权力范围算作一个总值，那么作为理论设计者居然眼看其在曲折的论证、收束中逐渐损耗以致越来越小，可不算是对后世留下了足够好的理论遗产。

进而言之，近代政治契约论立足点的关键转折，其实是逐渐远离英国传统政治话语关于权力平衡和混合政府的理念，代之以“权利”话语的过程[①]。他们显示的共性，是需要通过社会契约确定一个更强有力的政治权威来源。通过自然状态假设的作用来考察社会契约论，可以看到对立法权本身作为契约“人格”直接意志来源的强调和集中，对契约转化

① 迈克尔·扎科特：《自然权利与新共和主义》，王岽兴译，吉林出版集团2008年版，“亚里士多德的原始契约这一章”。注意议会人员的辩护也说明契约论不必非要调用自然权利的语言，只需要“自然法”也是可行的，考虑17世纪亨顿以及帕克的版本的契约论。

的自然权利怎样统合到政治体当中加以限制的思考，分别构成了这两个契约论思想家的主要目标。

在17世纪，对“自然状态”作为政府合法起源的传统论证方式逐步让位于抽象的个人权利和自然法的强调。理论抽象性的提升恰来自力图将之作为一种充分世俗新标准的努力：作为独立自主的个体的人在自然状态下，必须首先装备某些先赋条件，才能（平等）订立契约进入国家。换言之，如果没有这种对自然禀赋构成“人格身份”的建构，个人的平等立约条件都可疑。[①] 在洛克语境下，政府的合法性来自人民的“同意”产生的义务在垂直方向上产生支持；同时，政府的合法性也来自关于人身财产等保障的权利的衡准与政治社会中的平行关联。

因此，自然状态假设具有的时代意义，不仅在反映契约论构造者对封建势力在垂直契约层面分化主权权威的防范的努力，也在于它反映了新兴起的近代的“个人”的强大潜力，为近代国家的建构者有意识地加以利用和重新整合、扩充国家基础的过程。这一历史过程正是从早期现代国家逐渐扩展的个人能力的被收编、封建等级逐渐弱化、国家权威逐渐走向集中的倾向同步。

自然状态假设的充分性为自由主义的世俗国家观奠定了基础。洛克这里很明显关注的是后者，但是不可避免给人一种印象，强大的政治社会不那么需要一个国家或者条款鲜明的社会契约。因此，这个自由主义传统随着个人权利论的日益具体化和约定论的再次兴起，有力地强化了社会契约可以通过自然状态的文明化设定而强化个人权利的理论通识。因此，在20世纪后期自由至上主义兴起的时候，就不难理解为什么诺齐克是洛克的嫡系，而诺齐克确实代表了以个人权利和理性的完备之名攻击一个脱离了民主基础的功能扩张的国家权威的传统的全部资源。

17—18世纪的自然状态假设所奠基的社会契约论，仍然具有革命性

---

① 于是我们看到了经典的自然状态描述的特征，这些契约论者都习惯将抽象的平等个人主义的假设和对多元的，已经依照秉性和资质划分等级的人的描述并列，这种并列其实是说明自然状态本身作为悬置等级划分时刻的一个特质，如果读者忽视写作者的用心，就会以为这是对自然状态不过是虚拟假设的一个有力证据。

和批判性的目标，因为自然状态假设本身就是依靠着眼于人性的自然特性（或者说科学描述）来批判某些被滥用的层面的，这种批判性在 18 世纪法国怒斥人类虚伪和不平等的卢梭处才获得新的道德起点。①

另一方面，就理论本身的结构性特质而言。跳出意识形态的争执的迷雾，反观源流日趋复杂的自然状态观念，其中“自然”的含义已经随霍布斯之前及同时代采用的“文明”“未开化”“法外之域”的含义，膨胀为一个可以将社会状态分解、还原到基本社会关系要素的“百宝箱”。随着理论家愈发熟练运用这个假设的可塑性，从中取用的要素也愈发彼此矛盾起来，后来再着手设计社会契约论的理论家发现，《百宝箱》里面拖出来什么都有——唯独没有“自然”！就像柏拉图在《理想国》中描述灵魂如海洋之神格劳卡斯像，描绘成从海中升起时“身上覆盖了厚厚的水草和贝壳，以致根本辨认不出来其本然的面貌”一样②。这对于力图构造一个简洁有力的“自然”状态假设以镜鉴社会秩序的理论设计者来说是一个讽刺，毕竟并不是所有的工具都能够拿来随去随用，呼之即来

---

① 洛克的温和的自然状态，首先在于人类获得道德能力和理性能力，本身不是一个屈辱的过程。而在霍布斯这里，人类即使获得这类能力并且能够建立合宜的政治体，也是经历了自然状态的屈辱和残忍的试验的；而在卢梭这里，人类获得的是耻辱地实践自己堕落状态本身。可以说，只有洛克的自然状态下人类能力的获得几乎不接受任何他人的馈赠因此在根本上不对他人“负有债务”，（不对上帝或者父亲负有绝对意义上的债务，）同时也没有什么屈辱可言，一切都正向积累，即使人类理性犯错误也代价不大。因此洛克的社会契约论相比霍布斯和卢梭的版本，更多一些约定论的成分。由此不难看出，为什么现代契约论者青睐洛克的自足的手拿权利清单的个人，（比如诺齐克）。而不是青睐同样看上去道德上自足的卢梭式的个人或是霍布斯式能为所有权利找到理由的个人。

② ［古希腊］柏拉图《理想国》第十章。【苏：一个事物如果是由多种部分合成而又不是最好地组织在一起的，像我们如今看到灵魂的情况那样的话，它要不朽是不容易的。……但是，为了认识灵魂的真相，我们一定不能像现在这样，在有肉体或其它的恶和它混在一起的情况下观察它。我们必须靠理性的帮助，充分地细看它在纯净状况下是什么样的。然后你将发现它要美得多，正义和不正义以及我们刚才讨论过的一切也将被辨别得更清楚。……我们所看见的还是像海神格劳卡斯像一样，它的本相并不是可以一望而知那么容易看清楚的，就像海神的本相已不易看清一样：他原来肢体的各部分已被海水多年浸泡冲刷得断离碎散，身上又盖上了一层贝壳、海草和石块之类，以致本相尽失，看上去倒更像一个怪物。这就是我们所看到的灵魂被无数的恶糟蹋成的样子……】

的，因为每个理论家都在构建自己理论的同时，占据并严厉批判了某些设计路径，也使得后人的理论再造取径变得狭窄起来。

在下一章介绍古典社会契约论传统，作为其中着力塑造自然状态假设，并且仔细取舍、检视论证社会契约策略的思想家卢梭。而在卢梭之后的章节中，理论家论证的态度骤然一转，对自然状态假设的结构性特质的忽视评论者都产生了对取舍的随意，埋下了契约论“空心化”的种子，也为社会契约论的发展暂时沉入低谷并不再被严肃地理解埋下了根源。

第五章 卢梭的社会契约论和自然状态假设

一 卢梭及其时代

如果说18世纪的欧洲大陆哪一位政治理论家最重要，大概卢梭会排进前三位，他的著作和生平都充满了传奇色彩。他早年作为学徒工，历尽人间疾苦，作为一个颇有天赋、情感细腻的文学青年，卢梭的青年时代在对社会不公正的冷眼中度过的。然而，第戎科学院的一次征文彻底改变了这一切，《论人类不平等的起源和基础》大获全胜，使得卢梭成为法国的文化名人，其后半生也陷入与众多乐观看待人类文明进步趋势的启蒙思想家如伏尔泰等人的论战中。这位奇怪的哲学家的中晚年生活真的遁入"自然"，其作为"孤独的散步者"自食其力的生活成为雅各宾派推崇的自律典范。

卢梭作品中的自我面貌呈现，无疑和他对社会状态的人类起初心灵本来面貌在原始社会的映射，这一映射的面相不是像霍布斯那样对战争恐惧者，洛克式对财产权和自由的焦虑者，而是作为一个人类灵魂的教育者、保护者的面相出现的。他的社会契约论是对时代弊病反思的高峰。随着追溯年轻时任公使随员时对欧洲主要国家城市生活的观察，使得他对社会化进程中人类道德的败坏感触良深，在攀升社会接替过程中，努力接近上流社会的遭际，也促使他去写政治学和教育学的著作，来抨击社会制度对自然人性的滥用和难以挽回的堕落"人生而自由，却无往而不在枷锁之中"成为那一代人猛省时代精神之蒙蔽的一针强心剂。

卢梭是描述、剖析和塑造人性的大师。不过，他在自己的哲学著作如《埃米尔》中描述的私人教育的方案远不同于公共方案，[①]他对政治的理解反映在对政治制度塑造人类使之不平等如何得以规避的理论设计上。他极其忧虑来自社会、政治以及家庭的不良引导可能对儿童的不良影响，在某种意义上，他担忧儿童心灵无法正常成长，正如担忧森林中的自然状态人被社会化的“穷人富人约定”夺取了政治天真的淳朴天性。卢梭眼中的“大染缸”难以逃脱，《社会契约论》秉持了这样的基本见解：“没有哪一个国家的人民不是它们的政府的性质使他们成为什么样的人，它们就成为什么样的人的。”[②]因此，他对自然状态的理解始于“最初”未受到习俗侵染的人性，却以全面改造自然人性的政治制度告终。任何一个关心卢梭理论中“自然和教化”“理性和情感”这些要素之间复杂张力的研究者，不能不厘清在他的整个理论中究竟有几个自然状态假设以及几套社会契约的版本，他究竟对各自持有何种态度。

下文会分别叙述自然状态假设的理论背景和基本样式，然后再论及社会契约论的两个版本，再说明它们的设计对于整个古典社会契约论传统的真正含义。

二　卢梭的自然状态假设

（一）自然状态的演化与完美自由的异变

18 世纪是“文明”的时代，启蒙运动对人性的乐观包含了对理性带

① 但是彻底放弃这种对私人教育得到的德性并且代之以政治与道德的结合的方案则是在《社会契约论》中才得以充分展示。拉帕琴斯基在《自然与政治》中认为对爱弥尔的教育其实是私人哲学教育不成功的一个案例，因为他是成长在温室中没有经过邪恶考验的，所以卢梭真正的目标是《社会契约论》将政治和道德合一的方案。这也得到卢梭关于“谁把政治和道德分开来处理就会不理解任何一方”的说法的支持。见 Andrzej Rapaczynski, *Nature and Politics*, Cornell University press, 1987, p. 250. 这种抨击道德衰落却最终倚重“政治”解决方案的做法是否是卢梭真正的想法仍然有待商榷。或许说埃米尔受到的教育是一个重要的道德起点是合适的。

② ［法］卢梭：《忏悔录》，人民文学出版社 1982 年版，第 382 页。

来的进步，合作和科学对人类能力提升的乐观信念。卢梭的作品充满了对“人的异化”的痛斥，[①] 在同时代被视作反潮流之论。他对人的理解不但体现在《论人类不平等的起源和基础》当中对原始人情感与智性潜能的具体描述，也体现在一套对人的潜能误入歧途的哲学化的描述上。

首先，卢梭式自然状态下的个人具有完美的自由，这一自由以游荡在森林中淳朴、分散、具有天然的自我保护与强烈的对同类的同情心为代表的人性始基为代表。以在天然社会关联下发生异变的完美自由为核心，卢梭将自然状态的演化史发展成一个人类学命题，理解它的根本要旨在于理解“完美自由”腐败的过程。这个从最初的平等发展到不平等的过程，是经过人类学的视角考察并以道德学家眼光测度的：黄金时代的孤独野蛮人只具有关于自己生存的简单的欲望，感情和思维能力，第一次变革来自简单的工具的适用和家庭的形成，围绕着住所的建造开始了简单的分工和闲暇的产生。[②] 同时，还由于交往逐渐增加，产生了观念和感情的互相呼应，在最简单的群聚状态下，注视产生的尊重成了一种被艳羡的价值。

随着人们贪婪占有的欲望的增加，冶金术和农业的发明引起了第二次演化的变革，土地的分配使得私有权和公正的观念也逐渐形成，此变革延伸丰富了人类社会关系的形态，因为人们的才能的不平等开始起了决定性的作用。自然的不平等“不知不觉地随着关系的不平等而展开了”。[③]

私有财产的后果是，人与人之间“依附”和人的表现“表里不一”使得穷人和富人之争成为常态。自然状态演化进程中，打破僵局、预示着政治性安排的关节点，正是社会和法律制度的起源：富人为了保障自

① 卢梭在《论不平等》中提到第欧根尼的例子：他白天提灯走路，人问何故，他说：“找人”。见卢梭《论人类不平等的起源和基础》，李常山译，商务印书馆 1982 年版，第 146—147 页。

② 卢梭《论人类不平等的起源和基础》，李常山译，商务印书馆 1982 年版，第 115—116 页。

③ 卢梭《论人类不平等的起源和基础》，李常山译，商务印书馆 1982 年版，第 124 页。

己的财产和安全向穷人兜售一套公平的政治制度，它以保障私有财产为名“永远消灭了天赋的自由”。[①]因此，市民法成为公民的公共规则，自然法的地位不过是补偿失去的自然同情心。于是人类秩序的发展其实封死了通向纯朴的自然状态的归路，给予不平等以合法化。理解这套人类演化史关键在理解卢梭式“政治—社会”状态的“自然维度”——人类的自然联合并不导致真正的社会性，而是轻易走向腐败的“社会性”——人类当下社会的不平等正是由原先自然状态已经萌芽的虚荣、贪欲和野心发展而来。如果说卢梭认为自然状态下最初的联合还是有裨益于人性完善，之后则不可避免衰败下去。

除了提供一套关于自然状态下原始淳朴的个体如何堕落的线索，卢梭还提供了一个“情境”作为论述演化逻辑的关节点，现代人的处境超越了官能（*faculty*）的渐进比较，更恰切地反映了一种对人类新的关系和新秩序的认识。在其中，自然状态的个人别无他路，他所面对的“社会相互依赖”是一个幌子，“欺骗性的联合”是人类天然秩序的样板，它以骄纵助长虚荣，以欺诈助长奴役，人类为其自身的欲望所控制，并通过让人奴役弱者来自我维持：

> ……从事物的这种新秩序之中，便产生了大量无法估计的，没有规则的，变化无常的联系，人们总是不断地在改变它们；有一个人力图把它们固定下来，就有一百个人力图把它们推翻。既然在自然状态之中，一个人的相对生存有赖于千百种不断在变动着的其他关系，所以他的一生之中也就绝不会有两个时刻能肯定是同样的；和平与幸福对他来说只不过是一闪而已；除了由所有这类变换浮沉所造成的苦难之外，就再也没有什么是永久长存的了。……因而像这种由我们的互相需要所可能产生出来的普遍社会，就绝不会对沦于苦难的人们提供一种有效的援助；……他们的脆弱得不到任何支

① 卢梭《论人类不平等的起源和基础》，李常山译，商务印书馆1982年版，第128—129页。

持，并且他们终将沦为它们所曾经期待着能使自己幸福的那种骗人组合的牺牲品。[①]

这一“情境”是卢梭式自然状态假设据以批判的道德制高点，盘踞在这个“天外视角”的高地上，人类的任何进步都被看作加深奴役的另途，这种新秩序根据相互需要的关系巩固强者的地位不断产生可供压迫的弱者作为牺牲品。正义和利益的分裂伴随着人类情感腐化和道德生活之标准的堕落，本该阻止的人类理性却被带动助纣为虐。[②]

在这个过程中，思想家们大多也误入歧途，歌颂人类智慧和科学艺术进步，进一步促进了人类对自己智能的自负，[③] 与之对应的是智巧愈加发达和市侩的同流合污：“人类的灵魂变质到这样的程度，而所看到的只是自以为是的情欲与处于错乱状态中的智慧的畸形对立。”[④]

（二）隐藏的起点：卢梭自然状态假设的真正指向

因此，无论是从官能上的自然状态叙述，还是从拟制情境阐发，卢梭的自然状态假设都反映了他对初始的人类情感和智性的自然倾向的认识。这套假设不仅包含要素，也包含它们之间的联动关系，而证成社会

---

① ［法］卢梭：《社会契约论》，何兆武译，商务印书馆 2003 年版，附录，“论普遍的人类社会”。

② 对激情的优先强调是近代政治哲学的首要看法，它表现在这样一个见解上：“激情是灵魂中唯一真实的力量，灵魂中没有其他力量能够控制激情。激情必须由激情来控制”。［美］阿兰·布鲁姆：《巨人与侏儒》，林国荣等译，华夏出版社 2003 年版，第 206 页。因此无论是道德的堕落还是提升都首先被诉诸处理激情在人性中的位置，而非首先提升理性的能力。

③ 自然状态是一种“非人类道德处境”的状况，一种人人都只顾及自己私利的状况，它在资产阶级社会中更加明显，在这样的状况下人的情感——其本性中最重要的部分堕落了，而理性随着情感的堕落而腐败，科学和艺术之所以不能够促进社会道德的进步就在于“我们渴望知识只是为了享乐”。不言而喻，卢梭的人类学意义上的“自然状态”其实是含有某种他欲论证的社会弊病之发端的状态，而并不是完全孤立的原子化状态。

④ ［法］卢梭：《论人类不平等的起源和基础》，李常山译，商务印书馆 1982 年版，第 63 页。

契约理论架构如何则需要视其始点如何限定、向何种方向预先规定。自然状态下个体的“完美自由”在天然社会关联下失去的过程，只揭示了卢梭策略的环节之一。因为“自然”之“起点”追溯的第一涵义是“初始”或“神设人性”；而第二涵义是新规范性或新秩序的可能性。寻找神创制的那部分人性和人的技艺创设人性的区别，正是为了基于自然之人性改造后者，在历史的恶性循环中找到一个“起点”，但这个“起点”必须能够被重新塑造。卢梭首先说明了这一循环是恶性循环而不是良性的循环，再从无辜的人性和人性堕落的进程和模式综合考虑这个起点，[①]这才能形成卢梭社会契约论构造战略的另外一个环节。

理解打破恶性循环的策略，首先要理解卢梭对自然情感的思考。卢梭在道德批判意义上建立自然状态假设。原始人被设想为孤立自足的个体，情感简单短暂、经验和交往匮乏，存在“被缩减为纯粹的自然本能”，彼此除了“由于财产的敌意”并不会发展出“对彼此人身的敌意”。[②]但是若仅仅关注相对于社会性的“匮乏”从而将“次人”[③]理解为卢梭自然状态之人的面相，必然会误解卢梭对自然状态假设的政治指向，[④]从而对卢梭自己声明的“自然状态在历史上或许从未出现也永远不会出现”产生疑惑。卢梭早已经给自然状态的人性下了判决书，这意味着先天道德性而不是先天智性，才是人性的不可动摇“起点”，即使在自然状态下，人类也有先于理性的“本性”。

---

① 参考安伯利《卢梭的情感调节》，《卢梭的苏格拉底主义》，华夏出版社2005年版，第154页。

② ［法］卢梭：《论人类不平等的起源和基础》，李常山译，商务印书馆1982年版，第17页，19页。

③ 施特劳斯在《自然权利与历史》当中批评卢梭的情感主义，认为这是一种低下的标准，将人看作“次人”。列奥·施特劳斯：《自然权利与历史》，彭刚译，三联书店2002年版，第277页。

④ “《论不平等》中描述的自然人的孤独的动物性状态不是某种对原始状态下的人的再现，而应该把它看作一种驳斥的方式：其他人都认为自由自在是会逐渐消失的中性的事物，卢梭则认为它是自然条件。”南希·约瑟夫“作为想象动物的自然人——质疑卢梭《论人类不平等起源》中的事实及动物生活的地位”，引自刘小枫编《卢梭的苏格拉底主义》，华夏出版社2005年版，第142页。

在《论不平等》“序言”中，卢梭为了说明掩盖在理性背后的人类天性，写道：“把所有的只能使我们认识已经变成现今这个样子的人类的那些科学书籍搁置一旁，来思考一下人类心灵的最初的和最简单的活动吧。我相信在这里可以看出两个先于理性而存在的原理：一个原理使我们热烈地关切我们的幸福和我们自己的保存；另一个原理使我们看到任何有感觉的生物，主要是我们的同类遭受灭亡或痛苦的时候，会感到一种天然的憎恶。我们的精神活动能够使这两个原理相互协调并且配合起来。在我看来，自然法的一切规则正是从这两个原理（这里无须再加上人的社会性原理）协调和配合中产生出来”。[①]

在这段表达了作者对自己在征文获奖后多年打磨自己的《论不平等》从而一再反省的话中，作者对“约定论”话语的态度从“所有只能使我们认识已经变成现今这个样子的人类的那些科学书籍搁置一旁”鲜明展示出来。他对人类约定论的不认可和警惕，使其和那些洛克同气相求对“天然社会性”表示赞许的政治思想家，包括法学家格劳修斯（*Hugo Grotius*）关于人类“天然社会性”的描述，（“这里无需加上人的社会性那一原理”），后者代表的著作曲解了自然，并且将现实存在的约定秩序当作合理的。

此外，上述段落中，“科学”被确认与“约定论”结盟，对理解“人类心灵的最初的和最简单的活动”无益；更重要的是，这显示“对自我保存的关切”和“天然的同情”，被确认为卢梭人性论的起点[②]。这避开了霍布斯以“人类自我保存”的最初动机引出无法无天的自然权利的乖戾路径。敏锐的读者可以发现，实际上，当霍布斯对人性的某些看法成为时代震惊的议题，无论霍布斯所规避的人性论题还是保皇党厌恶的契约论论题都会不同程度被后世的思想家利用，并成为后来约定论的一部分。

---

① ［法］卢梭：《论人类不平等的起源和基础》，李常山译，商务印书馆 1982 年版，第 67 页。

② 卢梭也认为这个自然状态起点的感情要素的力量可能是弱小的。他讽刺哲学家对听到和看到的苦难无动于衷，扭过脸去，就是因为他们的理性与自爱之心联手遏制了他们对同类受苦境遇的同情。

在这一有趣的政治思想史时代趋向之下，或许人们干脆可以说，在17世纪以后，当格劳修斯等人谈到同时代的变形了的“约定论”，会发现人性与自保成为同时代约定的必需的语言“锚点”、一个终极可以让买卖双方翻脸的底线对价，而互惠不是；18世纪的理论设计者则发现，契约论中更高的“利益”与“主权、人民”成为约定论的语言，并且渗透到社会契约论构建的修辞中，而意志、权利反而逐渐趋近于空洞化；到了20世纪谈及契约论的思想家们将不加考虑的婚姻制度、工作场所的不良契约当作约定论，有时也干脆将霍布斯式的胁迫式契约当作封建权威下的约定论，这个时期的语言“锚点”不会对意志、激情、主权展开针对约因的争夺，而是对协同、同意与互惠、起点理智均平状态看作约定论的“锚点”进行调整。

仔细审视卢梭自然状态下人性的兼具堕落和美德双重性时会发现，二者内在真正分界线是理解卢梭对人作为自然德性的践行者和真正“公民”标准的契合点。他将道德良心与同情这些情感因素（即非理性要素、或“先于理性”的要素），而不是理性的因素置于培养理想公民的首要地位。这一设计逻辑是：本能性的情感被置于先于理性规摄的逻辑环节之前，从而成为“先验的”（洛克）、或“先天的”（卢梭）或者“难以撼动”而“理性只能俯首屈就”的（休谟），使得卢梭与前后若干尊重自然主义（*naturalism*）思想家颇有相似之处，任何关注古典社会契约论的人也会发现严肃对待自然状态者，也常常执着于此类自然主义之下出于前社会状态下个人能有何种社会尊严。就这一角度看，卢梭的政治哲学需要找到一种使得提升的“自然同情”能够得以实践的权利安排，这种安排能够尽量减少社会性的负面诱导，重塑人性进而重塑共同体的秩序——而这是一种相当理想化的状态。

但是，由于卢梭理想中“好的政治秩序”塑造优良灵魂的任务要求一种政治权利安排，为“公意”这个彻底改造人性的偏私的政治意志提供形式基础，下一节会说明，卢梭如何以社会契约缔造一套国家理论，它又是怎样与人类灵魂内在秩序相比较？

三　从社会契约到自由的重塑

（一）卢梭式社会契约的型构

卢梭的政治哲学主题是以霍布斯的主权法人为竞争对手出现的，但是卢梭同时也是其对手论证路径的优秀研习者。在霍布斯《论公民》中曾经提示，“联合人的方法有很多种，但是联合公民的方法只有一种”。卢梭也认同社会契约为疏离的个体提供社群纽带以重塑人性的理路，但是他的理想则是远避不平等与人身依附产生的人性的腐败。其理论设计须以此解决源于自然状态逐渐演化、固化的不平等引发的腐败并清理两类关系：“公民之间的纽带”和“公民与主权者之间的关系”。前者是随着社会化攀比逐渐形成；后者则是随着官员和对自然状态下强制执行裁决的必要性逐渐产生。然而，后者在卢梭的理论中得到的处理远远比前者滞后。“公意”的阐述尤其形式化原则是卢梭宪政思想的要素之一，这个设置通过社会契约达到顶点，其核心任务就是使得个人达到新的不屈从任何人的平等地位，又使得个人可以在国家关照下得到新保护并负担新义务。

因此，卢梭的社会契约论构型可以分三个层面来考察：1. 个体的联合面对的问题，2. 作者希望得到的“义利合一”之途径，3. 社会契约达致秩序的正当性。

1. 个体的联合所面对的问题

首先，社会契约是为了解决这样一个问题“要寻找出一种结合的形式，使它能以全部共同的力量来卫护和保障每个结合者的人身和财富，并且由于这一结合而使每一个与全体相联合的个人又只不过是在服从自己本人，并且仍然像以往一样地自由。”[①] 因此，就产生了公民既是主权者又是臣民这一双重身份的处境。

这个社会契约的核心是形成“权利的原理”防止“不可战胜的自然再次恢复统治”，因为环境的力量“总是自然倾向不平等”的。社会契约

① ［法］卢梭：《社会契约论》，何兆武译，商务印书馆 2003 年版，第 23 页。

就必须通过确立一种防止依附的结合方式和框架，并避免公民间不平等的产生。事实上，卢梭之前的有识之士以通过垂直的契约将人民全体的权利上交给统治者，来鼓吹奴役的权利。卢梭讽刺这些不平等的鼓吹者：人民将自己奉送给国王，这本来就是鼓吹专制主义，它预设了一种“公共意愿”，而人民必然是通过“事先的约定”形成“人民”的。[①] 所以理想社会契约建立的权利体系，必须是谨慎加以设计防止导向专制的社会契约的论调，使得权利和义务能够公平地分配，保障自由不被篡夺。

2. 作者希望得到的“义利合一”之途径

为了强化人民的“公共意志”，卢梭的社会契约在形式上作出了改进。之所以如此，是由于卢梭的社会契约需要安置平行的公民关系和垂直的统治被统治关系，以塑造全面的权利义务之网。它涉及产生一个新的主权人格的法理地位（个人服从主权者但实际上就是服从自己），而这个人格的行为作为法律，直接关涉民主政府的权限和政府政策的合法性，这个有效性的障碍其实来自于人民对双重身份所需的素质的不适应。这个社会契约的形式是，“我们每个人都以其自身以及全部的力量共同置于公意的最高指导之下，并且我们在共同体中接纳每一个成员作为全体之不可分割的一部分”。这个“社会公约”造成的结合行为包含“两重关系”：每个人可以说是与自己订约，同时又作为个人与集体订约。其最重要的结果是产生了一个“公意”，它是“全体个人组成的公共人格，称之为共同体，当他被动的时候，它的成员称之为国家；当他是主动时，它的成员称他为主权者。它是人民的意志，主权之所在”。[②]

从这个角度看：前者指的是个人作出自我约束（也即自我立法）准备成为公民；后者指的是个人接受集体的联合形式和集体对自己的处置。这在卢梭看来，能解决腐败的文明社会下的不平等问题：“（作为）全部社会体系的基础，社会契约没有摧毁自然的平等，而是以道德和法律的平等来代替自然所造成的人与人之间的身体的不平等，从而人们尽管在

---

① ［法］卢梭：《社会契约论》，何兆武译，商务印书馆 2003 年版，第 21 页。

② ［法］卢梭：《社会契约论》，何兆武译，商务印书馆 2003 年版，第 26 页。

力量上和才智上不平等，但是由于约定并且根据权利，他们却是人人平等的”，[①] 维护平等对于维护自由是本质的，整个社会契约的原则正以此为基础。

因此，单就公民之间的关系重塑的角度而言，社会契约提供了这样的框架：每个人的权利和义务都是相互的，侵犯其中任何一个成员都是在攻击整个共同体，而侵犯共同体就不能不使其成员同仇敌忾，义务和利害关系使得缔约者双方同样要彼此互助。[②] 而这种保障的力量远远大于他孤立存在的力量，所要支取的代价也是一视同仁的。同时，共同体也没有理由损害个人，主权权力也无需对臣民提供任何保证不伤害他们。当个人意志拒不服从公意，则全体就要迫使他服从公意。公民必须同等地上交自己的全部权利，这是社会契约提供的公民之间关系的层面：每个个体在为共同体支出和收入这方面都具有同样的权利和义务。

这个社会契约构成的权利义务网络，使得个人完全嵌入和依赖国家，但是又完全独立于彼此。[③] “公意”对政治制度的公正性就有了决定性的意义。尽管读者常常从卢梭在《社会契约论》中的公意中敏锐地察觉出大众民主引发暴政的可能性，却很难不考虑这样一个理论设计，在卢梭的语境之内，“公意”作为主权国家的人格表现是需要加以辨识和维护的，对“常在性”、“公正性”是否审慎考察，决定了这一契约是否真的始终如一贯彻权利和利益合一的原则，而不是受到党争偏私或者激情诱导对时局误判。因此，这一社会契约达成的秩序是否符合卢梭的理想，其实要看其能够保障“公意”正确表达并且不受到不当侵扰。

3. 社会契约达致秩序的正当性

卢梭对民众在理智状态下的公意与自我治理能力抱有极大期望。首先，他为此设定了种种制度来保障公意的公正表达。要良好地表达公意使之不犯错，必须防范众意的侵扰，卢梭列举了种种条件来在制度上加

---

① ［法］卢梭：《社会契约论》，何兆武译，商务印书馆 2003 年版，第 34 页。

② ［法］卢梭：《社会契约论》，何兆武译，商务印书馆 2003 年版，第 27 页。

③ ［法］卢梭：《社会契约论》，何兆武译，商务印书馆 2003 年版，第 73 页，这就是社会契约规定的法律，是涉及到成员之间的法律和成语对整个共同体的关系的法律。

以落实。比如防止派系和小集团，要求人民充分了解情况并且讨论，公民只能表达自己的意见就意味着他们必须公开亲自投票等，[①] 在这种情况下，多数表决是产生公意的方法，只要分歧少就良好地表达了公意。派系是不可能产生公意的，它们形成了国家内部的个别意志，即使采用投票的方式，由于人数不再和投票者的数目相当，分歧减少得出的结果缺乏真正公意要表达的内涵。

另外一种公正的状况是以上情形的长期效果：私利以另外一种方式使得公共纽带衰弱，一些小集团的利益开始影响大社会的利益，社会中出现更多等级，每个人将不得不为了私利出卖选票，回避内在良心对公意的呼吁，投票的多数不再反映公意。[②] 在卢梭看来，保证公意的公正就要让个人彼此绝对地独立才可以做到。

很多解释卢梭思想的学者，对于其“公意”的“常在性”这点颇为疑惑。卢梭的要求看似反常，其实是出于公意可能随着政府存续而逐渐衰弱被架空这一点考虑的。他希望公意通过经常出现，以“立法”行为使政府受监督。公意的出场就是人民集会的时刻，[③] 一遇此“时刻”政府就失去权威并服从“主权共同体”的审核。定期集会是特殊的以维护社会条约为目的的集会，永远应该以人民全体对两个提案的分别表决开始：主权者是否愿意保存现有政府形式，以及人民是否愿意让目前实际在担负行政责任的人继续当政。[④] 当然，这个集会也可以正当地废除社会契约本身。

---

① ［法］卢梭：《社会契约论》，何兆武译，商务印书馆 2003 年版，第 40 页。

② ［法］卢梭：《社会契约论》，何兆武译，商务印书馆 2003 年版，第 139 页。

③ ［法］卢梭：《社会契约论》，何兆武译，商务印书馆 2003 年版，第三卷第 18 章，对定期集会的设置。

④ ［法］卢梭：《社会契约论》，何兆武译，商务印书馆 2003 年版，第 134 页。卢梭的理论中政府处在被监督的和附属的地位，他强调必要时可以为了人民牺牲政府，而不是为了政府牺牲人民（“因为创建政府的行为不是一项契约而是一项法律”，政府的法理地位不可能高于人民，当然这也是社会契约构造主权人格的一个关键后果，这就使得现代政治视为立法的事务，变成了一个主权人格的政策决定。参考卢梭《社会契约论》，何兆武译，商务印书馆 2003 年版，第 132 页。

就此而言，公意通过完全人造的“权利义务网络”保证了个人的自由，而公意则因此获得了超越这种契约的权威。与霍布斯的契约“建立一个主权者否定人民牵制主权”的论证路径类似，卢梭的契约建立的主权人格也超越了契约，并规避霍布斯理论中君主有权威阻碍人民自愿召集的情形，以防“公意”被架空。因此在同样的意义上，卢梭对代议制的批评也是出于它使得人民陷入对公共政治事务的冷漠，不再尽表达自己公意的义务，将它由别人代理——公意是不可以被代表的，而公意的“常在性”实际倾向于在实践中施行严格民主制。

那么“公意”作为社会契约的重要后果，既然保存了为社会契约所许诺的自由和免于人身依附来保障的制度规划，为什么不受到同样“自由”的公民的支持，反而会有衰落之忧呢？因为，在卢梭眼中有一套政治几何学的思考方式，在《社会契约论》中，他表述为：国家具有“自然衰败”的倾向，政府持续地有“篡权”的倾向，因为它总是在行动，而且有自己的意志；“公意”却是相对被动的，甚至常常是“安静的”。

卢梭的政治权利原理综合考虑了社会契约的性质和界限：社会契约只不过赋予国家以“形式”，而“公意”是国家的“意志”和灵魂（有时也称为“生命”），前者保证平等和自由，后者则监察这种公民关系的配置，两者性质不同。[①] 在具体描述其在构型中的功能时，卢梭以拟人的方式阐发了自己对这套政治几何学的理解：立法权力是“能跑却不想要跑”的人——“意志”（精神的原因）；行政权力是“无力跑却想要跑”的人——“力量”（物理的原因）。但是二者必须结合否则国家无所作为，“政府”就是针对“国家”和“主权者”之间隔阂设计的中介。政府实际上是私利可能干涉公共政治的来源，作为一种政治技术角度的考虑，人民需要一套理想的“政治法”以调节主权者和国家之间政府相对力量的“比率”，不致使“公意”的驾驭能力弱化。这样的考虑是决定政府应该

① 要理解主权的行为必须明确“立法权力”和“行政权力”性质的区分：作者以人格化的比喻证明：参考［法］卢梭《社会契约论》，何兆武译，商务印书馆 2003 年版，第 84 页。

被赋予的权限和基础，以防止随着制度演进逐渐形成彼此独立、人民难以处理和主权者难以察觉的不平等，[①]反过来抵消卢梭的社会契约苦心营为的“约定的自由”。

（二）公意之网与重审自由

纵观卢梭的社会契约构型，它通过创造一个主权人格和权利网络，塑造了新的“约定自由”。这个约定自由是通过一方面缩小个人和主权者间的距离，一方面扩大臣民个人和国家之间的距离达到的。[②]但是这种自然自由的重塑一旦和新秩序的需求对照，就显示出自然状态下个体的缺陷。它要求通过表达公意的实践，人民得以经受一种民主的政治教育。这在某种程度上是逆自然本性而行的，它通过抵制那种依附他人或者意见的强大自然冲动，防范政治体偏向不平等的自然倾向。

从卢梭对个人之完善的思考和政治体构型解释[③]可以看出，卢梭对

---

① 这种不平等可以被政府的有效运作需要公民之间形成等级所辩护，又可以被公意的福祉所需要的个人牺牲进一步合理化。因此是彼此平等，独立不相依赖的公民难以改变的。如果公意已经对公共卫生相关法规作出规定，那么就不会有特定一部分人落入被牺牲的地位。

② 这是理解卢梭式民主理论的困难，它许诺了民主自治的目标，但是又把一系列达致此目标的障碍都一一列举出来，尤其是“公意”的地位及其实施造成的全部困难。卢梭是这样一个建筑师，他给出一个好的设计图纸，但他又对听众说要是付诸原件组装则有各种困难，还声称这个困难是一种客观的原理，等到人们把它组装出来卢梭还说它尽管毛病甚多，但还是“像原来一样好”。[美]吉尔丁在《设计论证》中则声称“这是理解卢梭《社会契约论》的困难，人们若想充分理解政治生活的性质，仅仅懂得城邦凌驾于什么应为城邦的权威所统治，自然不够，还必须理解什么凌驾于城邦”。[美]吉尔丁：《设计论证》，尚新建等译，华夏出版社 2006 年版，第 5 页。

③ 这种解释已经有不少人提出，可以作为解读卢梭整个政治契约论的一个纲领。[美]埃利斯：《卢梭的苏格拉底式埃米尔神话》，载《卢梭的苏格拉底主义》，刘小枫编，华夏出版社 2005 年版，第 49 页。“卢梭在两本书（《社会契约论》和《爱弥尔》）中提倡一种系统，就像他选择的两位老师提供一种事先设计好的生活秩序，为的是丰富人性，通过实践正义达到人类更真诚的相互沟通。卢梭深信，只有一种形式的城邦或灵魂，这就是他自己提出的形式，其他的都是‘错的’。”刘小枫编：《卢梭的苏格拉底主义》，华夏出版社 2005 年版，第 63 页。

自然人缺陷的思考可以对比其对虚拟人物“埃弥尔”道德教育准备的限度，它们都源于怎样安排其天然素质以有效实现灵魂的德性的问题。[①] 人造自由可能摧毁天然自由；政治人所需的“政治教育”正如自然人所受“教育”不应止于自然的美德。同理，政治体不能只具有一个美好的构型（社会契约）使各个要素得以平衡，还应该具备其他具有超越性的要素，使得人民可以判断什么是对整体来说好的和坏的，因此除了要让公民个人学会防范自己的私人偏好和利益的声音大过内心公意的声音和判断，[②] 还需要其他一些要素。

单就这点而言，卢梭的社会契约构型暂未彻底完成。作为政治体的“大写的人”不缺乏“意志”，缺乏的是良好的、具有前瞻性的判断力。公意所代表的“人民”正是如此：人民知道自己想要好的东西，但是不知道什么是好的，私人意志知道什么是好的，但是又不想要它。[③] 必须“让个人能够以意志顺从自己的理性，而人民必须学会认识自己所愿望的事物”。[④] 这样，尚处在匮乏中的“判断力”就成了一个关于善好制度之判别的哲学问题。好的制度正如走出自然纯朴美德的个人，必须经受“判断”的考验。然而，卢梭认为，一个民族必须有引导者：让个人能够以“意志顺从其理性”是政治教育的一部分；但是，后者在宏观的意义上事关一个民族的政治判断力，隶属于对“大写的人”的教育范畴。

---

① “自然人”尚没有通过与世界充分交往（包括财产的观念和战争的观念）获得的发展的能力，而埃弥尔的教育只是在道德上打下基础却由于在温室中没有经受政治世界的考验，必须参与政治生活也即社会契约所建构的权利义务关系，才能充分发展这种“力量”。

② 需要理解卢梭社会契约设计的公正的实践是非常苛刻的。根据一些解释者，卢梭对严肃考虑到政治机构之外的政治活动有一种神经质般的反应，并且这很容易和20世纪极权主义体制废除私人社会组织的做法相联系。见徐向东《自由主义，社会契约与政治辩护》，北京大学出版社2005年版，第117页。但是卢梭自己也考虑到实践的困难，人得出公意的方式是否会和私人偏好保持距离，以及，卢梭的公意是不是对个人来说犹如一个抽象的神一样，都是可讨论的。而且对投票之前公民彼此必须充分知情又互不交流，防止派系等，其实都是在技术上可以讨论的，能够趋近公正的设置。

③ ［法］卢梭：《社会契约论》，何兆武译，商务印书馆2003年版，第39页。

④ ［法］卢梭：《社会契约论》，何兆武译，商务印书馆2003年版，第52页。

当卢梭说好的“政治法”对政治体来说只有一种并且只能“被发现”时，他是在将“个人灵魂”所比喻的公意看作相对恒定的“起点”。但并不是每个政治体都能找到一个完好的“起点”，败坏的历史和民风可能使它不可救药。卢梭对现实中享有盛名却实际是败坏的政治制度甚为痛心，这提供了一个已经丧失了良好的“公意”可能性的案例：被文明所迷惑的政治体已经无力反思腐败的来由。

这说明，尽管力图辨认良好的和丑恶的公民德性，但“大写的人”能够意识到自己灵魂的具体化其美好原则之前，可能已经被自己的无能和愚昧击败了，谁来解决这个悖论呢？究竟怎样锚定这个相对恒定的“起点”？是否需要从卢梭所设定的先于理性存在的两个人性的原理呼应这个“起点”的实质内容，才能确定匮乏的判断力的起源？

四　从“公意—公约”俯瞰立约“起点”

正如上文所言，“公意”是形式化社会契约原则的“顶点”，它为一个免除了人身依附的政治制度提供了可行的框架，它的合理性远超于之前“约定论”下的种种权利安排。但是，这种框架缺乏更高层面的原则：它不关心生活在其下的人民的真实信念和情感，它屈服于人们合理的自利之心和自爱（社会契约是一个调和公益和私利冲突的设置），无法造就对法律和民族具有虔敬与热爱之心的公民。

这里所缺失的环节必须上溯卢梭的社会契约论设计的“起点”：正是因为没有考虑人类本性中先于理性的自然同情将“对其他有感觉生物受苦的憎恶”转化为积极的情感和动机，这个理性的政治体缺乏更牢固的纽带①；毫无疑问自然状态的人是有质朴情感的，但是在最积极的意义

① 对于新政治科学沉迷于捷径，将公民秩序基础看作签订合同导致缺乏对公共善的一致考虑这一点，阿兰·布鲁姆评价说：“这里需要的仅仅是个人，他们清楚自己的利益所在，并且同他人的利益发生着纠葛，人们认为向公民状态的过渡差不多是自动的，绝对不要求就什么是善好对生活达成公共的一致，这样一种难以察觉的过渡表明了新政治学的自然性”。[美]阿兰·布鲁姆：《巨人与侏儒》，张辉编，张辉等译，华夏出版社 2003 年版，第 218 页。

上也并不符合近代政治文明所需要的公共权利的意识立场。理解了这个“自然起点”的缺陷，才能把握卢梭国家理念中对主权之核心原则（公意）与个人对联合公约的理性判定的重新融贯结合，而这种融贯结合是卢梭解决近代资产阶级个人的分裂心智的关键，也是卢梭刻意在《社会契约论》中再次修饰自然状态假设，使之能够重新挖掘出提升看似低下、实则高尚的救助之途的依据。

（一）公民宗教：情感制度化的公共方案

卢梭政治理论的核心来自于他对政治美德复兴的理想。他依照从批判自然状态起点堕落的趋势入手，要求人从那种“自爱的偏执”中走出来，延伸自然本性中天然同情的部分。但是从自然人类的演化史可见，这种同情极其脆弱，只要经过“理性”算计之手就可能轻易败坏——幸亏有社会契约论这个工具，可能使得人们避开这个路径。

怎样将这种同情和其他情感结合在一起使之更为牢固，以免它再次堕入市侩和自由主义常有的算计与自我中心主义呢？这正是卢梭精心设计的公民爱国心与对法律之尊重的结合，它能够顺利地被造成这样一种意识形态效果：公民视公意的决定为自己的决定，而不只是“他们的”集体决定，而全力奉行。这样，对现代政治的批判，就可以藉由对照霍布斯在同一个视野上展示——弥补自然的疏离造成的社会和政治的功利化，首要任务要从政治美德的方向着手，尽管这条路径无疑高度具有“社会人极易偏离政治美德”的扭曲声誉，[①] 但是通过公民宗教的力量仍可奋力一搏。

公民宗教（civil religion）在卢梭的理论中是培养公民正义感和德性的关键。启蒙时代是对宗教迷信和教权建制充满批判精神的时代。对卢

---

① 参考阿兰·布鲁姆，他指出卢梭认识到一个事实：“自然的动机无法造就社会的人，因此和那种走捷径的政治科学采取了不同的道路，也即霍布斯和洛克的契约论，由于只是以自我利益的计算为依托，这样的社会契约造成了“资产阶级人”，他们的道德是“金钱性质的”，造就的是“伪君子”。［美］阿兰·布鲁姆：《巨人与侏儒》，张辉编，张辉等译，华夏出版社 2003 年版，第 205 页。

梭而言，古代罗马和意大利各国的历史提供了公民宗教正面和负面的各种样本。他将宗教在社会的传统影响分为三类：第一类：基督教——软化国民意志，教导盲从和软弱，分裂权威并为暴君和外国势力扰乱内政提供机会；第二类：古代异教——野蛮和不宽容和排外的，尽管它的神权政治体制能够将公民对国家对热爱和效忠神灵结合。第三种宗教则是卢梭改造的兼有两者优点的公民宗教，它能够将对人类的同情之心和对祖国和法律的热爱结合起来。

公民宗教在教条、仪式、对基督教所持态度等方面都有细致规定。卢梭认为，在教条上，公民宗教其实主要致力于对道德信念如爱上帝、正直者幸福、恶人受罚，尊重契约等原则的颂扬，但是这些教条要尽可能少。凡涉及公民内心自然宗教的部分国家不应干涉，但是在仪式上主权者会加以规定，尤其是公民信仰的宣言，凡是不信仰都要被驱逐。这个宗教同时也对违反公民义务的宗教不宽容。有评论者称，卢梭这样做的结果，其实就是将宗教世俗化，其教条不过是正义德性的灌输；也有论者斥责这种强制意味着将国家变成一个“在世之人的修道院”。[①] 无论这些评论是否公正，卢梭的设计其实是将公民宗教作为补充“权利框架”的补救要素，通过提供爱国之心和对法律的虔敬教育，同时抵制基督教对欧洲民众的过分软化的影响。他的目标其实是利用这些工具改造人性，使得人能够以正义和积极的同情之心代替自然本能，而这才能够真正达到他所理想设计的“公意”的政治能力的基础。

（二）全新的起点与塑造人性

在此，卢梭设置了一个珠联璧合的社会契约的“起点”，这个起点严格来说不是“自然状态的历史样态本身”，而是通过分析和排列自然状态的积极意义上的各种版本可能性得到的，其中不乏接近天真烂漫人猿相别的“历史切片”，也不乏社会性的品评标准造成那个有限社群却在进化

---

① 转引自李育书《从自然宗教到公民宗教——卢梭对政治和信仰的现代建构》，《理论月刊》2012 年第 9 期。

史止步不前的“时间切片”；同样也可以看到几乎半步踏入社会的具有“穷人和富人的欺骗性契约”的约定论却深受不平等固化之害的（缺乏政治复杂性）的“时间切片”。如果说，自然状态作为社会契约的起点实际上并不是人类学意义上的“几千年前智人”时代，或者描述了某个从战争中文明急剧倒退导致人的原初社会性需要从头建立的艰难的年代，而不过是从类似诸多人类社会性的“原生匮乏”处境（*aboriginal depravity*）描述社会契约论构成政治体良好基础的可能性。那么上述各类“时间切片”勾勒这一假设作为社会契约的合理起点——在卢梭的审视下都各有长短，却必须加以萃取才能够得出理想的“自然状态”，在这个意义上，这位历史—人类学家要做的不仅是考古工作，还需要做某种对人性的重新塑造。

这个秩序中，公民被要求在消极意义上不因财产和禀赋差异服从任何人，但是在积极意义上又要交出一切服从国家，且通过公民宗教的教育来尊敬和热爱自己的国家，这种情感是温和而公正的，它使得人民热爱彼此。在卢梭的语境里，这不是因为公民宗教具备迎合他人或缓和奴役的外在表象，而是在某种意义上被期望缔造更好的公民纽带以缓和契约网络造成彼此独立和疏离的状况。[①] 在更深的意义上，将公民的“服从”同时奠基在对社会契约造就的公意的“尊敬”和对公民宗教的“虔敬”之上，从而在更严重意义上严格限制个人自然自由的空间，或许读者在这时才会意识到，卢梭并不像伏尔泰等一些启蒙思想家所误解的那样无比尊崇自然状态的某种天然情感，而这种对情感的刻意塑造其实也是后来不少共和主义思想家希望借公民精神的命题阐发的。正如第一节中分析自然状态的人性沦落历史中提到的那样，理解卢梭从自然状态引向社会契约的策略在于把握情感对理性有引导作用，既然情感堕落会连带引发后者堕落、而不是次序相反被理性所拯救，那么若一个自命的立法家

① 在卢梭看来，一旦人民进入社会就需要一个公民宗教，至于需要一个经过设计的公民宗教其实是因为在他的时代，公民宗教被设置了和基督教争夺“认同感”的任务，而不是缺乏认同感，这是通过将公民宗教和特定的社会契约结合起来达到的。参考孙向晨《公民宗教：现代政治的秘密保障》，《复旦学报》2012 年第 6 期。

（如卢梭）要设计良好的政体、挽救失败的政治安排，绝不能从塑造“理性”入手，而应该从提升人类的“情感”入手扭转人性。在政治设计的意义上，（非理性的）情感相对于理性的优先性，是卢梭区别于霍布斯以及洛克等人极其关键的一点。

正是通过这种塑造，可以投射并且调整整个社会契约的秩序重建的“起点”，反思“起点”能够得到将一个大写的人的“意志和力量”良好结合的方式，而这是在社会契约的奠定进程中，不会加以规定或公意可以判断的，公意只能以此为“底色”或“背景”。不过在这个意义上，人民通过政治教育学会判断力的“起点”其实就不是一个民族的政治智慧的问题，在尽力升华同情和良心等公民情感的卢梭看来，寄希望于教养人民的政治判断力，其实不是培养理性，而是需要一个有智慧立法者建立恰当公民宗教来使之热爱真正的自由、憎恨奴役——在这种意义上，群居表达“公意”的民众必须将政治人性的重塑当作一个极其重要的、维护整个人民主权的事业基础来做，才能维护其政治判断力。

综上所述，通过重塑公民人性，尽管卢梭所允诺“订约之后仍然使得人们和以前一样自由”在新的政治教育下可能更倾向绝对服从，但社会契约最终得以实现道德与政治的重新和解，这只能在自然状态原先即有的规范性潜能得到设定才可能。

本章小结：卢梭的契约论：浪漫政治的理论工具

在 18 世纪，卢梭面对的政治思想史是一个资源极其丰富的思想库。其中充满了大量约定论的资源和社会契约论精心设计者的成功作品。启蒙思想家大多自恃文明增值积累，却很少发现倒着走、反着看的奥妙。自然状态的反向逻辑事实上和此逆势论证是天然盟友。在不多的政治思想史案例中，人们会发现契约论被用来充当一种建构政治秩序却对人性批判到底甚至揭露到体无完肤的状况——毕竟和启蒙时代的乐观而言实在是太不合时宜了。

同时，思想史研究者仍然会惊异于这种逆势论证的独特反差，卢梭在《论不平等》中所展示的一种全然批判性的哀悼文——悼念人类天性的政治文明的异化，如何居然会成为革命的工具、道德改善的工具同时变成回溯一种标准的民主定义的来源。尽管没有多少人认真细读关于政府和主权者之间的比例，以及所谓的立约的过程如何一蹴而就，不容划分阶段。就像是突然从魔术师帽子里面拉出来的兔子一样——这样一个契约的订立同样是一揽子生意。这一揽子生意保证阅读者和革命者愿意用一种浪漫的、不容置疑的方式看待代表公意的虚幻的实体。在诸多方面，无论是基于人性论的最基础命题的剖析入微，还是力图将整个社会契约论奠基于逻辑清晰的几条假设之上的尝试，还是对逆势论证的自然状态假设的再次调用，都很好发挥了他之前各路思想家设计的优势，回避了一些劣势。社会契约论作为一种既抨击“约定论”，又促成对人类政治文明中可能性理解的工具，卢梭都做到了善用资源。

然而，卢梭的另一个方面的成果也是骇人的。在这样一个神圣化的政治化进程中，为了防范可能发生的堕落，人类被纳入到一个过早成熟的政治共同体中，并未被证明有足够政治智慧的社会人，却被要求套上公意，公民宗教的笼头，在这样的严苛标准之下，个人和集体的混同不但难以避免也没有界限。这个标准一旦订立就可以自动执行并受到所有人的乐意认同，卢梭的政治设计的核心因此更像是一种道德框架的设计，而并不充分适用于一种政治的设计。尽管契约论可以作为基础政治秩序而削弱交易性质，但是卢梭的方案展示了社会契约论一直都存在的黑暗的一面，过分注重秩序的奠基意义却使之绝对地道德化，当政治被用来执行道德审判的时候，人的生存意义本身就无从立足了。尽管同样都在社会契约论中对人性论有刻薄的描述，但是多数他的前人都带有某种斯多亚学派的冷峻客观甚至愤世嫉俗，没有人像卢梭走得这样远。

如果追溯古典社会契约论三家设计的问题和成绩所在，毫无疑问，作为从人性的最显微角度设计理论，从而改进秩序的契约论中，西方古典社会契约论已经走到了登峰造极的程度。从人性、动机、理性、情感、权利、个体、自然、社会没有一个概念和假设不是经过了分殊、重构、并置、逆向引导等奇怪的操纵和再融贯设置，而这种高度人为设计的传统，最终还是脱去了“自然”的面纱大大方方地将“人为设计”的真面目摆上了台面。不过在各路思想家能够让读者接受人性奠基塑造政治文明的真相和可能的本相之前，诸多历史资源库已经以不可阻挡的速度将“约定论”如年轮一般层层积累起来，在约定论的众多版本中，近代古典社会契约论难以直接化约为制度实践的特征，显示出颇为可观的绊脚石效应。这种绊脚石效应首先让启蒙时代的后人拒绝理解社会契约的历史真实性，之后则是理解一种社会契约论作为一种政治理论的严肃意义。

第六章　古典社会契约论的批判与再生

启蒙时代的浪漫思潮中不仅有对原始人的天然本性的追索，也有来自社会的坚强功利主义的反扑。此类反扑在根本上并不是和社会契约论的设计传统相左，而是在恢复一种“政治设计”的坚强信念。本章主要是根据功利主义脉络对社会契约的批判进行的，在这个脉络中对社会契约的批判主要从历史虚拟性（休谟）、“功利与权威”的关系（边沁）及“人格论对契约论的悬置”（黑格尔）这三个角度来挤压社会契约的理论立足点。这些从右到左的夹击显示的是对社会契约本身存续效力的质疑，至少在启蒙时代用于怀疑的许多思想家看来颇为令人信服。启蒙时代对古典社会契约论的攻击同时也是对约定论的一再肯定，仿佛古希腊智者派精神全力反扑。这套理念中最核心的理念是：功利主义者对社会契约论设计者旨在构建的法理秩序，代之以一种纯粹约定“内容”要素的二阶契约，契约的可见性和普通私法契约一样“可见性”加强、趋近世俗化，同时也消解了社会契约论作为“一阶理论”的地位。

上述对社会契约论的批评主要是破坏性的，而不像前述古典社会契约论诸家那样力图建构自己认可的创新理论版本。任何希望严肃对待社会契约论传统说服力的人，都不能忽视历史上来自约定论反扑的一段历史。这段历史是终结于深植早期北美多种多样的约定论实践、意外地开启了一种创制社会契约的新篇章。

本章如此安排：前面三个小节略论休谟、边沁与黑格尔这三位批判者对社会契约论批评的立场，第四节描述潘恩对蔓延在北美殖民地的约定论余毒展开的批判。有趣之处是，社会契约论在欧洲大陆几位思想家讥为虚拟而微不足道的对象，在潘恩这里却视为已经在欧洲大陆革命实践扎根并在北美实践两次的制度蓝本，是世界史上值得记录的新政治语言的实践先声，读者则可从中见到古典社会契约论对起点时刻的特殊意义的寻求，在此再次浮出水面。

一 休谟：原始契约 史无可鉴

（一）服从之源难觅踪迹，习成功利可喻政府

苏格兰哲学家、历史学家大卫·休谟（1711—1776）是苏格兰启蒙运动及西方哲学历史中的重要人物之一。其《人性论》（1734）和《道德和政治论文集》（1745）《人类理解论》（1750）贵为经验主义哲学重大历史贡献。其中对于因果关联、归纳问题的细致阐述是知识论和伦理学领域绕不开的主题，休谟的理论有很强的怀疑论色彩，人们生活基础的归纳推理被他看作只是有限理性的证据，自然的思考方式决定了我们根据相同原因推测可能的结果，但是理性却不能彻底信赖，因为思考缓慢且易错[①]。在宗教色彩仍浓重的时代，这些论调引发了教会的警惕。

他谋求大学教职不利，历任安那代尔侯爵（1720—1792）的家庭教师、苏格兰律师公会图书馆管理员，最终以一个历史学家身份闻名，《英国史》出版即成为畅销书，并将特定政制下的人民描述为“依从传统习惯与服从既有政府，鲜有质疑，只有面对无法确定的情况才被迫考虑改变的一个群体”。在休谟笔下，亦可见到服从原始契约的“原始人”“社会人”难以分辨的界限，由于缺乏足够的政治预见力，多数历史年代正是在习惯奠基制度的洪流中不知不觉地过去。

在本书的叙述脉络中，休谟是约定论的代表，他对社会契约论的批评者是其很有代表性的“契约惯习观”。休谟时代英国的政治思想力图解

---

① ［英］休谟：《人类理解研究》，关文运译，商务印书馆 1997 年版，第五章第 2 节。

决的是“自然正义”与政府的关系问题。这个问题与霍布斯式论题的自然法命题重叠。不过，对休谟而言，规避自然法相关讨论的复杂理论资源更为明智，他另有一些简明扼要、容易理解的方式简单化处理这一理论。休谟哲学是功利主义的，他对自然基础的偏好使其对自然正义之起源提供了一个解释：最早，人类从相互协作和家庭合作中得到利益，但是情感的对立仍然产生行为的对立。补救方法是协议，所谓协议只不过是社会交往中共同利益诱导个人发现并且遵守的正义规则，包括稳定占有应得的财物、依据同意的财产转移和遵守诺言等。因此，建立正义规则不是神赋，也不完全是自然，而是随着自然演化的人为规范的演进。换言之，这些社会交往的正义规则并不是什么“许诺”而是随处可见的“习惯”。[①] 但是，随着社会规模扩大、财富增加，人际情感不免亲疏远近，几个不同社会之间就会发生战争，从而威胁社会的存在，于是产生了政府权威。

当然，休谟并不反对以某种自然状态或者政府危机状态来模拟某种社会契约的必要性，但是基于这类思考无助得出服从的义务和正义起源。在他看来，人类的“服从正义的义务”是脆弱的，很轻易就会被特殊利益和现实诱惑所干扰。因此即使从人类演化角度看，在不少野蛮部落和早期国家，某些有才干的人物或许真的在解决冲突和战斗中使民众佩服其公平精神、谨慎与英勇，甚至得到人民赋予其得到和平和战争状态中的仲裁权。但是，此类“服从”是暂时的，夹杂了武力或者协议成分，他不得不占有更多财政收入，多方防范，寄希望于孝子贤孙维系治权。而他建立的君主类型的权威也很难维系，强敌环伺，内讧不休，因此，就算最初年代同意与服从并不断裂，但是接下来对权威的维系就必然充满了暴力和征服。以至于必然更多地采用巧计诡诈与胁迫，最终，使得人们不再追究服从而是使得服从成为一种习惯，但是无论如何将服从的义务称之为“自愿主动服从”并不妥。[②]

---

① ［英］休谟：《人性论》。关文运译，商务印书馆 1999 年版，第三卷 1—5 小节。

② ［英］休谟《论政治与经济》，张正萍译，浙江大学出版社 2011 年版，第 30 页。

休谟并不刻意渲染自然状态的特殊时刻或是窘迫，功利原则毕竟是自然习成而不需要特殊历史“奇迹”的，更不需要上帝的干预。一切都是世俗世界逐渐演进的产物。他不仅将政府的起源解释为功利原则，也根据功利原则约束政府的作为：政府的设立利用了人性的缺点——政府官员追求正义才能带来直接利益，违反正义只能带来较远的利益，所以，政府官员追求自己的直接利益时反而给全社会带来共同利益，这促进了“桥梁、海港、运河、舰队”等公共事务的运行，“所有这些都是由于政府的关怀，这个政府虽然也是由人类所有的缺点所支配的一些人所组成，可是它却借着最精微、最巧妙的一种发明，成为在某种程度上免去了所有这些缺点的一个组织”。[①] 可见休谟眼中的政府彻头彻尾地是一个功利主义的设计产物，它缺点不少，却无妨承认它“制造得精巧”。

休谟认为，由上可知，社会契约赋予政府的合法性高于其所应得。尽管政府是“精微和巧妙”的发明，但是不需要什么特殊的神圣理性、对传统的神秘崇敬或值得尊重的领袖的灵光乍现等等，它就是普通人按需制造的“日常用品”。既然如此，为什么不能像处置日常用品那样随意处置它呢？换言之，既然是某种出于功利接受的约定，难道不可以随意拒绝遵守和解除吗？

休谟面临的是很多功利主义理论家遇到的难题：如果用纯粹的利益机械计算解释社会约定和协作（成文与不成文），阐明何以人人不自利而随意背离社会中常见的其他各类约定，就必须另寻他路。毕竟，约定如果被看做是纯粹利益算计的产物，对整个社会道德纽带危害不小。这类论证路径不得不为社会约定寻找某些更深层的社会伦理根源，也即道德哲学或伦理学，以便解释人们为什么容易在处置那些履约不便时刻处境往往滞后、迟疑最终拖着利益分配并不完全合意的状况因袭不变。

因此，尽管休谟的政治哲学以功利为衡准，其道德哲学却并非功利主义的。在他看来，人绝非霍布斯式彼此疏离冲突的个体，而是具有“同情”别人的倾向。它包括人类身体和心理结构的类似、经济与社会地

① ［英］休谟：《人性论》，关文运译，商务印书馆 1997 年版，第三卷，第 7 节。

位的类似带来同情的机缘。“同情”是一个“高贵的源泉”，从同情中产生的道德具有利他主义的倾向，也是正义行为的道德源泉。

正义道德感怎样约束人呢？“自然正义”既然已经以协议（也即“共同利益感”）为基础建立，那么，正义的道德感就会随之产生，人们在一般观察之下就会对事物引起的不快和快乐的感受给予评价，这种评价即使不与我们的利益直接相关也成立，因此“同情”扩大了自然正义的范围，而且有使之变得公正的趋向。这样，人类的道德情感就会扩展到对公共利益和政府行为的评价：由于“同情”维系着公共利益，当政府致力于维系正义自然给人们带来快乐情绪，这种道德感就会使人产生对政府忠诚的道德义务，相反当政府不给人民提供安全保证却加以侵犯，人们就终止对政府的自然义务——尽管人们仍然长时间忍耐专制压迫，也无损于这个基本原则。

在扩展正义原则的基础上，为了免于简单的功利论、扩充解释力，“同情原则”功不可没。在根本上，它使休谟的理念区别于后来功利主义企图将道德统统归结为利益计算的做法。正义原则所依据的道德约束力与自然约束力相关，但这只是说明正义原则是不可能离开人类协定的利益基础加以讨论的。一个政治秩序的形成必须有赖两方面，一个是相关情感条件，如同情；另一个来自人们的协同性，来自共同利益的博弈交涉。这一从“自然正义感”发展到“道德”的“自然”过程正可以遵循如此简化的逻辑被干预：政治家为统治设计意见，舆论和教育都使“正义”的道德感逐渐扭转为信义和忠诚的习惯。政治和伦理就像提前做好的“轮子”，连“中轴”都不需校准就可安上社会秩序的“车”上齐力驱动。

以上对道德感的“人为”和“自然”的区分暴露出休谟的时代关于“自然”信念的衰减。他不再像 17 世纪前辈如洛克那样对自然理性和自然法抱有足够信念，功利主义将自然法所依据的理性拉下了神坛，使之条文化、简单化。不过，对休谟来说，还是至少需要对人类基本情感的正义性和形成自发秩序的能力抱有一定局限的信念。对人类原始状态或“自然正义”证成过程的描述，推演出的不是关于人类理性自然法或自然权利之龃龉的假设（像霍布斯和卢梭那样），而是基本经验事实背后的

“习惯”和“权宜”——如果习惯和权宜可以解决，自然不必大动干戈制造一个像霍布斯或卢梭式契约论缔造出来的“契约法人”——一个盘踞在不可企及的理论制高点的怪物。

（二）机械习惯迟于计算，原始契约掩盖动乱

尽管休谟认同人类不可解决的冲突仍然需要政府，但是政府运行的能效在他眼中无非是遵守人性的利害与亲疏习性的结果，他强调人类服从政府的“习惯”是理解政府威慑力的关键，这种“习惯”在其知识论中并不为因果关系客观性所保证，而是由惯性维系，这一观念成为连接自由和被动型这一背反理念的中枢。“每当对任何特殊活动的作用的反复，不用任何理智推理或者过程的推动，就产生的重复同样活动或者作用的倾向”，归根结底是一种天然的“本能或机械倾向”。[①] 在一些地方他将正义、允诺、契约以及对政府的忠诚的理由都归之于实践理性和习惯的混和。休谟认为之前的理论家喜好将之归于所谓道德的自然法，实在过誉。因为就政治义务而言，人性中的服从的习惯实际上会“追溯祖先的影响”，正如前文所述第一代治理者也必然追溯到诡诈和胁迫，而人们会被说服和恩赏确信“支持统治者权威可以获得明显利益”，这样很多迫切明显的动机就会将后代不假思索地限制在服从习惯的老路上。

基于服从的习惯来理解政治义务，也并不完全贬低“祖先”的判断力。在他的时代，原始契约频频被调用来说明政府权威的延续性。休谟质疑“原始契约”的修辞。他认为，服从的义务纯粹出于上述功利灌输的习惯而非“理性真理”。

首先，尽管看似“同意”为政府的起源提供了合法性，但是遵守政治义务带来的利益是权威持续存在的原因，更不要提“最初同意”可能是和暴力与欺诈相关，所谓的效用必然也是掺杂了不平等胁迫。在《论原始契约》中，休谟指出，首先，“征服或者篡夺——说明白点就是靠武力摧毁旧政府，几乎是世界上一切新政府成立的起源。只有在极少数情

① ［英］休谟：《人类理解研究》，关文运译，商务印书馆 1997 年版，第 43 页。

况下似乎产生了人民的同意，而这往往是不合常规，极其有限的，不是欺诈就是暴力，要么这二者混在一起，因而这种同意没有多少权威”。[①]换言之政府合法性所需要的“同意”相当简单，因为政府提供便利、安全，服从公民政府就是为了获得安全，政府的作用就在于提供权威来维系社会存续而已，就其对公平的保障而言也所求不多，无非保护财产相关的权利得以保障而已，也即使人们可以自由订立契约和解除承诺，并且强制履行契约、维护财产权。由此观之，人们遵守义务就是因为社会普遍认可这种守约行为，所谓信守诺言、公正德行也是这种机制的一部分而非先验条件。此外，有强力维持那就更无须追求同意的内核究竟来自信守诺言的德性还是便利哪一个更占优势。[②]

另外，强力固化了对守约的依赖。这个立场附带的一个理由是：原始契约只是一种政治修辞，原始契约所带来的义务也不是什么延续了一代代的对良善治理的同意。它源自某种掩盖统治不牢固的权宜之计。在不止一次论及人类早期社会冲突解决者崛起到夺权时，都提到这种原初治权的高度不稳定性，无论是通过武力或虚假伪装或欺骗其爪牙等手段，都是让人们彼此不知晓意图而使得其敬畏，很多政府都依靠这些伎俩建立并“自吹自擂其为原始契约”。休谟提醒说，哪怕是国家通过联姻或者遗嘱接受外国君主，对人民来说也不过是根据统治者兴趣进行的联合，将人民当作“遗产或者嫁妆来处理罢了，根本就没有什么人民公平合理的同意或者自愿服从”。[③]休谟说明了一个根本问题，在他所处时代英国所调用的原始契约的语言，只是具有社会契约外貌的舶来品，历史上没有实例、不过是出卖人民的幌子——和历史上关于贵族选举制的幌子一样。

原始契约的说辞不但理论上经不住推敲，付诸实践就更虚妄。即使是那些意识到服从义务的压迫性的人，诉诸原始契约也不可能获得想象

① ［英］休谟：《人类理解研究》，关文运译，商务印书馆 1997 年版，第 338 页。

② ［英］休谟：《人类理解研究》，关文运译，商务印书馆 1997 年版，第 131 页、132 页，霍布斯会反驳说，这个路径可以证明小型社会的成立，但是大型社会不会如此。

③ ［英］休谟：《论政治与经济》，张正萍译，浙江大学出版社 2011 年版，第 335 页。

的“自然”自由。社会契约论所谓“默认同意”反之解除契约的观点是虚妄的，因为人们不可能在反对现有的政府前提下随意脱身，[①] 故政治义务建立在信守承诺上是一条不佳的路径。在《论原始契约》的末尾，他讽刺苏格拉底默认承诺守法拒绝逃跑的案例为“在辉格党原始契约的基础上形成了托利党消极服从的结论”。[②]

在这个意义上来说，休谟或许可以同意这样一个推测：若国家是有一群并无正义感的雇佣兵组成，只要有实际效果，不妨也认可其服从义务。不过这也就带来所有约定论最常见的问题——这样的秩序合法性论证会考虑秩序公正问题吗？

从“自然正义”定位的目标出发，休谟阐明了一套从“同情”到有限的理性，再延伸到功利构建协约为主的社会秩序框架。这个框架很像许多功利主义思想家对社会权威来源解释的简化处理，初看秩序井然，细读则会发现其基础仍然隐藏了社会伦理和对习俗、惯例的信念。

休谟的理念较难说明这一问题：当社会传统处在危机之下，如何会有人超越自利全力奉国甚至牺牲己身为保护共同体，怎样将“越过类似阶层与类似身体构造的人的同情”泛泛扩展到那些命运凑巧使之同居一国的“陌生人”，这些成了不太容易解答的问题——因为既然“协作”按习惯维系某个社会现状（*status quo*），大致这一现状也不会过分侵蚀某一方利益或过分要求个体所尽的义务，遭受不公正也难以在惯习所依据的法律之外获得常态惯习之外的申诉。“服从”、“积极服从”、“积极抵抗”、“为国牺牲”、“民族精神”这些都是在此类漫不经心的世俗化约定观中难以涵盖的例外理念，而这正是约定论传统历来难以解决的难题——尽管约定论一再希望说明，秩序所成无非常理惯习，当遇到需要某些理想主义和公民积极义务时，这些惯习构建的纽带就轻易崩解了。

---

① 休谟“论原始契约”一文，载《休谟政治论文选》，张若衡译，商务印书馆 1998 年版，第 127 页。

② ［英］休谟：《论政治与经济》，张正萍译，浙江大学出版社 2011 年版，第 351 页。

有不少学者对比卢梭和休谟的“同情”说，认为这两位思想家持论基础相似，因为：功利协作之自然状态个体形成社会秩序造就约定正义，结构相同。但是二者最多在自然状态论述方面有表面的相似性，其差异还是根本性的。卢梭深谙“约定秩序”对于不公正很难有自我反思和批判的驱动力。此外，卢梭是真正的目的论社会契约的信奉者，在他心中社会契约应该是一个高尚的工具，可惜历史上被无知和狡黠之人滥用了。比如，卢梭自己在《论不平等》中提到“缺乏政治制度经验的人第一次盲目加入的富人与穷人的契约”，将成为历史上“万古长夜”[①]无从修正的弊政。相较之下，休谟是一个经验主义者和实用主义者，他的历史洞察力使他拒绝相信所谓原始契约或人民同意的浪漫论调，在他看来，只有完美的人性能做到依据理性、自由同意建立政府。这一倾向使他谨慎地描述关于“原始契约”的种种流传意见，并粗略归之于惯习了事。但是下面读者会看到，粗枝大叶的社会契约秩序描述者不止一家，以致有时干脆偏离方向。

二　边沁：拟制空虚 功利足益

与休谟相比，边沁要激进得多。杰里米－边沁（1748—1832）是功利主义哲学家，法理学家、英国法律改革运动的先驱。他的整个学术事业目标在于挟一把锋利的“奥康姆剃刀”从法律传统中删减冗余概念、反对特权。[②]在《政府片论》中，边沁以很长的篇幅批判布莱克斯通对英国法律与宪政传统的神化，尤其直指“自然法”或“原始契约”无非是

---

① “天不生仲尼，万古如长夜”是对孔子后世影响的赞颂，指如果没有孔子的影响，整个文明就如同漫漫长夜，失去光明。这句话是赞扬孔子思想给后人的影响的。此语出自朱熹所引的《朱子语类》。本书此处指的是卢梭在论及很多带自然状态人由于闻所未闻政治文明，从而“一代代繁衍下去，人类已经很古老了，但是他们还是年轻的”这样的断语。在论述人类第一次经理的“富人和穷人的欺骗性契约”时卢梭感叹人类在发展阶段的幼稚而受骗，故“漫漫如长夜”。

② ［英］边沁：《政府片论》，沈叔平译，商务印书馆 1994 年版，第 44 页。

粉饰太平的“拟制”。①

边沁追随的正是休谟的立场，这位在初读休谟的伦理学著作感到自己“眼睛被擦亮”的法学家，认可休谟所批判的自然权利不可废除、契约永远遵守、契约能限制政府权力的立场。他进一步讥讽“自然权利”是“无父之子”，它和所谓的自然状态观念都是“无聊的”。政府的合法性基础是满足人的需要而非订立契约所成。在边沁眼中社会不过是自发追逐其自身利益的个人集合体，个人是自身利益的最好法官。政府对个人的干预是一种恶，只有较少恶能接受。

边沁的正面立场对社会契约的威胁比休谟强，在他的整套法律理论中，法律会简化传统习俗的各个层面，通过赏罚来控制人的行为。因为只要习俗被功利主义者看作是“习惯”，就变成了一个可以操纵的技术要素。如果说，休谟这里习惯仍然可以蕴含自由和实践德性，那么边沁对习惯乃至于契约论政治传统的尊重实际上比休谟还要少。他的立场将社会契约直接简化为利益协定，将社会习俗看做利益的胁迫和认可：不但古典社会契约论光环虚妄，其精心设计的自然权利和人类理性等工具也是虚多实少。②

然而，彻底的激进理性主义之余，边沁也无法说明为什么社会契约无法成为政府合法性的来源，它最多说明这种“约定”本身需要持续改变的特性，而这不是社会契约论反对的，事实上社会契约也从“可修改性”中获得生机的，只是在约定论和社会契约论之间有稳固性和灵活性差异。而且当理论设计者严肃对待一个社会的约定秩序的“起点”时，

---

① “关于原始契约和其他的虚构，也许在过去有过一段时期，它们有它们的用途。我并不否认，借助这种性质的工具，某些政治工作可能已经完成了；这种有用的工作，在当时的情况下，是不可能用其他工具完成的。但是虚构的理由现在已经是过时了：以前在这个名义下，也许得到过容忍和赞许；如果现在仍然试图使用的话，它就会在更严重的伪造或欺骗的罪名下，受到谴责和批评。现在试图提出任何一种新的虚构，都可以说是一种新的罪过。”［英］边沁：《政府片论》，沈叔平译，商务印书馆 1994 年版，第 149 页，同时参考边沁对“自然状态、同意、代表”等观念的讽刺，第 127—133、136 页。

② 参考［英］梅茵《古代法》，沈景一译，商务印书馆 1996 年版，第九章，尤其第 174—175 页。

这种可修改性的契机就赋予了社会契约完整的理论期待：当下与民众或习俗利益相符并不能限制一个政治约定将来的效用——即便可以承认，“效用”真像边沁等人那样是评价社会契约对实践解释力之标尺，然而正如霍布斯所言，这种效应和未来相关——从而和关于理想主义的各种高远目标脱不开干系，当边沁手持“奥康姆剃刀”急于砍掉观念冗余，“拟制”这一冗余还是从后门进来了。

三　黑格尔：社约无根 轻若鸿毛

对古典社会契约论的全面批判一定程度上表现出19世纪的时代现象风气，对社会契约论的祛魅是一种对理论资源过分丰富、历史上曾经吸引了太多思想家注意力的论辩工具的刻意规避，这种规避与其说是在正面批评、毋宁说是“不信”所造成的时代语汇的隔阂。18—19世纪的启蒙精神拒绝相信任何一种对契约更强纲领的抽象理解——无论是出于“神”还是“始祖传统”还是“人类理性之光”。这种祛魅很快引发了反扑，然而这种反扑首先来自国家主义的立场，它复活了对“国家的主权人格之强化并超越于经济主义的交换秩序”的观念。

在19世纪对强化的个人立场很快被倡导国家合法性源于政治领域之独立性的观点淹没，这种立场尤其在德国颇为盛行。英国政治理论家麦克尔－莱斯诺夫介绍国家主义思想时一语中的：“国家的人格化”从此和黑格尔对社会契约的批判联系在一起。① 事实上，对社会契约论的一记重击不仅来自认为社会契约为无稽之谈的人，也来自那些认为在理论方面社会契约论贬低了国家尊严的政治哲学家如黑格尔。然而，他批判的是他心中的社会契约论传统——“约定论”的那一面，从而错失了一部分

---

① 对人格化的国家理论的要求不见得和国家的合理性证成相关联，但是在历史上，古典社会契约论这三家确实如此。有评论者认为，古典社会契约论有一个共通的预设前提，也即国家的人格化，它将其与当代契约论者和古希腊或者中世纪的理论家区分开。参考［英］戴维·鲍彻等“社会契约论及其批评者”，载于［英］莱斯诺夫《社会契约论》，江苏人民出版社2006年版，第354页。

目标。他认为“效用”不可以用来作为政治义务的基础，国家意味着某些更为严肃的、超越于经济约定交换的神圣目的。

黑格尔的批判和他的国家主义理论高度相关，基于个人人格严重依靠国家既定的权利义务结构的前提，他走到了否认“个人”作为自主平等的主体进行选择和协商的契约论基础（个人不是分离和自治的个体）这一步。与现代不少对社会契约论的批评者类似，黑格尔对社会契约论的核心论据和关键推论都颇有微词。第一，个人的先在性本身就是以社会和国家为基础，而且外在于其选择的。在每个人刚出生时，必须获得在这个既定伦理秩序中接受权利和义务的能力，不可能“选择”国家[①]。因此个人没有什么自然权利，只有获得权利和义务的能力，这是由国家来维系的人们的实践结果[②]。第二，如果进入国家的义务居然依赖个人如商旅般往来自如，随时退出，那么国家中的个体就会有权利随意反抗或者离开，这就是使得国家不可能存在[③]。第三，如果个人希望借助自由主义标准的社会契约论工具退回到消极自由，在黑格尔看来这也是不可取的。因为这和他所倡导的“积极自由”观念不符，即将自由等同于自我规定或自律，也即“依照我作为一个理性存在者加诸我自己之上的理性法则行动的能力”[④]。

基于自主个人的理想地位，黑格尔也顺理成章地鄙视社会契约论本身，认为它作为一种“临时性”纽带，仅产生于立约各方主观需要和选择，是“意志”对“意志”的关系。而政治关系本质上是必然、客观的、不以偏好和任意为转移的。因此他极力反对把“契约关系和一切私有财产关系掺入国家关系”、“将私有制的各种规定搬到一个在性质上完全不

① ［德］黑格尔：《法哲学原理》，张企泰等译，商务印书馆1961年版，第106、150、153小节。

② ［英］戴维·鲍彻等：《社会契约论及其批评者》，参考［英］迈克尔·莱斯诺夫《社会契约论》，江苏人民出版社2006年版，第371页。

③ ［德］黑格尔：《法哲学原理》，张企泰等译，商务印书馆1961年版，第258节附释281。

④ ［美］弗莱德里克－拜赛尔：《黑格尔》，王志宏等译，华夏出版社2019年版，第270页。

同而更高的领域①是一种僭越。

由此可见，黑格尔的国家观念很大程度上复活了将国家人格化的立场，这一立场清晰地界分了“政治”领域和“社会”领域的规范位阶，并认为政治权威根本与社会不是由同一类型的纽带所联系。这样看来，黑格尔与霍布斯的“主权人格”说相比，固然看上去有少许类似（实际上也有不少学者指出过黑格尔在自然法传统等多处受到霍布斯影响）但是从保守的意识形态论证目标程度看，黑格尔比霍布斯更强。在黑格尔这里，国家是某种神圣的化身，他从未想过也绝不会接受由个体牵制共同体崇高法人权威的可能——而霍布斯这里，“国家法人”的绝对性论证还是打了折扣的，读者可以看出他对居功自命的贵族应该履行积极忠诚义务而不分裂国家主权人格、牵制王室许诺的略带高傲的劝诫②。这也只有在承认了组成主权人格力量重要个体的“世俗性”和可分性意义上才是可能的。

综上所述，18—19世纪对社会契约论的批评有两个方面值得注意，一方面对自然法、原始契约、服从义务的经验基础批判尤为猛烈③，休谟和边沁从历史经验的角度批判社会契约论与自然状态假设，然而，他们所批评的社会契约论更多是申明经验上的无依据或者依据错位；另一方面批判来自反向误读社会契约论的角度，即如黑格尔所指斥的“社会契约论”不过是经济思维，有以其恣意、算计弱化国家权威之嫌，但是就本书所描述的社会契约论特征而言，黑格尔批评的其实是约定论，不是社会契约论。

这两种思路正可相对照，因为黑格尔实际上点出社会契约论受到严重批评时代向约定论转化展示的问题。这个趋向在20世纪诺齐克“反契约论”的构建中愈发大行其道。但是在论述20世纪罗尔斯等理论家对社会契约论和约定论关系进行创新设计之前，先要说明一个在启蒙时代后

---

① ［德］黑格尔：《法哲学原理》，张企泰等译，商务印书馆1961年版，第82页。

② 读者可以参考本书第三章，第三节，第二小节2.“对立的解释和背景推测”。

③ 马克思也批判过社会契约论，认为这是资产阶级的意识形态，是掩盖不平等关系的，而自然状态则是虚拟的。但是他没有直接处理这些话题，本书从略。

期逐渐登上世界舞台的意识形态变化，这种变化意味着制度上失势的社会契约论再次得到重视，这种重视确是从一个制度的意识形态论证短期和长远需求开始的，为此要特别提及远超学院派锱铢必较，而集中火力打造重磅檄文的另一个政论者——托马斯－潘恩。

四　潘恩：跨越大陆 契约失联

（一）北美殖民地契约论的语言：约定论的沃土

18 世纪的北美大陆在独立战争之前深受社会契约语言的影响。首先是来自《圣经》传统的相关理念，它们共同维系了在危机四伏的共同体下人民对神权契约的信念和共同体的坚韧信心。第二则是来自殖民地的治理契约，这些契约形成一种规范并作为殖民地和英国（母国）之间的诸多令状约定的治理模式。这些令状、特许状自身也根据君主恩惠属性归于不同类型。如果读者熟悉“五月花号公约”，则会知道这一契约本身带有很强的社会契约的性质，来立约的各方清晰地申明自己来到一个社会秩序的蛮荒之地，彼此形成一个共同体、互相信靠和依赖并且置业、遵守英国统治权的必要性，并将对上帝的信念与此种天命观附加于此治权协同之上。这一时期，北美大陆社会契约的语言的基本特质是守成的，旨在维系既定社会秩序，很少有人以“契约”的语言来挑战社会契约的秩序。尽管从各方面推敲不乏模糊之处，在这样的契约规范之下，也很少有人提出这些约定的合理性问题或者悔约问题，这一理念的诸多制度实践提供了北美殖民地各处人们对邻里关系、共同利益与共享文化传统的模糊的认可。

此外，以契约规范为治理手段，其治理的贵族性质和以平等自由人为基础的政治体制也并不矛盾，殖民地选举权仅仅限于本地教会成员和股份拥有者（马萨诸塞），本地的一些乡绅精英反复在选举中被选出，[①] 使

---

① ［英］戴维－霍尔：《改革中的人民：清教新英格兰公共生活的转型》，张媛译，译林出版社 2016 年版，第三章。

一些殖民地统治群体的治理模式具有很强的精英色彩。换言之，尽管北美殖民地人民以勇悍自治传统著称，却很少有人挑战对社会契约的实践来说最具有意义的几个问题，这些问题将作为理论的社会契约和作为制度实践的社会契约紧密联系起来：1. 人们订立了社会契约？它的原本在哪里？ 2. 为什么先人的契约要约束后人（这一“信约”的延续性问题，《圣经》的信约传统已经解决，无从置喙[①]），3. 契约的条款可以改吗？（这一点在各州的立法会议上通过赋予人们一定代议权实践）。4. 这个契约可以选择退出吗？（一些逃离教区惩罚者已经用脚证明了这一点）

值得一提的是，从 17 世纪末期开始，殖民地的居民随着经济与社会力量增长，关注自己的立法权，以及对来自英国的代理人权威的限制。因此，对公法契约来说极其重要的第一个问题“契约原本在哪里”曾经被有效提出，还引发了强烈的社会反响。读者会发现，在一个契约实践颇为丰富的地区，其实对契约原本的追究反而是提升其意识形态话语权威性的重要来源。读者甚至可以说，明文契约自身具有的现代政治产物基本特征，遥远不可靠的先祖契约倒显得故作深沉。在 17 世纪末期，由于税务争端，康涅狄格殖民地的几个公民要求查看王室特许状的原文，获悉当初王室对收税条款的要求条款。以此为契机导致了一场大规模的立法机关改革。这一“鉴定社会契约原本”的历史事件说明：在北美殖民地人民对“契约传统”认真严肃对待的语境之内，一旦社会契约的修辞涉及到政府的架构和立法权来源、权威合法性等问题，“溯源”可能会带来原先势力的稳固性被动摇的后果，渡过危机的政府则可以改善立法机构的回应性，扩大民主基础、强化信任，使之更趋向履约的政府观念。

正是由于这种保守的威权主义特质，在这些堪称契约语汇之网的社会氛围中，首先导致美国本土产生社会契约大规模变动和创制的，是一个重要的“解约”行为。来自理性传统的社会契约对溯源与追索兑现权利的要求，放在 1787 年之前已趋裂痕、版本骤变的殖民地诸多约定的契约框架内会看得特别清楚。

① 参考本书第二章“神权契约的传统”。

（二）潘恩与解约危机

1. 殖民地契约传统的祛魅契机

前述情境布置了北美 18 世纪社会契约论的背景色。上文说明无论是社会伦理还是政治诉求上，契约都是殖民地政治生活习以为常的政治语言。如果说英国本土实际上并不将关于“原始契约”之类的语汇当真，本章第一小节就说明了在北美殖民地对“契约”的语言神圣性的理想主义信念绝对超乎其上。下面将要讲到的“解约危机”启发了美国宪法契约的建立，是多数学术人熟知的故事。但是，这个故事并没有充分说明“解约危机”的问题所在——因为这一使美国人终将走向独立的“解约”不但革除了社会契约的神秘性，也为美国的宪政契约埋下了不稳定的种子。

在 18 世纪早期，北美人对来自纵向政府契约和英国君主政府的认同仍然是高度勾连的。在斯托林《美国宪法评注》中，曾经这样描述 9 个殖民地[①]对自身联合权利的看法[②]：“对所有殖民地所宣称的权利和自由的最好描述，是 1765 年 10 月在纽约集会的‘九殖民地大会’所起草的宣言，那份宣言宣称，殖民地与在王国内的臣民一样效忠于大不列颠王室，并且对大不列颠议会负有全部应得的服从。殖民者‘有权享有他在大不列颠王国内生就的臣民的全部固有权利和自由’。”

18 世纪中叶以来，随着英国转嫁财政压力，殖民地愈发不堪重负，受压榨的人民纷纷暴动并从法理上反抗。对此埃德蒙－博克看得很清楚，在《美洲三书》中他提醒此时的美利坚殖民地人民“已经不再是一群集合起来只关注经济问题的普通人”了。曾自认是英国议会治下与英国公

---

① 本书术语说明：根据学术界通译，殖民地时期到独立战争之前各个殖民地为单称，比如特拉华，而不是写作“特拉华州”。但是独立战争后则个殖民地获得法理的独立，为主权邦（state），故称为“各邦”，如特拉华邦。但是在立宪会议批准后，各邦变为联邦制下的“州”，如特拉华州。这不是再说美国是单一制国家，而是根据通用译法。

② ［美］约瑟夫·斯托里：《美国宪法评注》，毛国权译，上海三联书店 2006 年版，第 84 页。

民共享同等权利的美利坚人，坚持“无代表则不交税”。而同意的权利来自洛克式社会契约——一种基于人民同意的有限政府论证。反抗书册撰写者布兰德就曾经提到“英国王室和殖民地人民签了契约，才有了当下的殖民地权利，但是基于人民同意治理才可能，因此，如果前者伤害了后者的权利，则后者可以解约。”①

布兰德是否如洛克那样提及若政府欺压人民可以“诉诸上天”，不得而知。但是在18世纪中叶盛行的各类政论小册子中，美利坚殖民地人民已经愈发意识到作为公法契约的社会契约的另一面——成也契约，败也契约——用来维系殖民地立法机关尊严的社会契约，现在要掉转矛头抵抗授权契约之源了。值得注意的是，北美殖民地确实可追溯到这些契约白纸黑字的纸版（如果他们真的算作社会契约的话）。

然而，社会契约要作为一种革命性力量出现，不仅要与汲取王权—神权光环的传统决裂，还要进一步将来自英国的“王权契约”框架——一个长期以来存在的信义源泉彻底去除。对于这项美国事业来说，更为稳固之策是不止步于祛魅，还要找到新的合理性，确立一个新的合法性价。在这个过程中，托马斯–潘恩的《常识》对英国君主制的战斗檄文，特别从社会契约的“代际连续性”等层面进行了决定性地批驳和重建。

如前文“契约的语言”所述，“信约”（*covenant*）在北美社会的稳定性，一部分恰恰来自其神权—王权光环下的模糊性，使得其不可推敲的诸多层面（法人身份界限、权利界限、历史时效界限、可修改性界限）很少被付诸讨论。当“信约”与社会契约在追溯和要求兑现中逐渐被展示其根基时，这一传统的另一面——革命性质和不稳定的性质就愈发明确地表现出来了。

2. 社会契约的革新之火

（1）双重目标：旧约定论的解离与《常识》的革新意义

托马斯·潘恩（*Thomas Paine*）（1737—1809年），在18世纪诸多

---

① 王希：《原则与妥协：美国宪法的精神与实践》，北京大学出版社2000年版，第54页。

有革命色彩的手册中，他可能是最惊世骇俗的一位。60 年代时他写作的《税吏事件》曾受到富兰克林赏识。1774 年因为“反政府”思想被免职，并被作为契约奴发配北美大陆，后凭借富兰克林的推荐信任《宾夕法尼亚》编辑。当时的北美大陆人民君主制观念根深蒂固，就连华盛顿、富兰克林等都对此闪烁其词，更别提革命了。潘恩以《常识》提出了美国必须独立于英国统治的激进主张。1776 年 1 月《常识》席卷了北美大陆，被称为美国独立革命的教科书。据历史记载当时所有北美男性都阅读或听过它，而所有大陆军士兵随身行李都有一本翻皱的《常识》，之后的《独立宣言》的作者也坦陈受《常识》影响颇深，且对引用它表示荣耀。

1776 年为增加美军的士气，潘恩撰写《美洲的危机》，名噪一时。1789 年的法国大革命，潘恩更激进地抨击英国，震动欧洲，后因英国追捕旅居法国并受到一时欢迎。然而风云变幻，法国在大革命后期立刻逮捕他，北美踌躇不已后将其经大使馆渠道救出，之后潘恩流亡并辗转于欧洲，1802 年才回到美国。却未知其在革命的故乡因为反宗教立场受到口诛笔伐，最终死于美国，后传尸骨不保。潘恩不但以《常识》鼓舞北美人民脱离英国闻名，其实其《人权论》还对英国民主运动具有推动含义，矛头直指埃德蒙 - 伯克的保守派作品。不过，整体而言，潘恩政治与宗教的论点锋芒锐利，对欧洲的旧制度尤其英国君主制度极尽讽刺挞伐之能事，可谓嫉恶如仇。然而他在具体斗争风格上也有温和之处，比如在法国大革命时，他就对处死国王问题持保守态度，引起法国激进派不满。在一些思想家眼中，他是不偏袒任何派系的理想主义者，一个世界公民一类的人物。

就本书所涉及的命题而言，潘恩的理论中诸多设计会提到“契约”（Compact）和“自然状态”。而且他设计的“自然状态”与立约很大程度上又追随洛克。就潘恩心中理想社会契约奠定政府的事业而言，法国国民公会正是标杆，而他的具体描述则非常类似卢梭，很大程度上偏离了洛克。

潘恩所考虑的约定实际上是两种社会公约的问题。第一种是针对北美大陆理想中所应该具有的社会契约的状态，为未来北美大陆形成独立的政治体制。潘恩对于北美大陆两番宪法的表述，尽管多少有为论战而美化的含义，但是他也为美国宪法作为一种创制实践的社会契约提供了一个有利的政治修辞[①]；第二种“社会契约”则针对的是长期实施于北美大陆的殖民地“特许状”等约定——一个历史关系相当复杂的产物。这类约定使得北美特定殖民地所有者、管理者和英国君主之间形成了一种依附关系，各个殖民地不过被视为君主的产业。在这个意义上，潘恩的著作就脱去了单一的概念推演的学术论文的色彩，其政论事业一开始就是带有很强的革命性。

把握潘恩的《常识》开篇提到的北美的自然状态和相关修辞，要理解他旨在摒除来自先前束缚北美殖民地约定的不公正之处，同时奠定关于人权等适用于新大陆的北美自由话语的社会契约观。因此潘恩必须将问题的矛头指向欧洲君主制所沿袭的恩惠制王权约定下所具有的秩序，这种秩序的合法性在根本上是“约定论”的。就上述两个任务而言，不仅需要抨击北美得自于英国的庇护关系和约定，同时也要将这种约定本身背后所施加的政治制度的整个合法性展开攻击。

潘恩的《常识》在各类激进论证檄文中独树一帜。开篇他就介绍了自己对自然状态的理念，其中多数和洛克的版本极为相似。之后论述两个关键主题，第一为政体的起源并且抨击英国君主制的所谓起源的合法性。第二则是督促北美民众脱离不正当的统治。

潘恩认为订约方（英国政府）先行毁约这一事实，是导致契约濒临失效的声明。他声称：订约方不仅最初就没打算守约，其契约也是蒙蔽美利坚人民的虚文。其实英国政府根本就没有打算将美利坚人看作和英国本土人平起平坐的公民，而美利坚人民长期以来忍受的恣意改变的沉重赋税，是在英国议会中并无代表申张权利情况下束缚北美人民的枷

---

① 有兴趣者可以参考《人权论》，中译可以参考《潘恩选集》，马清槐等译，商务印书馆 1982 年版，第 254 页。但是此处对于美国宪法的订立过程的描述尤其新联邦宪法制订和修改后在宾州并未受到什么阻挠一说，并不完全符合事实。这或者可以归咎于 1787 年春夏之际他并不在制订宪法的现场。（实际上各邦的建制还是比较分散的，也谈不上是各个邦，邦的相对独立自主地位是独立战争中后期逐渐形成的）

锁！这一“回应性”的缺失，意味着所谓契约根本就不是带有神秘君权传统合法性的信约，不过是统治的命令！美利坚人民对“母国议会将照顾殖民地利益”的虚幻妄想早该消除[①]。

潘恩旗帜鲜明地打消了温和派的最后一点幻想，即使原先殖民地照管关系可以理解为一种松散的约定关系，那么同意其约束后代人则是欺骗性的。潘恩很有洞见地指出，美利坚殖民地和英国的关联实际是一种“要吞噬子女的压榨关系”，从而将这种代际承继精神关联消除了。在潘恩的影响下，种种斗争经历让殖民地人彻底确信——自己并不被母国看作具备与帝国公民平等的身份，而是被看作低贱得多的二等公民。

在承认殖民地当下政治体制的虚弱基础上，潘恩鼓励各殖民地应该在“青年时期”就联合起来，学会自治的习惯，用良好的盟约治理，契约和宗教精神基础恰可以将人民团结在一起[②]，否则几十年后，经贸利益错综复杂则联合困难重重。这些观察不啻为一个明智的预见。此外，潘恩还在《北美大陆的形势》也即《常识》下篇，对如何召开大陆会议，如何派出代表实现真正的自治权利详尽擘画。如殖民地应该分为数十个区域，每一届会议举行代表大会、选举议长的方式是抽签选出殖民地然后从该州代表票选议长，下届大陆会议则仅从 12 个殖民地抽取并排除上个产生议长的殖民地。对大陆会议和人民之间的议政委员会应该如何产生代表和遴选方式也有细致规定。对“知识”和“力量”（潘恩所赞成的共和原则）加以统合等等。他一再强调“组织我们自己的政府，乃是我们自然的权利。我们尽力以冷静审慎的态度来组织我们自己的政权形式，要比把这样一个重大问题交给时间和机会去支配，来得无限聪明和安全”，上述程序正当性的种种设计在《常识》中是谋划类似“立约清单”的公开声明，可以看作对新大陆上全新政治体制的大胆建议。这一任务设计最为清晰的前人应该仍属卢梭，但是，在此处潘恩对北美自由条件下的联合以及形成新社会契约的方式，寄予的期望并不是旨在一种战时

---

① ［美］潘恩：《常识》，何实译，华夏出版社 2003 年版，第 35、45 页。

② ［美］潘恩：《常识》，何实译，华夏出版社 2003 年版，第 72、75 页。

体制，而是以未来北美各个殖民地可以接受的共和原则联盟议政的方式来设计的。

（2）《人权论》中的比较政制

在很大意义上，潘恩不仅在《常识》中说明了对北美政权未来的盼望，实际上他对社会契约论的观点以及真实地将社会契约作为一种政府制度起源的实践，在《人权论》中多有描述。其中有两处特别值得注意，第一是对自然权利和社会权利的描述，第二则是以比较政治制度的视角，分别说明三类政府起源以及社会契约建立的政府的布局。他凸显社会契约作为政府理论合法性的优势地位，并展示了与卢梭类似的对主权创制契约的热忱。

首先，在《人权论》中潘恩明确地追随古典社会契约论者对自然权利的申明，自然权利本身是一种自然"社会下"的权利。他模糊地提及一种没有政府的社会状态。他声称，权利可以分为两种——天赋权利和公民权利。天赋权利是人在生存方面所具有的权利，如思想的权利及不妨碍别人天赋权利为自己谋求安乐的权利。公民权利是人作为社会一份子所具有的权利。要享受公民权利仅靠个人能力不够，必须与安全和保护有关。人进入社会不是要削减权利或恶化处境，而是为了保障天赋权利，因为其天赋权利是他的一切公民权利的基础[①]。

在考察了人的社会权利的各类属性后，他将联合成立政府的事业看作一种"公股"（*common stock of society*）。并认为，这种促使人们进入社会公股的不便在于"个人缺乏行使自己天赋权利的能力，因为不具备矫正的能力"。为此人们在社会中携手合作，"将此种权利存入社会的公股，并使得社会权利处于优先地位"。"每个人都是社会的股东（*proprietor*）从而有权支取股本（*capital*）"[②]。就此"个人保留了天赋权利，并将一些天赋权利换来了一些组成社会契约的公民权利"（不是完全上交），当这

① ［美］潘恩：《人权论》，载《潘恩选集》，马清槐等译，商务印书馆1982年版，第144页。

② ［美］潘恩：《人权论》，载《潘恩选集》，马清槐等译，商务印书馆1982年版，第145页。

些原则运用于政府，就可以将由“社会或由社会契约产生的政府”和不是由此产生的政府区分，从而将政府建立所依据的根源分为迷信、权力和理性三类。基于社会契约建立的政府是第三种，而传统的神权政府是第一种，由征服产生的政府是第二种。

在他眼中，社会契约的语言在其时代同样是容易滥用的，当时流行的对社会契约论的理解——“政府作为统治者和被统治者之间签订契约”是倒果为因。真相是“个人以他自己的资助权利互相订立一种契约以产生政府，这是政府有权利由此产生的唯一方式，也是政府有权利赖以存在的唯一原则”。

此处可以清晰地看到创制公共权威的政治语汇的影子，而这一权威并非霍布斯式的绝对权威，而是一个并不形成两造契约的“信托”。它绝不是“凌驾在人民之上的”。读者如果还记得，将创制公共权威的语汇从霍布斯手中夺出来的，正是卢梭。但也正是卢梭将此类最高权威作为一个绝对神圣的权力描述。而潘恩与之不同，在他的语汇中，他“锚定”了社会契约语言的唯一合理性使用权之外一再强调，这一权威的创制是一种“信托”（*trust*），这一信托的产生来自人与人之间订立社会契约建立政府这一点，但是他没有要求交出所有权利。在另一个方面其社会契约创制理念也可以和卢梭相比，即认为政府建立后其立法行为即是一种比立宪行为低一个位阶的政府作为了。可以说，潘恩多处追随卢梭却对政治权力足够清醒，他并没有因为人民的公共利益所铸就的契约就将其抬高到神圣地位，他得到了一个新的蠡测政府起源与运行的理性的标尺，以比较方式来衡量法国革命时期的政权（尤其国民公会）、英国君主制（曾有“原始契约”辩护）、美国两次宪法创制，就可以分明将其排列在世界史均自称有契约背书之制度的谱系上。

他评论法国国民公会运用的完全是卢梭的语言。“目前法国的国民议会是个人之间订立的社会契约”，其成员是国民的“原始代表”，将来的议会将是“国民的有组织的代表”。“当前议会的职权与将来议会的职权是不同的。当前议会的职权是制订宪法，而将来议会的职权是依据宪法规定的原则和方法去制订法律。如果今后经验证明需要变更、修正或增订，宪法将指出做这些事情的方式，而不是将他交给将来的政府擅自处理。”[①]

潘恩的上述评论在根本上也说明宪政意义上二阶契约的布局。也即为国民的原始代表所构成的议会，在历史上其法理位阶高于后来常态政治下政府所负责的议会。他认为，一个建立在社会上产生的立宪政府，并无改变自己的权利，否则它就会专断。而“自我授权的议会”必然有为所欲为的权利，如此脱离人民掌控的议会也就没有宪法可言。这里的针对对象也是英国的议会。“一个自我授权任意使得任期无限延长、甚至长达终身”的议会。

第三个比较政治的案例正是美国联邦宪法提出和形成的过程。他将国会独立战争期间的《邦联条款》和1787年《宪法》作为两个重要的节点。在1791年出版的《人权论》中，他明确表示，这两个案例都显示了国会对地方议会的尊重以及对权力的节制，美国实践的制度文明都表现在：“政府的力量不在于其自身而在于国民爱戴及确认支持它有好处”。他强调，在这两个历史实践案例中（宾州和美国的例子），“都不存在以人民为一方和以政府为另一方之间的契约概念。人民之间相互产生并组成过一个政府，这就是契约，认为任何政府都能作为同全体人民订立契约的一方，等于承认政府在能够取得存在的权利之前就已经存在了”。人民在那些行使政府职权的人之间“唯一能够发生的契约关系，乃是在人民选中和雇用这些人并付给他们报酬之后”。“政府完全是一种信托，而不是任何一群人为了谋利有权开设经营的店铺”。这种信托“可以随时收回，政府本身不拥有权利而只有义务”。[②] 在上述语汇中，潘恩明确地界定了美国联邦政府成立的过程和此前《邦联条款》作为一种公法契约约束联盟的进程，尽管作为历史叙述，潘恩多处描述并不确实，有美化之嫌。不过，就社会契约论被抬升到与美国立国进程中为其标志性历史事

① ［美］潘恩：《人权论》，载《潘恩选集》，马清槐等译，商务印书馆1982年版，第149页。

② ［美］潘恩：《人权论》，载《潘恩选集》，马清槐等译，商务印书馆1982年版，第254—255页。

件背书政治修辞而言，他起到了极大的作用。

潘恩论述的社会契约的“信托”属性和洛克设想的政府纵向契约类似。不过，在洛克这里政府作为“受托者”有相当的权利，也可以作为契约的一造，并且洛克也并没有提及悬置政府权威的“宪政时刻”；而在潘恩这里，他极力要撇清的是两个要点。一、政府藉由授权得到纵向的立约权这一点只能在宪法确立之后产生，而在“制订和修改宪法进程中，政府无权使得自己作为辩论的一方”，二、关于宪法的形成和修改的原则或者方式的论辩中，当时的政府没有参与”。[①] 也即，通过一种对美国历史的（多少有些夸张的）描述，潘恩力图强调美国实践了这样一种理想：当宪法处在修改和辩论状态，则政府合法性被暂时悬置。

此处潘恩所说的历史进程并不像表面那样明晰。这涉及的是社会契约立约时刻和授权之间关联的复杂的宪政问题，尤其关于在订立联邦宪法时，1787 年前几个月及夏季立宪的 127 天当中，“邦联国会”的法理地位（在立宪时几个月还继续在立法并且将信息传到费城，并且并不知晓费城会议旨在彻底取消前者，所以无论是潘恩所说“当时政府没有参与”，还是“政府无权使得自己作为论辩一方”实际上都是棘手的理论问题）。

本书并不过多涉及历史细节，但是可以确认的是，通过此番社会契约论的“北美化”，潘恩完成了对尊崇“原始契约”到尊重“人民的社会契约”的转化，此番转化是明确地从历史实践尤其炙手可热的对美国立宪实践的讨论相关的。对他来说，描述法国的国民公会的理论意图，和描述美国此两番立宪的理论意图类似，都是在世界史的意义上，高度提升社会契约建立政府创制的典范地位——社会契约论因此不再受到原始契约的晦暗不清的骂名，而是得到了“自由人”创制实践的美好结局。法国和北美二者都在和英国君主制下作为傀儡的议会形成了鲜明的对比。法国和北美的实践，二者都是“平等的人民个体”联合起来依照理性订

---

① ［美］潘恩：《人权论》，载《潘恩选集》，马清槐等译，商务印书馆 1982 年版，第 257 页。但是就历史事实而言，潘恩有过分粉饰之嫌。

立社会契约，并都将这一重大革命的历史时刻的政制成果落于纸面，形成了社会公约；并在之后的制度实践上清晰地类比区分立宪之后的政府立法行为。二者都运用了社会契约论的语言，都采用了在所有思想要素上都与社会契约论的核心要素贴切相符的制度比对，都排除了“人民在场之后”宪政时刻的可能性。

可以说，从订约方身份、意图、延续性、可执行性、可更改性这些方面对社会契约的系统性地回溯、拆解正自潘恩始。此番理论工作使得王权契约的纽带迅速丧失了对美利坚人民的号召力，在美洲独立战争中，各州联合作战、联合商议、订立宪法的做法才具有了另一番重构公法契约的意义。正是在此后，对契约（*covenant*）的看法其实愈发有了世俗化色彩，也就为理性色彩的社会契约（*contract* 以及 *compact*）更多被用于18世纪末的讨论铺就了道路。这不是说，此后北美殖民地的人民再也不能带着宗教情怀看待建国的公法契约，而是这种“约法”带有的父权权威的政治修辞力量，在潘恩檄文冲击之下几乎瞬间崩溃了。不少阅读过《常识》的人发现，他们阅读后几乎转眼间就会被这本檄文转变立场，从保守派变为分离派。

相反，立国之父一直在强调这样一种宗教意义上“逃离了腐败的旧欧洲，来到新大陆重建信仰与秩序”的叙事——从而将一种神意契约精神的“天命论”再次灌注到新国家秩序中；对刚刚获得光辉的自由的优良政治体的殖民地人民来说，来到新大陆彼此建立的“信约”正是社群团结一致对外的精神支柱；与此同时，确认这一点，在订立新的秩序契约的背景需要一个历史叙事的剧本。“剧本”中一定要有邪恶欺诈的一方的反差，正如在社会契约的“立约起点”加以设计需要一个邪恶不堪的“自我”（霍布斯版），或是来自传统约定论的欺骗（卢梭）才能突出这一戏剧化立约的“重生”效果，否则传统的约定看上去也没有太多不可取之处，而判断力的失误和代际记忆的模糊可能会使得后代再次受到英国式传统约定论的诱惑，踏上老路。

正如潘恩抨击保守派时所言：“几百年前在英国庇护下北美大陆繁

荣，不代表今后也会一直如此”。[①] 毕竟，社会契约论的一个重要特性是，如果形而上学的某个目标由于遭受抨击、不满（如兑现和解约）失去稳定性，完全可以再上升到另外一个形而上学目标上，奠定其宏伟精神意义。所以就意识形态设计的战术规划而言，不仅要从大英帝国逐渐荒谬暴虐的治理策略上对依附性约定的不合理加以论述，也需要从大英帝国本身制度的黑暗本质加以论述，才能根本上完成对新的契约的建立，而不是在北美复活旧的欧洲恩惠制贵族—新权贵—统治者路线，尤其要彻底根除北美大陆对英国议会制和英国政治制度的美好幻想——尽管在某些意义上，潘恩深知新大陆的殖民地议会很多结构是模仿了英国议会的制度，但是其事业之长远目标是对政治话语合法性的争夺。如果此番意识形态论证胜利得不彻底，则这意味着社会契约论的关键立约时机的丧失，以及约定论的再次复活的可能。因此，潘恩的论证路径就将矛头马上指向了英国世袭君主制，他声称，没有人会因为当时必须让出被统治的权利，就同时赋予统治者以统治其后代的权利。因为人与人之间差异没有达到如此程度，以至于可以使其永远然让其家族维系绝对超越于其他家族的优越性和治权。[②] 这就将英国君主制背后家产制国家的根本理据连根拔起了。

在这个意义上，美国的天命观充当了一个承前启后的意识形态角色，不过仅仅过渡还不足，天命观早就在殖民地时期就被清教徒用来抨击英国本土信仰的迫害，这种迫害色彩在政治领域要想发挥充分效果则需有人煽风点火。潘恩则适时地提供了这一“剧本”中欺诈一方极具负面形象，以督促整个北美人民猛醒并逃离的危机感。这就意味着它的作品具有和霍布斯理论类似的论证效果，“逃离”约定论和“逃离”自然状态一样，必须如“头着火”一般弃之如敝屣才可以。由此可见，社会契约作为公法的一种建构理论资源出现时，其独特的两面性——兼具稳固秩序

① ［美］潘恩：《常识》，载《潘恩选集》，马清槐等译，商务印书馆 1982 年版，第 21 页。

② ［美］潘恩：《常识》，载《潘恩选集》，马清槐等译，商务印书馆 1982 年版，第 14 页。

的保守特性和革命性，再次展示无余。也正是将这种新旧秩序的二元张力激发到极致——如善恶对抗、新旧对抗、贪婪的旧秩序维护者和纯良的北美人民的对抗——才使其更接近西方古典社会契约论中常用的起始状态“贫瘠”的假设。在前文已经说明为什么这一状态产生并不必需一种自然资源意义上的贫瘠（实际上往往还是中等丰裕，这在洛克和罗尔斯后来的设计中也可以见到），或是霍布斯浅表意义上的道德贫瘠（*moral depravity*），而毋宁是一种政治预见力和组织智慧的贫瘠（*barren*），与其说潘恩在展示一种北美道德早期原始性和自然约定促成的偏安一隅、以农业国为重的政治天然处境，不如说是在说明一种原初社会状态与简单约定论相区分的处境，这种处境意味着北美危机是一个亟需关注的命运的枢纽，在这个关节点上，北美殖民地未来的政治政体的选择看似四通八达，却并非通衢大道，而是遍布约定论的诱惑。

可以进一步说，作为对约定论的批评者，潘恩的理论斗争不仅针对旧欧洲的“约定论”也全力防御北美殖民地对“约定论”的苟且，也正是此类来自政治制度实践的对社会契约的新期望，才引发了对作为意识形态的“社会契约论”的特殊起点设计的关注。对古典社会契约论理论构型注重“立约起点”和“逆势论证”的余绪而言可谓“老树新花”。在历史上，鲜有将社会契约论付诸制度实践并反复调试以确保其稳定性延续几个世纪的艰难时刻——这要读者考虑到 1787 年《联邦宪法》的特殊历史情境和为了缔造全新联邦“黄金立约时刻”的历史自我辩护才会领悟得到[①]，本书限于篇幅就不赘述了。

本章小结：“无礼之战”——约定论的重创与社会契约论的再生

对于现代读者而言，再稍微偏题考虑一个理论的问题是必要的。任

① 本书不赘述，之后另撰文叙述这段社会契约创制的过程这个案例相当特殊，值得作为理论和实践的衔接点来讨论。

何一种带有革新性的意识形态概念都面临一个危机，当它击碎旧概念框架的合理性时，也面临着类似的意识形态构架合法性的削弱。将意识形态历史中支离破碎、一再改造被滥用的思想要素重新组装调用时，面临的首先是民众对原先整套理论的信念的衰减，而不仅仅是组装能够恢复原状的问题。

换言之，就社会契约论而言，原先对信约的诸多理念在民众心中的影响毁于一旦，是一个世界史现象，“约定论”随着社会契约论一起坠到历史的深渊。一旦对社会契约论的模糊的信念破碎，则再次建立一个信约的信义就不那么容易——对不少 1787 年前的北美居民来说，失去魅力的不仅是原先族群自豪感的“英国属民”的臣民观，他们怀有对君主神权权威代代相传的盲目又模糊的迷恋——北美殖民地的人曾委曲求全不愿奋起抗争，并非其不知属民地位，而是其乐于见到自己与英国本土臣民同属“女王陛下的臣民”——这一点休谟倒是一语中的，人类的服从的义务很大成分来自习惯，而习惯之表征之一就是不情愿追究。

毕竟，潘恩所申明的理念擅长从事毁灭和破坏、难于建构，要想在之前仍然蔓延的属国“臣民心态”祛除，建立新的北美大陆公民的“自豪感”（而不仅仅是小富即安的自足自适），还需要新的理念，也即与社会契约论即共和制相关的意识形态以北美人民日常语言可接受的方式生根。而赋予新的自由、新的各邦联系、乃至于新的人性前景是如此强烈地联系在一起，潘恩看得很清楚。他的言辞利刃砍向英国的君主世袭制，也砍向北美本土阻碍自由制度建立的根由。

潘恩式政治论辩设计的转圜策略含有不少再回收的自由主义的遗产，比如，“无政府主义”（自身包含否定）、“自然状态”（以肯定的方式否定社会的合理性）、“自然权利”（带有追溯最初“前政府”的法理地）、“民粹主义”（带有平等化倾向[①]），就会意识到这一来自革新性意识形态的威胁，并非概念游戏。暂且抛开学理分析角度，单从历史上政治修辞的“接受—置辩—模仿—覆盖—湮灭”周期看，它的号召力来自此类思想要

① 尤其可以参考其《人权论》章节“关于社会和文明”。

素被嵌入特定意识形态架构在论战、檄文、学术著作中几个世纪的精心设计与语境试炼，使之具有特定定位惯性和冲击痕迹，形成了习惯用法和语境，就愈比约定论语境下的调用增添了否定的意义。以至于以一种更具建设性的方式来理解它，都似乎与同时代人的常识相违背了。

所以潘恩所要建立的政治语汇，是建立一种全新的“常识”，一种将旧的政治语汇彻底剥离、建立在北美大陆生根于“贫瘠焦土”的新政治修辞的回应性。因此其著作名称是“常识”——即不论贤愚智不肖只要普通人皆可理解并通熟于心，无需过多反映就渗透时代心智的框架；而非“专著”①（*dissertation*）或者“评论”（*commentary*）这类需要学术门槛仍需研读的文体。此论述体量与形式定位才可以做到不允许任何来自旧大陆的世袭制、恩惠制的语言得以在北美“淳朴的常人”②心中孳生。

类似地，社会契约论的革新性，其实也为即将在 1787 年奠定的公法契约（即被看作各邦代表订立的 1787 年《联邦宪法》）引发了类似隐患。正因为它其中包含了“否定性”要素。比如“自然状态”或者初始契约的危机状态——这是自然状态的一个伪装过的变体③，都是在描述社会契约起点的一种“万勿停留”的悲惨境况。因此，“自然状态”这个概念的传播，在 1787 年制宪会议时被马萨诸塞代表鲁夫斯 - 金（Rufus King）

---

① dissertation 此类文体是针对政治体制的长篇专门论述，commentary 为欧洲经典学院学术的产物，一般是对某些经典著作者的评论、注释等，这两类都有很强学术门槛的要求。

② 读者需要注意，在 18 世纪后半叶，北美人对北美大陆民风“淳朴”的描述不应理解为一般意义的质朴、文明粗糙，而是政治意义上不受到旧欧洲人身依附与等级制下拜高踩低的风气影响的平等主义风气。这种“淳朴”也同时意味着某种健康的反智倾向，拒绝去理解过分繁杂的社会思想和政治理念。但是这种淳朴也由于缺乏足够的政治智慧，容易被来自欧洲的关于恩惠制的无孔不入的影响所败坏，这些都是潘恩在写作自己作品时加以考虑的。

③ 后者参考卢梭在《论不平等》中的“穷人和富人之间的欺骗性契约”，卢梭在《社会契约论》中论及的初始起点的人性状况，就是参考了这一基本政治官能（faculty）的孱弱来写就的，为了挽救人们容易堕入欺骗性契约的特性，卢梭的社会契约论及“公意”才有特殊的救赎意义，因为这一公意恰恰是要彻底改变人性，以期一劳永逸将人民从前述被欺骗的可能性中拯救出来。参考本书卢梭社会契约论一章。

用来描述《邦联条款》下独立于英国之后的各邦平等的法理地位，不啻为一种理论的灵活变通，这一理念从欧洲大陆原本描述个体公民的权利地位，而在北美则一跃成为各邦法人地位的代指。

再如“自然权利”这一古典社会契约论传统看作建构性的要素，同样内含否定性的要素。其“否定性”是从更早期神意秩序中浑然天成的等级制中剥离和悖反的概念碎片。其中“自然”一词在17世纪政治语汇中本来就被用作和君主、神权权威对抗；同时，“权利”一词在摆脱神授等级化王室特权 *prerogative* 概念之外，霍布斯的调用渗透了悖谬神意秩序含义。他顺便将“自然”这个概念放入“自然权利”如法炮制，随着自由主义的兴起，“自然权利”这个词汇也就愈发潜在含有了激进肆意妄为的含义。

如果读者愿意回忆对霍布斯《利维坦》的观感，就会知道打算臣服“利维坦”的“订约”之手，仍是披着兽毛血淋淋的自然状态个体之手，其“权利”之“自然”程度同样让文明社会的人惊骇，就会知道保皇派对于霍布斯的“契约”如此震怒的原因，[①] 也会理解为什么在霍布斯之后，凡是提到“自然权利”和“自然状态”的理论家（洛克，卢梭）都非但不愿意放弃这个议题，而且是努力使之扳回到浑然天成的理性公民赋予统治权利的道路上来。然而，暴虐的“自然状态”仍然吸引着历代理论设计者，并且压过了温和乐观的自然状态。位数不多的思想家擅长基于“逆势论证”[②] 的自然状态瞄准特定权威构建目标立约，余下思想家仍然更偏好直线路径的“顺势论证”，也即构建“温和理性的自然人奠定温和理性的政府权威”的理论路径。

实施论证设计的思想家越是意识到“约定论”的存在何其强大的惯性在同时代读者心中的地位，就越是希望将立约的“初始状态”按照“逆势”的方向加以设计，以区别于此前的诸多利益恩惠颇多、支撑当下

① 参考本书论及霍布斯《利维坦》下订约主体特质以及自然状态的延续性的分析。

② 关于自然状态用于“逆势论证”和“顺势论证”及其特定构型设计，参考本书第一章对逆势论证的描述。

秩序的契约。因此，越是到了自由主义思想推动社会契约论付诸制度实践的兴盛期，社会契约设计者就越是希望读者所见社会契约具有反叛的意图，而不再落入约定论的窠臼或循环中去。生活在新的社会契约的人就不但需要对旧类型约定的“恩惠”与“赎买”免疫，也必须对构型一种全新的人性彻底改善自身的希望和恐惧做好准备。

在这一设计趋向之下，此种理论激进性愈强，则18世纪社会契约论理论构型的古典社会契约论遗产愈发带上了深植于历代设计者对理论要素背后理解共识的刻意引导，日益具有批判、分离与决然独立的意味。而自然状态的这种批判性随着17世纪霍布斯的理论设计渗透到对自然状态人性的潜在危险与恣意妄为，转移到卢梭及其“自然人”缔造的“公意”掀起的革命暴力浪漫化的浪潮，并且作为一种高度革新、批判性的理论资源沉淀下来。

第七章　结论

一　全书核心命题枢要

本书可算是对古典社会契约论的研究。根据本书的可操作性分类，社会契约论可以分为两种。一种是“社会契约”，即具有特殊意义的以纵向服从关系、权威的延续性为主要特征的契约形态。社会契约论即描述这种立约关系“成住坏空”的论证。另一种“约定论”涵盖了以经济交易方式解释社会契约中的政治性，以习俗解释任何社会权威的契约（如休谟、边沁等批评者），视为没有真正形而上学含义的约定，只需几次交易就可兑现完毕、交易之后可以随意解约。而在社会契约论的历史上，大多数古典契约论版本都认可，政治性的契约和社会常见的约定并不同，但是这种“认可”（*recognition*）是以设置一个使政治权威非其不可的论证导致的。可以将社会契约论看作“脱胎于约定论这一古老多元实践母体，并为克服其缺陷提供对理想主义目标更强辩护的一种理论设计”。而本书各章节需要从论证路径中看到转圜变化反映的设计者对契约要素潜在布局可能性的考虑，这些考虑不仅是理论逻辑本身的，也是政治的和社会的。

为论述此类现象背后的根由，本书讨论这样一个问题：自然状态假设的设置如何使古典社会契约论歧为两途。进一步说，各个精细设计的“起点情境”如何展示论证趋向？由此也可以进一步设问：为什么一些理论家比其他人更重视立约起点呢？将所谓自然状态设计抛弃，用理性、互惠全面改造难道不更符合现代人的品味？为什么要将“人猿相揖别”的时代作为立约起点呢？

第三章到第五章论述了西方古典社会契约理论中若干典型设计，古典三家不满足约定论“自然天成”，致力于“私人定制”。尽管古典设计和现代设计目标迥异，运思差异甚大，但是仍有可比较旨趣。通过对其初始情境及自然状态假设的论述，本书得出结论是：社会契约论的设计者若不欲与交易性的约定论相混，就应精心设计一理论起点使社会契约论获得更强的理论严肃性。

具体而言，通过特殊情境设定，使“初始情境”的契约在法理位阶上区别于之前各类约定与之后各类互惠博弈的规制；或则，尽管没有一个特殊情境设定，但是以其他方式说明契约证成这一轮契约的特殊权威。这在理论根基上就将社会契约论中带有约定论倾向的诸版本和带有人为刻意设计的社会契约论区分开来。而后者比前者具有稳定性。所谓稳定性即：读者会认同此类社会契约尽管订立过程艰难、起点艰困，但是一旦订立之后不容易产生解约、兑现纷争和量度的纷争。而此类稳定性问题大多数“约定论”都会碰到。

但是除了稳定性外，刻意设计的社会契约论在另一方面也有优势，即在论证特定意识形态目标方面比约定论更胜一筹。读者参考第六章休谟一小节，就会发现举凡说明政治理想、舍身为国或者积极公民的意图，社会契约论都比约定论强得多。之所以如此，乃由于约定论本身就带有退行、蜕化的种子——这一点社会契约论仅仅与其有形式上的类似，但是社会契约论其不同之处在于：第一，社会契约论对共同体给予了更强的“救赎”期望。第二，社会契约论对彻底改造约定者个体这一点始终虎视眈眈。这就和约定论背后的经济主义——立约后交易结束即可全身而退的状况，形成鲜明反差。大多数社会契约论的强论证，都会发现立约前后的个体不但得到一个新秩序，连人性的内在微观架构都遭受改造。

然而，社会契约论日趋僵化严苛的表象背后，尽管对稳定性问题做出预先防范，却在另一些重要问题上留下疑难。古典社会契约论的“履约—退约”边界度量衡不同。比如，一个立约主体对契约不满，法理可申明退出，真退出绝非易事。苏格拉底就义时就申明“时随时易”，霍布斯对“愚人”联合制裁，洛克“诉诸上天”使违约政府与社会挟自然法执行权进入对峙的法理地位，都是这种由立约前后局势变动的个体身份造成——不满则晚矣。苏格拉底时代的城邦视流放者和异见者为仇寇；霍布斯的“愚人”自恃聪明迎来全民之敌；洛克的违约政府面对的是自然状态下的执行权合法反扑。

社会契约论的起点之区分意义在付诸实践的社会契约中严肃性愈明。当立约主体希望像撤回投资那样退出契约、兑现契约红利时，怎样回溯立约起点呢？立约各方能像“请客吃饭”那样允许自由退出吗？应该怎样在历史海洋中打捞一个定点——约因之“锚”，来说明约定义务的来源？更重要的是，当一个“立约时刻”已经被神化，原始订约意图在历史中湮没不清，从历史中还能捞出来柏拉图在所提到的“海神黑格里斯纠缠了水草的真相”吗？

社会契约论的严肃之处即在此，埃德蒙 - 博克所喻“胡椒贸易不可比拟”的“联系一代又一代人的伟大契约”，不是精算权利得失的契约，而是每一代人都深深根植变动历史中的情境。古典社会契约论者孜孜于精确设计的“立约起点”只是从中找到一个可以镜鉴的历史情境切片而已①，无需神化也不该妄加轻薄。因此，从制度实践的窘迫反观社会契约论，对理论设计者而言，考虑社会契约论的严肃性，就不该将易变的约定论等同于社会契约论，而是要将某个“时刻”理论化，使其获得超越

① 注意，“古典社会契约论”在本书指的关注立约起点特殊性的三家，但是并不是这三位思想家的精心设置都导向一种“非约定论”理论趋向。霍布斯和卢梭希望彻底将自然状态个体连根拔起、彻底改造人性使之进入公约，因此社会契约对其立约后的个体有彻底改造效用；洛克尽管也精心设置了自然状态，但是其理论的真正意识形态趋向却是一种约定论。本书的概念“约定论” *conventionalism* 即当立约者并不认为修改、兑现和颠覆契约有何轻浮之意，或，立约者认为横向比较，各类相关的约定都是一丘之貉，没有什么优先地位也无非是利益博弈交换的暂时局面的维系而已，它需要的是经验主义的、即时“同意。”本书对“约定论的概念的调用以及定位的思想家本身是符合本书论述目标的，并不适合推广。而本书对“古典社会契约论”的泛泛指称，在其强调自然状态假设是一种逆势论证的时候，应被理解为将洛克的版本视为一个边缘案例。

约定论的理论意义。全书已阐明此设计可达精巧程度，古典契约论三家各纵其才。

二 “人为”与“自然”之界：重校约定论的意义

然而，谈及社会契约论的稳定性问题，其实仍要考诸制度实践，比推测各路思想家文本上如何纵横捭阖来得更丰富可靠。可惜从历史回望契约，案例颇少。仿佛本书例证不足。

柏拉图在《理想国》第八章中称，世人处境如洞穴被缚者，去缚循火光上升洞外，再降回洞穴启蒙同胞。本书也讲个类似故事，不至见到真理，最多“站在火堆上换个角度数数墙上的影子”而已，亦恳求读者不要跟着数糊涂。毕竟，火光盯久了影子炫人心目，无论对蛊惑人心的社会契约还是设计精良的现代社会契约论，都可如此视之。然而“但凭借数影子，不足以成文”。社会契约历来理论多而精，实践杂而少。如制陶罐者，灵心所至偶画草图，造出若干精彩作品，之后就袖手不干。再入手出来都是另一番家什，恍如隔世。

行文至此，读者可知，无论政治思想史上的社会契约还是历史中跨洲过海的公法契约，作为制度实践偶然天成，也有高度人为可以设计的痕迹，这两点毫不龃龉。然而，后来研究者难免疑惑万端、争议蜂起。凡是偶然性太强，案例太少的历史造化所成，大多陷入“洞穴中人”奇怪的参照系问题：有说风（时势）动、有说物（权利）动、有说火（意识形态）动，聚讼纷纭。可见，抓住社会契约论的历史倒影，已然不易。

本书长篇阐发霍布斯的理念，亦不是强调社会中分明存在一个隐藏的“霍布斯状态”，这一状态是否有历史或人类学真实性无关宏旨，真正值得注意的是各类设计中可见映射在历史年轮上的“多次公约”以及掩盖在地基下的“自然状态”。其自然状态的“贫瘠”表象实际上根据各家立论需要可以分解为道德贫瘠、资源贫瘠、政治智慧贫瘠等各类内涵。无论信立废止，后者与其说是“自然状态”不如说是任何共同体认可社会公约的“基准线”，这一基准线确定了共同体所有公民能够接受的订立公共规范的方式。读者亦须明白，这一基准线不是社会的黑暗本质也不是“社会自足性”，而是一个共同体的信义基准线。[①] 这一信任基准线很大程度上正是来源于此共同体内部对于各类约定论制度与规范实践的经验积累，既是“自然”的，也是“人为”的，既处于必然性驱动人类行为的微小关节点，也以特定规范刻意规摄行为场域。因此本书才并不完全分裂社会契约论和约定论的关系，而是视之为青出于蓝的思想史现象。可以将社会契约论看作“脱胎于约定论这一古老多元实践母体，并为克服其缺陷提供对理想主义目标更强辩护的一种理论设计”。

三　社会契约论往何处去?

本书结论并不是只为理论玄思，亦可为理论空间的拓展提供借鉴。社会契约论的稳定性和实践问题有类似旨趣。因为社会契约论的真正根基不是书斋论辩，而是各类社会实践中长期获得验证、权宜多变的各类约定。换言之，社会契约的根基某种程度上得益于约定论的诸样本教益，却必须超越于约定论。而现代是不喜好宏大理论，更关注个体利益和厌倦持久约定、崇尚新异的时代，现代社会契约论将尊重个体、理性博弈的范式隆重推上了历史舞台，古典社会契约论经过此番论证，不是更像故纸堆里甩不掉用不好的“膏药”了吗?

西方古典社会契约论作为一种学术传统，其构型是历史时代产物，或为支持近代国家主权观念或为倡导政府的回应性。然而，剖析此传统个案的构型不为好古，而是为了说明理论路径本身的设计规律。固然西方古典社会契约论已经完成了合法性论证的任务，但是其理论设置付诸意识形态与制度规划仍有诸多可遗留后世旁支脉络的思想要素可再利用；相较之下，现代社会契约论则反而是抽象思辨的游戏者，从而更倾向于将契约论在政治理论中的应用当作思想实验了。

---

① 社会信义的相关理念还是需要参考霍布斯“信任和权势”一小节，参考本书第三章。

进入21世纪，为推动社会契约论的再次发展和理论创新，有两个方向可以推动。第一条路拜自由主义时代余音所赐，以“利”称义，只要符合交易利益，契约正义倏忽可得。马克思很早就已经预言到各类社会关系都可以契约化和商业化时代的大潮到来，现代社会契约许多擅长论辩的设计者就在往这个方向一路狂奔。

另外一条路，是社会契约重返特殊起点约定的设计模式，这种模式是以“约”称义。这里的“约”是必须慎重考虑“为什么立约”这个问题，将预期的各类与初始信义相关的要素，从“共同体形态”、“新塑造的人性和社会关联”、“与先前约定的关系”（抵触、侵蚀、隔阂）等等慎重纳入契约的框架，整合入顺应时代反映的特殊秉性、心理与行为要素，才能找到可以把握“立约”各逻辑环节可抽象的依据。任何一个订立契约者都不是真空中订约的个体，随意旋即解除和订约，而是带着自身和前约的包袱——期望与恐惧，或契约法意义上的“有利信赖”和“不利信赖”。由此才可能得出一个重视立约起点从而充分考虑到社会契约缔造秩序严肃性的理论样本。尽管20世纪以来的现代契约论种种创新让人振奋，但是只有真正理解古典社会契约论的独特设计优势和约定论劣势明显却得以成气候的问题所在，才能真正开启社会契约论立论与实践的创新。

参考文献

一　中文著作

《马克思恩格斯选集》，人民出版社 2009 年版。

习近平：《习近平谈治国理政》，外文出版社 2014 年版。

巴发中：《霍布斯及其哲学》，中共中央党校出版社 1997 年版。

丛日云：《在上帝与恺撒之间：基督教二元政治观与近代自由主义》，三联书店 2003 年版。

丛日云《西方政治文化传统》，黑龙江人民出版社 2004 年版。

费孝通：《乡土中国》，北京大学出版社 1998 年版。

顾肃：《自由主义基本理念》，中央编译出版社 2003 年版。

龚祥瑞：《比较宪法与行政法》法律出版社 2012 年版。

郭兴华编：《法律与社会——社会学和法学的视角》，中国人民大学出版社 2004 年版。

黄伟合：《英国近代自由主义研究——从洛克、边沁到密尔》，北京大学出版社 2005 年版。

何怀宏：《契约伦理与社会正义》，中国人民大学出版社 1993 年版。

韩世远：《合同法总论》，法律出版社 2011 年版。

贺雪峰：《新乡土中国》，广西师范大学出版社 2003 年版。

孔新峰：《从自然之人到公民：霍布斯政治思想新诠》，国家行政学院出版社 2011 年版。

刘军宁：《保守主义》，中国社会科学出版社 1998 年版。

刘晗：《合众为一：美国宪法的深层结构》中国政法大学出版社 2018 年版。
刘云生：《中国古代契约法》，西南师范大学出版社 2000 年版。
李强：《自由主义》，中国社会科学出版社 1998 年版。
刘小枫编：《卢梭的苏格拉底主义》，华夏出版社 2005 年版。
刘莘编：《诚信政府研究》，北京大学出版社 2007 年版。
李留澜：《契约时代：中国社会关系现代化研究》，社会科学文献出版社 2006 年版。
李平沤：《主权在民 VS“朕即国家”——解读卢梭〈社会契约论〉》，山东人民出版社 2001 年版。
马啸原：《西方政治思想史纲》，高教出版社 1997 年版。
牟永福：《基层政府信任的逻辑与建构》，知识产权出版社 2013 年版。
渠敬东编：《现代政治与自然》，上海人民出版社 2003 年版。
瞿同祖：《中国法律与中国社会》，商务印书馆 2010 年版。
孙隆基：《中国文化的深层结构》，广西师范大学出版社 2011 年版。
思想与社会编委会：《现代政治与道德》，上海三联书店 2005 年版。
唐士其：《西方政治思想史》，北京大学出版社 2008 年版。
王俊秀、杨怡音编：《中国社会心态研究报告（2012—2013）》，社科文献出版社 2013 年版。
王焱编：《宪政主义与现代国家》，生活·读书·新知三联书店 2003 年版。
王利：《国家与正义：利维坦释义》，上海人民出版社 2008 年版。
王晋新，姜德福：《现代早期英国社会变迁》，上海三联书店 2008 年版。
王希：《原则与妥协：美国宪法的精神与实践》，北京大学出版社 2000 年版。
徐向东：《自由主义，社会契约与政治辩护》，北京大学出版社 2005 年版。
徐大同主编：《西方政治思想史》，天津人民出版社 1985 年版。
谢晖：《法律信仰的理念与基础》，山东人民出版社 1997 年版。

杨美惠：《礼物、关系学与国家：中国人际关系与主体性建构》，江苏人民出版社 2009 年版。

应奇：《从自由主义到后自由主义》，生活·读书·新知三联书店 2003 年版。

袁贺、谈火生编：《百年卢梭》，吉林出版集团 2009 年版。

余凌云编：《全球时代下的行政契约》，清华大学出版社 2010 年版。

袁柏顺：《寻求权威与自由的平衡：霍布斯，洛克与自由主义的兴起》，湖南人民出版社 2006 年版。

阎照祥：《英国政治制度史》，人民出版社 1999 年版。

周枏：《罗马法原论》，商务印书馆 1996 年版。

郑也夫编：《信任：合作关系的建立与破坏》，中国城市出版社 2003 年版。

二　中文译著

［奥］哈耶克：《自由秩序原理》，邓正来译，生活·读书·新知三联书店出版社 1998 年版。

［德］康德：《道德形而上学原理》，苗力田译，上海人民出版社 1982 年版。

［德］康德：《法的形而上学原理》，沈叔平译，商务印书馆 1991 年版。

［德］费希特：《自然法权基础》谢地坤，程志民译，商务印书馆 2009 年版。

［德］黑格尔：《法哲学原理》，范扬张企泰译，商务印书馆 1961 年版。

［德］卡西尔：《国家的神话》，张国忠译，浙江人民出版社 1988 年版。

［德］卡西尔：《卢梭问题》，王春华译，译林出版社 2009 年版。

［德］文德尔班：《哲学史教程》，罗达仁译，商务印书馆 1987 年版。

［法］菲利普·内莫：《教会法与神圣帝国的兴衰：中世纪政治思想史讲稿》，张竝译，华东师范大学出版社 2011 年版。

［法］菲利普·内莫：《罗马法与帝国的遗产：古罗马政治思想史讲稿》张竝译，华东师范大学出版社 2011 年版。

［法］贡斯当：《古代人的自由与现代人的自由》，阎克文译，商务印书馆 1999 年版。

［法］古热维奇：《卢梭纯粹的自然状态》，载普拉特纳：《卢梭的自然状态》尚新建等译，华夏出版社 2008 年版。

［法］孟德斯鸠：《论法的精神》，张雁深译，商务印书馆 1959 年版。

［法］马克・布洛赫：《封建社会》，张绪山译，商务印书馆 2004 年版。

［法］基佐：《一六四零年英国革命史》，伍光建译，商务印书馆 2001 年版。

［法］卢梭：《社会契约论》，何兆武译，商务印书馆，1997 年版。

［法］卢梭：《论人类不平等的起源和基础》，李常山译，商务印书馆 1962 年版。

［法］列昂・狄骥：《法律与国家》，郑戈等译，春风文艺出版社 1999 年版。

［法］皮埃尔・莫内：《自由主义思想文化史》，曹海军译，吉林人民出版社 2004 年版。

［法］托克维尔：《旧制度与大革命》，冯棠译，商务印书馆 1996 年版。

［法］托克维尔：《论美国的民主》，董果良译，商务印书馆 1988 年版。

［法］雅可比 . 塔尔蒙：《极权主义民主的起源》，孙传钊译，吉林人民出版社 2004 年版。

［古希腊］柏拉图：《理想国》，郭斌和，张竹明译，商务印书馆 1986 年版。

［古希腊］柏拉图：《法律篇》，张智仁、何勤华译，上海人民出版社 2001 年版。

［古希腊］亚里士多德：《政治学》，吴寿彭译，商务印书馆 1981 年版。

［古希腊］亚里士多德：《尼各马可伦理学》，苗力田译，中国社会科学出版社 1999 年版。

［古罗马］西塞罗：《论共和国论法律》，王焕生译，中国政法大学出版社 1997 年版。

［荷］斯宾诺莎：《神学政治论》，温锡增译，商务印书馆 1997 年版。

［荷］斯宾诺莎:《伦理学》，贺麟译，商务印书馆 1958 年版。

［加］威尔·金里卡:《当代政治哲学》刘莘译，上海三联书店 2004 年版。

［美］阿兰·布鲁姆:《巨人与侏儒》，林国荣等译，华夏出版社 2003 年版。

［美］博登海默:《法理学、法哲学及其方法》，邓正来等译，华夏出版社 1987 年版。

［美］巴瑞·班德斯塔:《今日如何读旧约》，林艳等译，华东师范大学出版社 2014 年版。

［美］戴维·米勒 、韦农·波格丹诺编:《布莱克维尔政治学百科全书》，中国政法大学出版社 2002 年版。

［美］戴维·M. 波特:《危机将至：内战前的美国，1848—1861》，高微茗译，中信出版社 2019 年版。

［美］赫伯特·斯托林:《反联邦党人赞成什么？宪法反对者的政治思想》，汪庆华译，北京大学出版社 2006 年版。

［美］凯瑟琳·德林克·鲍恩:《民主的奇迹：美国宪法制定的 127 天》，郑明萱译，新星出版社 2013 年版。

［美］詹姆斯·塔洛克:《同意的计算：立宪民主的逻辑基础》，中国社会科学出版社 2000 年版。

［美］杰里·马勒:《保守主义》，刘曙辉，张容南译，南京译林出版社 2010 年版。

［美］理查德·罗蒂:《后哲学文化》，黄勇译，上海译文出版社 2009 年版。

［美］罗尔斯:《政治自由主义》，万俊人等译，译林出版社 2000 年版。

［美］罗尔斯:《正义论》，何怀宏等译，译者序言，中国社会科学出版社 1988 年版。

［美］罗伯特·诺齐克:《无政府、国家与乌托邦》，何怀宏译，中国社会科学出版社 1992 年版。

［美］列奥·施特劳斯编:《政治哲学史》，李天然等译，河北人民出版社

1992 年版。

［美］列奥·施特劳斯《霍布斯的政治哲学》，申彤译，译林出版社 2002 年版。

［美］列奥·施特劳斯《自然权利与历史》，彭刚译，生活·读书·新知三联书店 2002 年版。

［美］麦金太尔：《德性之后》，龚群译，商务印书馆 1996 年版。

［美］麦金太尔：《追寻美德：伦理理论研究》，宋继杰译，译林出版社 2003 年版。

［美］麦迪逊：《美国制宪会议记录辩论》，尹宣译，辽宁教育出版社 2003 年版。

［美］马克·E. 沃伦编：《民主与信任》，吴辉译，华夏出版社 2004 年版。

［美］纽特－金里奇：《拯救美国》，顾国平，张艳妮译，中国法制出版社 2012 年版。

［美］尼古拉斯·菲利普森、昆廷·斯金那主编：《近代英国政治话语》，潘兴明、周保巍译，华中师范大学出版社 2005 年版。

［美］诺曼－所罗门：《犹太人与犹太教》，王广州译，译林出版社 2014 年版。

［美］普拉特纳：《卢梭的自然状态》，尚新建译，华夏出版社 2006 年版。

［美］潘恩：《常识》何实译，华夏出版社 2003 年版。

［美］乔治·霍兰·萨拜因：《政治学说史》，崔妙因译，商务印书馆 1986 年版。

［美］梯利：《西方哲学史》，葛力译，商务印书馆 1995 年版。

［美］沃林：《政治与构想：西方政治思想的延续和创新》，上海人民出版社 2009 年版。

［美］威尔·金里卡：《当代政治哲学导论》，刘莘译，生活·读书·新知三联书店 2003 年版。

［美］桑德尔：《自由主义与正义的局限》，万俊人等译，译林出版社 2001 年版。

［美］约翰·C. 卡尔霍恩：《卡尔霍恩文集》，广西师范大学出版社 2015

年版。

［美］约瑟夫・斯托里:《美国宪法评注》，毛国权译，上海三联书店 2006 年版。

［美］威尔・吉姆利,《社会契约论及其批评者》，载迈克尔．莱斯诺夫:《社会契约论》，江苏人民出版社 2005 年版。

［英］埃德蒙・柏克:《法国革命论》，何兆武等译，商务印书馆 2003 年版。

［英］埃德蒙・柏克:《自由与传统——柏克政治论文选》，蒋庆等译，商务印书馆 2001 年版。

［英］艾伦・麦克法兰:《英国个人主义的起源》，管可秾译，商务印书馆 2008 年版。

［英］阿・莱・莫尔顿:《人民的英国史》，谢琏造等译，三联书店 1962 年版。

［英］安东尼・阿巴拉斯特:《西方自由主义的兴衰》，曹海军等译，吉林人民出版社 2004 年版。

［英］边沁:《道德与立法原理导论》，时殷弘译，商务印书馆 2000 年版。

［英］边沁:《政府片论》，沈叔平等译，商务印书馆 1995 年版。

［英］戴维 – 霍尔:《改革中的人民：清教新英格兰公共生活的转型》，张媛译，译林出版社 2016 年版 。

［英］大卫・休谟:《道德原则研究》，曾晓平译，商务印书馆 2001 年版。

［英］大卫・休谟:《人性论》，关文运译，商务印书馆 1980 年版。

［英］大卫・休谟:《休谟政治论文选》，张若衡译，商务印书馆 1993 年版。

［英］弗里德里希・沃特金斯:《西方政治传统：现代自由主义发展研究》，黄辉等译，吉林人民出版社 2001 年版。

［英］霍布斯:《利维坦》，黎思复、黎廷弼译，商务印书馆 1996 年版。

［英］霍布斯:《论公民》，应星等译，贵州人民出版社 2002 年版。

［英］霍布斯:《法律要义：自然法与民约法》，张书友译，中国法治出版社 2010 年版。

［英］霍布斯:《一位哲学家与英格兰普通法学者的对话》，毛晓秋译，上海人民出版社 2006 年版。

［英］霍布豪斯:《自由主义》，朱曾汶译，商务印书馆 1996 年版。

［英］霍尔姆斯:《反自由主义剖析》，曦中等译，中国社会科学出版社 2002 年版。

［英］哈耶克:《自由秩序原理》，邓正来译，生活·读书·新知三联书店出版社 1998 年版。

［英］哈耶克:《法律、立法与自由》，邓正来等译，中国大百科出版社 2000 年版。

［英］以赛亚·伯林:《自由论》，胡传胜译，译林出版社 2003 年版。

［英］詹姆斯·塔利:《语境中的洛克》，梅雪芹、石楠、张炜译，华中师范大学出版社 2005 年版。

［英］詹姆斯·塔利:《语境中的洛克》，李宏图等译，华东师范大学出版社 1993 年版。

［英］詹姆斯·弗雷泽:《旧约中的民间传说——宗教，神话和律法的比较研究》，叶舒宪等译，陕西师范大学出版社，2012 年版。

［英］昆廷·斯金纳:《近代政治思想基础》，奚瑞森等译，商务印书馆 2002 年版。

［英］昆廷·斯金纳:《霍布斯政治哲学中的理性与修辞》，王加丰、郑崧编译，华中师范大学出版社 2005 年版。

［英］昆廷·斯金纳:《霍布斯与共和主义自由》，管可秾译，上海三联书店 2011 年版。

［英］昆廷·斯金纳、博·斯特拉思主编:《国家与公民：历史·理论·展望》，彭利平译，华中师范大学出版社 2005 年版。

［英］洛克:《政府论》，叶启芳、瞿菊农译，商务印书馆 1996 年版。

［英］洛克:《人类理解论》，关文运译，商务印书馆 1983 年版。

［英］洛克:《教育片论》，熊春文，上海人民出版社 2006 年版。

［英］洛克:《论宗教宽容》，吴云贵译，商务印书馆 1982 年版。

［英］迈克尔·莱斯诺夫:《社会契约论》，刘训练等译，江苏人民出版社

2005 年版。

[英] 迈克尔·奥克肖特:《政治中的理性主义》,张汝伦译,上海译文出版社 2003 年版。

[英] 迈克尔·奥克肖特:《哈佛演讲录:近代欧洲的道德与政治》,顾玫译,上海文艺出版社 2003 年版。

[英] 休·塞西尔:《保守主义》,杜汝辑译,商务印书馆 1986 年版。

[英] 约翰·密尔:《功用主义》,唐钺译,商务印书馆 1957 年版。

[英] 约翰·密尔:《论自由》,程崇华译,商务印书馆 1996 年版。

[英] 约翰·密尔:《代议制政府》,汪瑄译,商务印书馆 1997 年版。

[英] 约翰·格雷:《自由主义》,曹海军,刘训练译,吉林人民出版社 2005 年版。

[意] 阿奎那:《阿奎那政治著作选》,马清槐译,商务印书馆 1982 年版。

[意] 登特列夫:《自然法——法律哲学导论》,李日章译,台湾联经出版社 1984 年版。

[意] 贾恩弗兰科·波齐:《近代国家的发展》,商务印书馆 1997 年版。

[意] 马基亚维利:《君主论》,潘汉典译,商务印书馆 1997 年版。

中文论文

程倩:《论契约型信任关系的理论原型——怀疑主义和社会契约论视角中的信任关系》,《河北学刊》2005 年第 4 期。

陈宇:《近代自然法学说和社会契约论———现代政治合法性的逻辑推演》,《重庆交通大学学报》2010 年第 3 期。

陈文娟:《依赖性社会契约论与能力进路:以残障的正义问题为讨论域》,《道德与文明》2018 年第 5 期。

丛日云:《论古典自由主义的个人主义精神》,《文史哲》2002 年第 3 期。

丛日云:《消极国家观:从基督教到古典自由主义》,《浙江学刊》2002 年第 2 期。

陈村富、万绍和:《自然正义与约定正义》,《浙江学刊》2003 年第 1 期。

段德敏:《民粹主义的“政治”之维》,《学海》2018 年第 4 期。

刁大明:《"特朗普时代"的美国政治：延续、变化与走向》,《美国问题研究》2017 年 10 月。

丁毅超:《自然状态、堕落及其克服——霍布斯政治哲学的宗教因素之考察》,《浙江学刊》2018 年第 3 期。

段忠桥:《霍布斯的"自然状态"是基于英国内战的一种思想实验假设——与陈建洪、姚大志二位教授商榷》《世界哲学》2019 年第 5 期。

付随鑫:《美国的逆全球化、民粹主义运动及民族主义的复兴》,《国际关系研究》2017 年第 5 期。

付随鑫:《从右翼平民主义的视角看美国茶党运动》,《美国研究》2015 年第 10 期。

房乐宪、孙雪峰:《洛克的"自然状态"与布尔的国际社会思想》,《国际论坛》2008 年第 4 期。

范一丁:《礼制所规范的伦理关系对古代契约法形成的影响——以儒家伦理的基本范畴"智"为中心》,《临沂大学学报》2018 年第 8 期。

高景柱:《论代际正义视域中人类命运共同体的构建》,《国外理论动态》2018 年第 11 期。

高力克:《卢梭的公民观》,《浙江学刊》2004 年第 4 期。

龚长宇:《陌生人社会的价值整合机制探析》,《道德与文明》2014 年第 5 期。

高敬文、苏煜荣:《代词定位，言语行为，政治隐喻：美国总统大选候选人的形象塑造》,《新闻记者》2017 年第 6 期。

高全喜:《政治宪法学视野中的清帝〈逊位诏书〉》,《环球法律评论》2011 年第 5 期。

何力:《人类命运共同体视角下的国际法史与文明互融》,《厦门大学学报》2018 年第 5 期。

胡荣:《农民上访与政治信任流失》,《社会学研究》2007 年第 3 期。

何显明等:《地方政府公信力与政府运作成本相关性的制度分析》,《国家行政学院学报》2002 年专刊。

何显明:《信用政府的逻辑：转型期地方政府信用缺失现象的制度分析》,

学林出版社 2007 年版。

胡德平：《论西方近代国家起源观的社会契约论转向》，《东方论坛》2006 年第 2 期。

黄炎平：《马克思视野中的社会契约论》，《中南大学学报》（社会科学版）2003 年第 2 期。

黄国平、孙荣：《新契约论者的正义公平观：宪政经济学派与罗尔斯的比较》《中国行政管理》2009 年第 11 期。

黄克剑：《“社会契约论”辩正》，《哲学研究》1997 年第 3 期。

胡小平：《人性论对契约论的深刻影响：洛克宪法理论的逻辑进路》，《江西社会科学》2010 年第 2 期。

蒋银华：《论国家义务的理论渊源：社会契约论》，《云南大学学报》（法学版）2011 年第 4 期。

孔小惠：《霍布斯的“自然状态论”及其对现实主义理论的影响》，《国际关系学院学报》2007 年第 2 期。

柯彪：《权利义务本位与代际正义论证范式研究》，《四川理工学院学报》2018 年第 2 期。

李猛：《自然状态为什么是战争状态——霍布斯的两个证明与对人性的重构》，《云南大学学报》（社会科学版）2014 年第 5 期。

李海青：《从道义性契约到法理性契约：党与民众的双重契约》，《马克思主义与现实》2020 年第 1 期。

刘瑜：《民粹与民主——论美国政治中的民粹主义》，《探索与争鸣》2016 年第 10 期。

刘颖：《全球公民社会与全球社会契约》，《社科纵横》2014 年第 4 期。

路强：《从诚信走向契约：法家‘信’德中的契约精神及其现代启示》，《人文杂志》2019 年第 3 期。

刘晨光：《社会契约论的源起与流变——一种政治学说的古今之变再评述》，《西南法律评论》2018 年第 8 期。

吕晓莉：《周期理论视角下特朗普政府：退群行动动因探析》，《国外理论动态》2019 年第 5 期。

凌斌:《政治私约主义的正当性困境:政治宪法学批判——以〈清帝逊位诏书〉的法学解读为中心》,《清华法学》2012 年第 6 期。

龙啸天:《社会治理中人际标识的伦理解读:身份、角色与行动》,《伦理学研究》2018 年第 6 期

林壮青:《激情自主的自然人及其灵魂的恐惧和分裂——基于霍布斯和卢梭构想的自然状态》《江苏社会科学》2018 年第 1 期。

林奇富:《自然、自然法与契约论思维》,《中共南京市委党校南京市行政学院学报》2005 年第 5 期。

林奇富:《社会契约论的逻辑起点及其价值反思》,《云南行政学院学报》2006 年第 5 期。

林奇富:《近代社会契约论的历史与逻辑——社会契约论与近代自由主义的转型》吉林大学,2007 年博士论文。

雷红霞:《休谟人性哲学的意义及困境》,《江汉论坛》2002 年第 5 期。

罗伟玲、陈晓平:《理性与情感的张力——评休谟的道德哲学》,《华南师范大学学报》2008 年第 1 期。

刘须宽:《罗尔斯分配的正义观与诺齐克持有的正义观 _ 对照研究》,《伦理学研究》2004 年第 2 期。

李风华:《社会契约论在当代的复兴:逻辑前提与实践向度》,《哲学动态》2009 年第 5 期。

李荣山:《自然状态的历史化与共同体学说的兴起》,《广东社会科学》2019 年第 6 期。

李海青:《从道义性契约到法理性契约:党与民众的双重契约》,《马克思主义与现实》2020 年第 1 期。

李连江:《差序政府信任》,《二十一世纪》2012(131)

雷颐:《中国近代国家观念转变与清王朝立宪失败》,《兰州学刊》2008 年第 4 期。

林壮青:《激情自主的自然人及其灵魂的恐惧和分裂——基于霍布斯和卢梭构想的自然状态》,《江苏社会科学》2018 年第 1 期。

梁莹:《习俗性信任与公民法治意识成长之影响探析》,《北京行政学院学

报》2008 年第 5 期。

林国基:《神义论语境中的社会契约论传统》吉林大学，2003 年博士论文。

聂敏里:《洛克自然状态概念的内在理论困难》,《哲学动态》2019 年第 4 期。

潘亚玲、时殷弘:《论霍布斯的国际关系哲学》，载《欧洲》1999 年第 6 期。

潘云华:《社会契约论的历史演变》,《南京师大学报》2003 年第 1 期。

钱永祥:《伟大的界定者，霍布斯绝对主权论的一个新解释》,《现代政治与自然》，渠敬东编，上海人民出版社 2003 年版。

钱永祥:《霍布斯是自由主义者吗？: 谈自由主义的一项必要成分"》《纵欲与虚无之上》生活・读书・新知三联书店 2002 年版。

王志刚、李晗瑞:《莱斯诺夫社会契约论思想的先验论原则》,《中国图书评论》2019 年第 9 期。

魏治勋:《"自然状态" 学说的观念史渊源》,《东方法学》2015 年第 5 期。

王涛:《洛克的政治社会概念与自然法学说》,《清华法学》2011 年第 5 期。

武晓峰:《近年来政府公信力研究综述》,《中国行政管理》2008 年第 5 期。

王贵贤:《契约论批判: 从黑格尔到马克思》,《马克思主义与现实》2010 年第 1 期。

王日华:《先秦时期自然状态思想与理论建构》,《世界经济与政治》2017 年第 7 期。

吴征宇:《从霍布斯到沃尔兹———结构现实主义思想的古典与当今形态》,《欧洲研究》2003 年第 6 期。

汪建达、吴新民:《论桑德尔对罗尔斯新社会契约论的批判——兼与姚大志先生商榷》,《浙江大学学报》2002 年第 5 期。

王东胜、龚群:《契约论与代际正义问题》,《天津社会科学》2019 年第 4 期。

王玮:《华盛顿的独角戏——特朗普政府的政策变革及其内外影响》,《美国研究报告 2018》，社会科学文献出版社 2018 年版。

王艳秀:《卢梭“自然状态”设计的双重对勘及其构成性张力》,《世界哲学》2017年第5期。

王日华:《先秦时期自然状态思想与理论建构》,《世界经济与政治》2017年第7期。

伍俐斌:《论美国退出国际组织和条约的合法性问题》,《世界经济与政治》2018年第5期。

王传兴:《美国民粹主义“敌人”情结根源及其对特朗普内外政策的影响——基于美国族裔政治视角的分析》,《美国问题研究》2017年第2期。

任学丽:《从身份到契约还是从契约到身份?——单位制度变迁视阈下的中国社会发展》,《社会主义研究》2011年第3期。

苏力:《从契约理论到社会契约论——一种国家学说的知识考古学》,《中国社会科学》1996年第3期。

石元康:《社会契约与个人主义》,《中国学术》,(第16辑),北京商务印书馆2004年版。

沈海军:《政府契约治理的核心要素与实现机制》,《学术研究》2013年第4期。

尚新建:《霍布斯的人性论之人的自然状态》,《外国哲学》2018年第1期。

尚新建:《霍布斯的人性论之人的自然状态》,《外国哲学》2018年第6期。

唐铁汉:《提高政府公信力,建设信用政府》,《中国行政管理》2005年第3期。

汤伟、郑达柱:《卢梭的国际关系思想》,《国际关系学院学报》2008年第4期。

徐大建、单许昌:《伦理转型:从身份伦理到契约伦理》,《哲学研究》2013年第4期。

许玉镇、孙超群:《公共危机事件后的社会信任修复研究——以突发公共卫生事件为例》,《社会科学文摘》2020年第2期。

徐国栋:《论卢梭在社会契约论思想史上的地位》,《法治研究》2011年第4期。

熊道宏:《堕落社会的自然救赎之路: 卢梭〈论人类不平等的起源与基础〉释义》,《云南大学学报》(社会科学版) 2016 年第 3 期。

徐凌:《生态型责任政府中政治契约的理论溯源》,《社会科学家》2006 年第 11 期。

谢韬:《从大选看美国的历史周期、政党重组和区域主义》,《美国研究》2012 年第 6 期。

姚大志:《国家是如何诞生的——美国新自由主义与社会契约论》,《开放时代》1997 年 2 月。

于立深:《公法哲学意义上的契约论》吉林大学,2005 年博士论文。

尤春媛:《社会主义市场经济视野中的契约文明与法治政府建构》南京航空航天大学,2011 年博士论文。

游宇、王正绪:《互动与修正的政治信任——关于当代中国政治信任来源的中观理论》,《经济社会体制比较》2014 年第 2 期。

姚晓娜,唐甜:《再议气候正义中的历史责任追究——历史责任的界定、合理与限度》,《阅江学刊》2018 年第 4 期。

姚大志:《契约论与政治合法性》,《复旦学报》(社会科学版) 2003 年第 4 期。

杨健萧:《试论卢梭的三种自然状态与两种社会契约——卢梭政治哲学的一致性问题》,《求是学刊》2014 年第 7 期。

朱书刚:《论契约社会与契约伦理在西方的生成和在当代中国的建构》,《马克思主义与现实》2004 年第 5 期。

赵可金:《大众的反叛——第三波民粹化浪潮及其社会根源》,《国际政治研究》2017 年 2 月。

周淑真:《英国脱欧背后的政治逻辑》,《社会科学文摘》2018 年第 5 期。

张乾友:《论不确定性中的信任》,《道德与文明》2013 年第 6 期。

郑琼观:《现代中国立宪的契约性流失》,《广东社会科学》2008 年第 1 期。

张楠:《霍布斯理论中的政治契约与相互信任——论在自然状态下订立政治契约的困难》,《政治思想史》2019 年第 4 期。

周安平:《面子与法律: 基于法社会学的视角》,《法治与社会发展》2008

年第 4 期。
周展、陈村富:《市场交易契约是道德的根?——也论亚里士多德的分配公正观,兼与摩凯恩教授商榷》,《浙江学刊》2002 年第 3 期。
张国旺:《论社会形态与政府动力学》,《清华法学》2011 年第 5 期。
赵可金:《现代总统制中的后现代总统——美国总统权力的扩张及其制度制约》,《美国研究》2016 年第 6 期。
张楠:《霍布斯理论中的政治契约与相互信任——论在自然状态下订立政治契约的困难》,《政治思想史》2019 年第 4 期。
钟准:《民粹主义与西方民主制度的关系——以特朗普与共和党关系为例》,《党政研究》2017 年 11 月。
张旭霞:《试论政府公信力和公众的话语权》,《中国行政管理》2006 年第 9 期。
朱富强:《契约主义国家观与有为政府》,《社会科学研究》2018 年第 5 期。
张桂琳:《自由主义:基于理性的政治论说》,《政法论坛》2005 年第 2 期。
张桂琳:《理性与传统:谁是权利的基础?——伯克政治哲学解读》,《政治学研究》2002 年第 2 期。
张桂琳:《理性与功利:谁是权威——休谟政治哲学述评》,《政治学研究》1999 年第 1 期。

三 外文著作

A. P. Martinich, The Two Gods of Leviathan: Thomas Hobbes on Religion and Politics. Cambridge University Press. 1992.
Alfred. Cobban, Rousseau and the Modern State. Unwin University books, 1968.
Andrzej Rapaczynski, Nature and Politics, Cornell University press, 1987.
Crawford Brough Macpherson, The Political Theory of Possessive Individualism: Hobbes to Locke. Oxford University Press. 1962.
Carle Pateman. The Sexual Contract .Oxford, Polity Press.1988.
Deborah Baumgold, Hobbes' s Political Thought, Cambridge University Press.

1988.

Daivd Weale. Democratic Justice and the Social Contract, Oxford University Press,2013.

David Gauthier, The Logic of 'Leviathan'：The Moral and political Theory of Thomas Hobbes, Oxford：Clarendon Press. 1969.

David Gauthier, Morals by Agreement, Oxford University Press, 1986.

R.E Ewin, Virtues and Rights：The Moral Philosophy of Thomas Hobbes, Boulder：Westview Press. 1991.

Frederic William Maitland, The Constitutional History of England, Cambridge University Press, 1908.

Geoffrey R. Elton, The Tudor Constitution, Cambridge University Press, 1982.

Graham A.J.Rogers, and A. Ryan, (eds.), Perspectives on Thomas Hobbes, Oxford University Press, 1988.

Howard Warrender, The Political Philosophy of Hobbes：his Theory of Obligation, Oxford University Press. 1957.

John Bohn ed., The English works of Thomas Hobbes of Malmesbury, London, 1839.

John Locke, The Second Treatise of Civil Government ：and a letter concerning toleration . Oxford ：Blackwell, 1946.

John Locke, Essays on the Law of Nature：the Latin text with a translation, introduction, and notes; together with transcripts of Locke's shorthand in his journal for 1676 .Oxford ：Clarendon Press, 1954.

Jean-Jacques Rousseau, The Social Contract ; and, The First and Second discourses, New Haven：Yale University Press, 2002.

Jan -Jacques Rousseau, The Discourses and other Early Political Writings, Cambridge University Press, 1997.

John Liard.,. Hobbes, London: Ernest. Benn, Ltd, 1934.

Jean Hampton, Hobbes and Social Contract Tradition. Cambridge University Press, 1986.

John Wiedhofft Gough, The Social Contract. Oxford university Press.1957.

John Philipps Kenyon, The Stuart Constitution, 1603—1688：Documents and Commentary , Cambridge University Press, 1986.

John W.N Watkins., Hobbes's System of Ideas, London Hutchison,1965.

Jacques Véron, Sophie Pennec, Jacques Légaré, Ages, Generations and the Social Contract：the Demographic Challenges Facing the Welfare State, Springer Netherlands, 2007.

Jillson C Calvin ,Constitution Making: Conflict and Consensus in the Federal Convention of 1787, Agathon Press, 2002.

K.C.Brown, ed., Hobbes Studies, Cambridge：Harvard University Press, 1965.

Leo Strauss, The Political Philosophy of Hobbes: Its Basis and Its Genesis. Oxford: Clarendon Press. 1936.

Michael Oakeshott, Hobbes on Civil Association, Oxford：Basil Blackwell. 1975.

Michael Walzer, Revolution of the Saints, A Study in the Origins of Radical Politics, Weidenfeld & Nicolson, 1966.

Michael Lessnoff , Social Contract. Macmillian. London. 1986.

Myers Dowell, Immigrants and Boomers Forging a New Social Contract for the Future of America, Sage Foundation, 2007.

Mark Hulliung, The Social Contract in America: From the Revolution to the Present Age, The University press of Kansas, 2007.

Martha Nussbaum, Frontiers of Justice, Belknap Press. 2006.

Michael Walzer, Revolution of the Saints：A Study in the Origins of Radical Politics, Weidenfeld & Nicolson, 1966.

Nathan Gardels & Nicolas Berggruen ed., Rethinking Democracy, the Social Contract, and Globalization , University of California Press, 2019.

Noel Malcolm. Aspects of Hobbes. Oxford University Press. 2002.

Patrick. Rilely. Will and Political Legitimacy, A Critical Exposition of Social Contract Theory in Hobbes Locke Rousseau Kant and Hegel, Harvard

University Press. 1982.

Paul Kelly. Locke’s Second Treatise of Government :A Reader’s Guide, Continuum, 2007.

Perez.Zagorin. Hobbes and the Law of Nature, Princeton NJ：Princeton University Press. 2009.

Patricia Springbor ed., The Cambridge Companion to Hobbes’s Leviathan, Cambridge University Press, 2007.

Quentin Skinner. Visions of Politics: Hobbes and Civil Science, Cambridge University Press. 2002.

Richard Tuck. Philosophy and Government 1572—1651, Cambridge University Press. 1993.

Richard Ashcraft , John Locke ,Critical Assessments. Leaper & Gard Ltd, 1995.

Roger. D. Masters. The Political Philosophy of Rousseau, Princeton University Press. 1968.

Robert Nozick. Anarchy, State and Utopia, New York, Basic Books, 1974.

Steve Richards. The Rise of the Outsiders, How Mainstream Politics Lost its Way, Atlantic Books, 2017.

Samuel Freeman, ed., The Cambridge Companion to Rawls，Cambridge University Press, 2002.

Stephen .A.Lloyd, Ideals as Interests in Hobbes’s‘Leviathan’：the Power of Mind over Matter, Cambridge University Press. 1992.

Stephen Darwall ed., Contractarianism and Contractualism. Wiley–Blackwell 2002.

Tom Sorell ed., The Cambridge Companion to Hobbes：Cambridge University Press. 1996.

Thomas Hobbes. De Cive. Kessinger Publishing. 2004.

Yuval Levin. The Fractured Republic：Renewing America’s Social Contract in the Age of Individualism，Basic Books, 2016.

四 外文论文

Antony Black. "THE JURISTIC ORIGINS OF SOCIAL CONTRACT THEORY." , History of Political Thought, Vol.14, No.1, 1993.

Andreas Abegg, "THE LEGITIMACY OF THE CONTRACTING STATE." Law and Contemporary Problems, Vol.76, No.2, Duke University School of Law, 2013, pp.139–50.

A .Yeatman , "Contract, Status and Personhood" , In G. Davis, B. Sullivan, & A. Yeatman ed., The New Contractualism. South Melbourne: Macmillan Education Australia., 1997.

Bäumlisberger, "The United Nations Global Compact as a Facilitator of the Lockean Social Contract Damian", Journal of Business Ethics. Vol.159(2).2019.

David Keyt, "The Social Contract as an Analytic, Justificatory and Polemic Device' . Canadian Journal of Philosophy, Vol.4, No.2 , 1974 .

David Novak, "The Jewish Social Contract in Secular Public Policy." The Jewish Social Contract: An Essay in Political Theology, Princeton University Press, 2005, pp.218–38.

David Novak, "Formulating the Jewish Social Contract." The Jewish Social Contract: An Essay in Political Theology, Princeton University Press, 2005, pp.1–29.

Edwin Curley., "Introduction to Hobbes' s Leviathan" , in E. Curley ed., Leviathan with selected variants from the Latin edition of 1668, Indianapolis: Indiana University Press. 1994.

Elisabeth Kirtsoglou,. "Introduction: Rhetoric and the Workings of Power—the Social Contract in Crisis." In Social Analysis: The International Journal of Social and Cultural Practice, Vol.54, No.1, Berghahn Books, 2010, pp. 1–14.

Frederick Pollock, . "Hobbes and Locke: The Social Contract in English

Political Philosophy." Journal of the Society of Comparative Legislation, Vol.9, No.1, 1908.

Francois Tricaud, "Hobbes' s Conception of the state of nature from 1640 to 1651 : Evolution and ambiguities." , in Perspectives on Thomas Hobbes, edited by G.A.J. Rogers , Alan Ryan. Clarendon Press, 1991.

Fathali M. Moghaddam , "The Psychological Citizen and the Two Concepts of Social Contract: A Preliminary Analysis", Political Psychology, Vol.29, No.6, 2008.

Richard G. Mulgan, "Lycophron and Greek Theories of Social Contract" , Journal of the History of Ideas, Vol.40, No.1, 1979.

Hanna Pitkin, "Obligation and Consent " ,I, The American Political Science Review, Vol.59, 1965.

Hanna Pitkin, "Obligation and Consent" , II, The American Political Science Review, Vol.60, 1966.

Herman Belz, " Secession, Revolution and Social Contract Theory in American Political Thought" , The Good Society, Vol.6, No.3, 1996.

Harro Hopfl and Martyn P Thompson, "The History of Contract as a Motif in Political Thought" , American Historical Review, Vol 84, No.4,1979.

Jeffrey A. Smith, "Nature, Nation-Building, and the Seasons of Justice in Rousseau' s Political Thought." The Review of Politics, Vol.68, No.1, 2006.

J .S Coleman. "Individual Rights and the States" , American Journal of Sociology, Vol.82, No.2, 1988.

Jean Hampton. "Contract and Choice: Does Rawls have a Social Contract Theory?" Journal of Philosophy. Vol.77, 1980.

Jürgen Habermas, "Reconciliation Through the Public Use of Reason" ,The Journal of Philosophy, Vol.92, No.3, March 1995.

Johanna Thoma, "Bargaining and the impartiality of the social contract" , Philosophical Studies. Vol. 172, No.12, 2015.

John .M. Dunn, “Bright Enough for all our purposes: John Lock’ s Conception of a Civilized Society” , Notes and Records of the Royal Society of London, Vol.l43, No.2, 1989.

Karl Olivercrona, “Locke’ s theory of Appropriation” ,Journal of the History of Ideas, Vol. 35, No.2, 1974.

Leeson, Peter,” The Calculus of Piratical Consent：the Myth of the Myth of Social contract” ., Public Choice, Vol.139, Issue 3,2009.

Mark D .Brewer, “Populism in American Politics” , The Forum, 14(3) . 2016.

Peter, C Meyers, “Between Divine and Human Sovereignty：The State of Nature and the Basis of Locke’ s Political Thought” , Polity, Vol.27, No.4, 1995.

Peter Steinberger, . “Hobbes, Rousseau and the Modern Conception of the State.” The Journal of Politics, Vol.70, No.3, 2008.

Patrick Riley, “How Coherent is the Social Contract Tradition?” , Journal of the History of Ideas, Vol.34, No.4, 1973.

Peter T. Leeson, ” The Calculus of Piratical Consent：The Myth of the Myth of Social Contract’ . Public Choice, Vol.139, No.3/4, 2009.

Quentin Skinner, “Hobbes on Persons, Authors and Representatives” , in Cambridge companion to Hobbes, Cambridge University Press. 1996.

Robert Goldwin, “Locke’ s state of nature in political society” , Western Political Quarterly, Vol.29, 1976.

Ruth. W. Grant, “Locke’ s political anthropology and Lockean Individualism” , Journal of Politics, Vol.50, No.1,1988.

Thomas Nagel, “Hobbes’ s Concept of Obligation” , Philosophical Review. Vol.68, Issue 1, 1959.

Yves Charles Zarka, and James Griffith. “On The State.” Hobbes and Modern Political Thought, Edinburgh University Press, 2016, pp.168–94.

索　引